Von Erma Bombeck sind bisher erschienen:

10 232   Ich hab' mein Herz im Wäschekorb verloren
10 494   Ich schenk mir täglich rote Rosen
10 730   Ich stell mein Herz auf Sommerzeit
10 976   Vier Hände und ein Herz voll Liebe
11 159   Wenn meine Welt voll Kirschen ist, was tu' ich
           mit den Kernen?

Erma Bombeck
Lustig ist das Familienleben

Die schönsten Geschichten

BASTEI-LÜBBE-TASCHENBUCH
Band 11 474

© für diese Ausgabe by
Gustav Lübbe Verlag GmbH, Bergisch Gladbach
(Quellennachweis siehe Anhang)
Diese Auswahl wurde zusammengestellt von Cornelia Lübbe-Roggen
Printed in West Germany Oktober 1989
Einbandgestaltung: Manfred Peters
Satz: Fotosatz Froitzheim, Bonn
Druck und Bindung: Ebner Ulm
ISBN 3-404-11474-4

Der Preis dieses Bandes versteht sich einschließlich
der gesetzlichen Mehrwertsteuer

INHALT

O heilige Familienbande 7

Wer bin ich? 24

Eine Mutter leidet stumm 40

Womit hab' ich das verdient? 54

Mutter sein dagegen sehr 66

Graue Theorien 86

Nesthäkchens erster Schultag 101

Rätsel der Mutterschaft 109

Was macht ihr da? Nichts! 119

Wie lerne ich fließend kind-isch? 155

Alle Mütter dieser Welt 167

Verschreiben Sie mir ein Sofa! 197

Brüderlein und Schwesterlein 211

Wir haben Masern – es muß Weihnachten sein 232

Vorsicht! Familie kann
gesundheitsschädlich sein! 246

Wissen ist Macht 262

Bring Ordnung in dein Leben! 280

Sprecht zu mir, schließlich bin ich eure Mutter! 292

Nun aber mal im Ernst 312

O HEILIGE FAMILIENBANDE

»Entschuldigen Sie«, sagte der Milchmann und tippte höflich an seine Mütze, aber ich glaube, Sie haben heut früh einen falschen Zettel in die Milchflasche gesteckt. Auf dem hier steht: ›Hilfe! Ich bin in der Gewalt eines Idioten mit einem Satz Schraubenschlüssel und seit drei Tagen ohne laufendes Wasser. Wie komme ich nur heraus aus diesem Bastlerstall?‹«

»Sie liefern noch nicht lange die Milch an, wie?« fragte ich.

»Nein, Madam«, sagte er und suchte mit den Augen verstohlen nach einer Lücke in der Taxushecke. »Es hörte sich an wie ein echter Hilferuf«, setzte er stokkend hinzu. »Ich bringe nur die Flaschen zum Sterilisieren und Füllen in die Molkerei zurück. Ich werfe sie nicht in den Erie-See oder so.«

»Das weiß ich«, sagte ich gereizt. »Aber wer mit einem solch fanatischen Heimbastler verheiratet ist, kommt manchmal auf ausgefallene Ideen.«

An der Art, wie er die Ladeklappe seines Milchautos zuhaute und verriegelte, merkte ich gleich, daß er von modernen Ehen keine Ahnung hatte. Manche werden im Himmel geschlossen. Aber nicht alle. Meine war von der anderen Sorte. Ich merkte das ungefähr 14 Tage nach der Hochzeit. Da kam nämlich mein Mann außer sich vor Begeisterung aus dem Supermarkt heim, zwei Zigarrenkistchen unterm Arm. Er stürzte in den Hobbyraum im Keller, nagelte sie zusammen und strich sie dunkelgrün an und nannte sie ›Objekt Nr. 1‹. Sie sahen zwar noch immer aus wie zwei zusammengenagelte Zigarrenkistchen, man konnte sogar noch die Marke – King Edward – durchschimmern sehen, aber ich tat pflichtschuldigst, als gehörten sie ins Museum für Moderne Kunst. Führte ich Besucher durch unsere Wohnung, erklärte ich lauthals, ich hätte meinen Mann bestimmt schon im Kindergarten geheiratet, hätte ich geahnt, *wie* begabt er sei.

Ich übertrieb, wie üblich.

Damals ahnte ich nicht, daß er in unsere Hintertür eine Öffnung für den Hund sägen würde, ohne zu bedenken, daß dann ja auch der Schnee dort hereinkam. Woher hätte ich wissen sollen, daß er unsere Mülltonnen mit einem hohen Drahtzaun umgeben würde und man den Müll nur noch blindlings hinüberschleudern und das Beste hoffen konnte?

Nichts warnte mich, daß ein Bastelprogramm für den Werkkundeunterricht der fünften Klasse eines Tages sein ganzes Leben ausfüllen würde.

Eine Zeitlang befand er sich in der sogenannnten Einbau-Periode. Alles im Haus wurde umbaut, versteckt, verborgen, außer Sicht geschafft. In die Garage kam ein Regal mit Fächern, in denen eintrocknende Farbeimer, alte Kaffeedosen und abmontierte Nummernschilder aufbewahrt wurden. Er umbaute Fernseher, Bücherbretter, Stereoanlage, Waschmaschine, Trokkenschleuder, Bar, Kleidungsstücke, Decken, Laken,

Nähmaschinen, Putzmittel. Eines Morgens stieg ich aus dem Bett, gähnte und streckte beide Arme weit aus. Ehe ich sie wieder sinken lassen konnte, mußte ich fünf Fächer mit Kochbüchern und einer Sammlung Glas-Elefanten stützen.

Später fand ich heraus, daß er nie zu Bett ging, bevor er ein Projekt beendet hatte. Beflügelt von der Vorstellung unerhörter Verbesserungen verbarrikadierte er das Zimmer mit Stellagen und Leitern, öffnete eine Million Farbdosen (von der Sorte, die immer umfällt und ausfließt) und deponierte die Vorhänge zusammengeknüllt auf dem Sofa. Dann fuhr er lächelnd in den Mantel und sagte: »Ich muß eben mal nach Südamerika, eine bestimmte Sorte Käfer studieren. Bitte rühr nichts an, bis ich zurück bin.«

Ein anderes Mal riß er schlicht den Herd aus der Küchenwand, entfernte die Backofentür, stellte alle Metallteile aus dem Badezimmer in den Küchenausguß, um sie in Essig einzuweichen, und rief: »Mir fehlt das richtige Handwerkszeug. Mit Pfadfinderaxt und primitiven Hilfsmitteln, die ich mir aus Büffelhaut und Stein selber machen muß, kann ich selbstverständlich kein fachmännisch einwandfreies Resultat erzielen.«

Endlich war die Tatsache, daß ich mit einem verhinderten Heimwerker verheiratet war, kein Geheimnis mehr. Wir waren das Ehepaar, das den ganzen Winter über die Fliegengitter und den ganzen Sommer über die Doppelfenster drin hatte. Wir streuten Grassamen in den Schnee und montierten während eines Unwetters mit Blitz und Donner eine neue Fernsehantenne.

Selbst an ganz alltägliche kleine Dinge ging er mit einer Grazie heran, die an eine Büffelherde unter Beschuß denken ließ.

»Ich meine bloß, ob du wohl hinter die Waschmaschine greifen und den ganz einfachen Stecker in die ganz einfache Steckdose stecken könntest?« erkundigte ich mich eines Abends.

»Wollen mal sehen«, entgegnete er und begutachtete die Lage. »Zunächst brauche ich mal das Lexikon für Heimwerker Band VII. Such mir das raus, ja? Und dann schlag das Kapitel auf ›St wie Steckdose, elektrische‹. Jetzt hol mir meinen Instrumentengürtel, meine Isolierhandschuhe und den Schutzhelm mit der Grubenlampe vorn. Diese Waschküchen sind alle für Liliputaner entworfen, weißt du. Ich werde mit einem Anlauf auf die Waschmaschine springen und von dort...«

»...mit deinen Riesenlatschen den Programmschalter abtreten«, ergänzte ich trocken. »Weißt du, ich mache es vielleicht doch lieber selber. Ich bin kleiner als du, und wenn ich mich ganz weit vorbeuge und nach unten greife...«

»Nein, das ist Männerarbeit«, sagte er bestimmt.

»Du geh hinaus und schaufle den Schnee aus der Garagenzufahrt. Laß mich hier nur machen.«

»Nein, ich bleibe lieber bei dir, falls du aus den Augäpfeln SOS funkst und Hilfe brauchst.«

Langsam seilte er sich hinter der Waschmaschine ab und steckte den Stecker ein – nur zur Hälfte, denn schon lag der ganze Küchentrakt des Hauses im Dunkeln. Geschockt – im ursprünglichen Sinn des Wortes – fuhr er zurück und hebelte dadurch den Stecker der Trockenschleuder auch noch aus der Dose. Gleichzeitig fiel ihm das Grubenlicht vom Helm in das Spülmittel. Als Schluß- und Glanznummer stieß er mit dem Kopf ans Schalterbrett und öffnete mit der Gürtelschnalle versehentlich ein Ventil, aus dem heißes Wasser zischte.

Ich faltete die Hände, schloß die Augen und betete: »Lieber Gott, mach, daß er nie pensioniert wird, Amen.« Ironischerweise beneiden mich viele Frauen um diesen Do-it-yourself-Ehemann.

»Er tut doch wenigstens *etwas*«, meinte unsere neue Nachbarin. »Dafür sollten Sie dankbar sein.«

Ich lächelte. »Macht es Ihnen was aus, sich auf den Stuhl dort drüben zu setzen? Ein Bein von meinem Mann hängt durch die Zimmerdecke, und ich möchte nicht, daß er Ihnen in den Schoß fällt. Er ist im Grunde eine schüchterne Natur, wissen Sie.«

Sie sah erschrocken auf, als er durch die Öffnung herunterschrie: »Erma? Mach ein Kreuz dorthin, wo noch was von der Decke übrig ist, damit ich das nächste Mal weiß, daß dort keine Strebe ist.«

»Ich finde es wundervoll«, beharrte die Nachbarin, »wie Sie die Hausarbeit gemeinsam bewältigen. Ich sehe Sie den Rasen mähen, während Ihr Mann die Hecke trimmt, und Sie den Wagen waschen, während

er das Handschuhfach ausräumt. Wirklich, wundervoll.«

Ich schwieg kurz, dann rückte ich meinen Stuhl näher
an den ihren.

»Ich verrate Ihnen ein Geheimnis. Hilflose Frauenzim-
mer waren mir von jeher ein Greuel. Und zwar deshalb, weil ich insgeheim eifersüchtig auf sie bin, weil
ich sie beneide um ihre Fähigkeit, ausgewachsene
Männer bei Fuß gehen zu lassen. Zudem habe ich es
satt bis obenhin, daß in Gesellschaft jeder meinen
Bizeps fühlen will. Wenn ich noch einmal zur Welt
komme, will ich eines der unpraktischen, hilflosen
Frauchen werden, die beim Anblick eines Frostschutz-
mittels in Ohnmacht fallen.

Leider habe ich schon zu Beginn unseres Ehelebens
den Mund zu voll genommen und gesagt: ›Schatz, so
kriegst du den Rasenmäher niemals in Gang, dreh die
Zündkerze fest und öffne die Benzinleitung, damit du
Sprit in den Verteiler kriegst, und dann zieh den
Choke ganz raus. Außerdem, wenn du dich nicht auf
die andere Seite von dem Ding stellst, lehnst du dich
besser an den Baum da an, um das Gleichgewicht zu
halten, wenn es dir den rechten Fuß abmäht.‹«

»Fabelhaft, einfach fabelhaft«, sagte die Nachbarin
und tupfte sich die Stirn mit einem Spitzentaschen-
tuch.

»So fabelhaft auch wieder nicht«, sagte ich. »Von dem
Tag an war mir der Rasenmäher zu erb und eigen.
Außerdem muß ich sämtliche Wasserhähne reparieren,
den Sockel der Wäscheschleuder adjustieren, die

Wäscheleine neu verspleißen, einen Steingarten anlegen, Frostschutzmittel ablassen und den Wagen waschen.«

»Du lieber Gott«, flüsterte sie, »ich bin in allen technischen Dingen ein solches Schaf, ich weiß kaum, wie man im Wagen diese vorderen Dinger einschaltet, diese runden...«

»Scheinwerfer«, warf ich ein. »Wie ist doch gleich der Kosename, mit dem Ihr Mann Sie immer ruft?«

Sie zögerte. »Seidenes Pussykätzchen.«

»Richtig. Mich nennt mein Mann ›Barras‹, nach einem Packesel, den er einmal in Korea gehabt hat. Sind Sie sich klar, daß Sie das Große Los gezogen haben? Ich möchte wetten, daß Sie noch nie den Rasen gedüngt, nie eine Sicherung ausgewechselt, nie mit dem Gartenschlauch eine Mülltonne ausgespritzt oder Vorhangstangen eingedübelt haben!«

Sie warf den Kopf zurück, wobei sie ihren schlanken weißen Hals freigiebig zeigte, und lachte silbern. »Mir wird schon schwindlig, wenn ich auf eine Fußbank steige.«

»Heute zum Beispiel läuft meine Waschmaschine nicht ab. Ich kann nun entweder nach einem Fachmann schreien, der ja doch nie kommt, oder aber versuchen, die Sache selber wieder in Ordnung zu bringen.«

Sie lächelte durchtrieben. »Es ist sicher die Turbinenpumpe. Da brauchen Sie nur die Rückwand aufzuschrauben, den Pulsator abzukuppeln, das Druckventil abzuschalten und einen der Cyclo-Zylinder mit einem Viererschlüssel zu lockern, und schon können Sie Ihre Wäscherei wiedereröffnen.«

»Waaas! Sie tun ja nur so! Ihre ganze Hilflosigkeit, alles ist nur Schau! Sie Schwindlerin. Und was bringt sie Ihnen nicht alles ein: Einladungen zu reizenden Dinners, Urlaub in der Nachsaison, Pelzstolen und einen Mann, der Ihnen atemlos zur Seite steht! Wissen Sie, wann mir mein Mann das letzte Mal atemlos zur Seite stand? Als mir ein Hühnerknochen im Hals steckte! Glauben Sie, daß es für mich zu spät ist? Lernt eine Frau über 35 es noch, hilflos zu sein?«

Sie lächelte ermutigend. »Aber selbstverständlich! Fangen Sie damit an, daß Sie Ihren netten Milchmann bitten, Ihre Flaschenpost – wenn es nicht zu viel Mühe macht – in den Erie-See zu werfen!«

SANDKÖRNER IN DER BUTTER
ODER DAS LEBEN IN FREIER NATUR

Man hat mir immer einreden wollen, eine Ehe gründe sich auf die Gemeinsamkeiten von Mann und Frau.

Vor einer Weile habe ich irgendwo gelesen, was Liz Taylor über eine ihrer Ehen zu Protokoll gab. Sie und ihr Mann, hieß es, hätten vor allem eines gemeinsam gehabt: die Pullovergröße.

Daraus läßt sich schließen, daß die Pullis heutzutage auch nicht mehr das sind, was sie mal waren.

Nein, in Wahrheit verhält es sich gerade umgekehrt:
Eine Ehe wird durch das zusammengehalten, was den
Ehegatten *nicht* gemeinsam ist.

Schon ganz früh in meiner Ehe (um präzise zu sein:
während der Flitterwochen) mußte ich feststellen, daß
ich an einen Freiluftfanatiker geraten war. Als ich in
einer Blockhütte am ›Großen Forellensee‹ hockte und
an meinem Ansteckssträußchen nestelte, fragte ich ihn
noch ganz naiv: »Sag mal, was willst du eigentlich?
Mich oder deinen zehnpfündigen Hecht?«

Inzwischen haben mich Freunde darüber aufgeklärt,
daß ich damals besser abgeschnitten hätte, wenn ich
einen kleineren Fisch zur Wahl gestellt hätte. Im Laufe
der Jahre wurde es nicht besser, sondern schlimmer.
Den Winter hindurch leidet mein Mann an etwas, was
man in Anglerkreisen als ›Vorfieber‹ bezeichnet. Er
schärft seine Angelhaken, läßt die Federn seiner
künstlichen Fliegen durch die Finger gleiten, liest
Artikel über den ›Großen Hechtsee‹ und andere
Anglerparadiese und läuft in der Küche hinter mir her
mit der wiederholten Aufforderung, ich solle die Kon-
dition seiner Handgelenke bewundern. Seine Angler-
stiefel (das sind Stiefel, die bis an die Achselhöhlen
reichen, damit man, wenn Wasser einströmt, auch
bestimmt sofort ertrinkt), hängen an einem Nagel in
der Garage so einsatzbereit wie der Helm eines Feuer-
wehrmannes. Wann immer ein Anglerkumpel den
hysterischen Schrei ausstößt »der Barsch geht«, greift
er nach seinen Stiefeln und geht ebenfalls. Der Barsch
scheint schlechterdings nie etwas anderes zu tun, als

zu gehen. Jedenfalls bleibt er nie lang genug auf einer Stelle, um nach dem Köder zu schnappen. Theoretisch lebt der Barsch in sogenannten ›warmen‹ Gewässern, an deren Ufern man das tollste Anglerlatein hören kann. Die Gründe, warum die Fische nicht anbeißen, sind so zahlreich, daß es sich der Laie überhaupt nicht vorstellen kann.

1. Die Fische beißen nicht, weil das Wasser zu kalt ist.
2. Die Fische beißen nicht, weil das Wasser zu warm ist.
3. Die Fische stehen in zu großer Tiefe.
4. Es ist zu früh im Jahr.
5. Es ist schon zu spät im Jahr.
6. In dem betreffenden Wasser sind noch gar keine eingesetzt.
7. Die Fische sind stromaufwärts zum Ablaichen.
8. Wasserskifahrer und Motorboote haben sie vertrieben.
9. Sie sind von Abwässern vergiftet.
10. Sie beißen überhaupt nur auf Kaugummi und krumme Nägel.
12. Ein Anfänger hat alle seine Köder ins Wasser gekippt, und die Biester sind so satt, daß sie keinen Bissen mehr herunterbringen.
13. Sie beißen überhaupt nicht mehr, seit die Demokraten an der Regierung sind.

Als Camping zum Symbol dessen wurde, was uns gemeinsam war, wußte ich sofort, daß mein Mann

nicht ruhen würde, bis er mich – nach Antimücken-
spray stinkend – in einem Schlafsack mit Reißverschluß verstaut hatte, ganz da draußen, wo die Hirsch-
lein springen im grünen Tann. Im Geist habe ich an die
tausend Mal unseren ersten Campingausflug durch-
lebt. (Dem Vernehmen nach könnte nur eine Elektro-
schockbehandlung ihn gänzlich aus meinem Gedächtnis tilgen.) Immer wieder habe ich mich gefragt,
warum er kein rauschender Erfolg war.

Erstens hatten wir für mein Gefühl zu viele Disney-
Filme gesehen und erwarteten weit mehr Tiere, als wir
dann wirklich zu sehen bekamen.

Zweitens fehlt meiner Familie die notwendige
Instinktsicherheit fürs primitive Leben, die andere
besitzen. Wir sind schon froh, wenn wir die Autofen-
ster herunterkurbeln können, damit wir nicht er-
sticken.

Ich persönlich war dagegen, das Zelt bei Landregen
aufzustellen, weil ich mir gleich dachte, daß das auf
unsere Stimmung drücken würde. Und als wir eben
den letzten Hering in den Boden getrieben hatten,
sagte ein Vorübergehender zu seiner Begleiterin:
»Guck dir das an, Lucille, das Ding steht schiefer als
die ›Titanic‹ vor dem Untergang.«

Da streckte mein Mann den Kopf aus der Zeltklappe
und gab es ihm: »Genau das, mein werter Herr, gilt
auch für Sie.«

Ich darf nicht verschweigen, daß zwei Strophen ›Näher
mein Gott zu dir‹ nötig waren, ehe die beiden sich
wieder beruhigten. Von dem Tage an hatten wir bei

den Wochenendcampern unseren Spitznamen weg. Wir hießen ›die Krummzeltler‹.

Ein paar kleinere Problemchen entstanden natürlich dadurch, daß es vierzehn Tage hintereinander regnete. Da mußte man sich schon allerlei einfallen lassen. Trotzdem konnte ich mich eines Nachmittags nicht enthalten, meinen Mann zu informieren: »Entschuldige bitte, aber das Wetter und das Zelt gehen mir allmählich auf die Nerven, tut mir leid.«

»Wie kannst du so was sagen?« fragte mein Mann.

»Weil ich einen ganzen Morgen damit zugebracht habe, die Sandkörnchen in der Butter zu zählen.«

»Aber sieh mal, die Kinder sind doch bestens beschäftigt«, sagt er. Damit hatte er recht. Sie untersuchten beim Schein der Taschenlampe ihre Haarwurzeln, schnitten sich die Zehennägel, aßen krümelnde Kekse im Schlafsack des jeweils anderen, kratzten die Etiketten von den Konservendosen, führten mit Akribie ein Logbuch über die Gänge zum Lokus und schrieben Postkarten nach Hause, auf denen stand, alles sei einfach eine Wucht. Am 16. Tag lächelte uns Fortuna. Eine hysterische Person im Nachbarzelt hatte im Radio gehört, daß sich ein Wirbelsturm näherte. Ich kämmte mich und legte etwas Lippenstift auf. Es war seit vierzehn Tagen das erste Mal, daß ich aus dem Zelt herauskam. Als wir dann im Wagen saßen – ich mit den hornigen Füßen eines Kindes zwischen den Rippen – brummte einer von den Rücksitzen, *verhungern* würden wir jedenfalls nicht. Er hätte daran gedacht, auf dem Weg schnell noch zwei Dosen ohne Etikett einzustecken.

Die eine enthielt Cocktailwürstchen, die andere ein Rostschutzmittel.

Am 18. Tag wurde klar, daß wir uns zwischen drei Möglichkeiten entscheiden mußten:

a) das Zelt so aufzustellen, daß man aufrecht darin stehen konnte,

b) unsere Beine auf ein Viertel unserer Gesamtlänge schrumpfen zu lassen,

c) in den Wagen zu steigen und einen Ausflug zu machen.

Die Kinder meinten, wir sollten einen etwa 30 km entfernten Hirschpark besuchen, eines dieser kleinen Unternehmen, bei denen man Eintritt bezahlt, einen Park betritt und zwischen sechs frei herumlaufenden Hirschen und Rehen spazierengehen kann. Außerdem gibt es selbstverständlich einen Andenkenladen mit Perlmuttaschenbechern, ein Fliegerkarussell, auf dem die Kinder sich übergeben, und einen Popcorn-Stand. Wir kauften uns jeder eine Tüte Popcorn und freuten uns darauf, einen geruhsamen Nachmittag bei den sanften, scheuen Tierchen mit den zutraulichen großen Augen zu verbringen.

Als mich das erste Mal etwas in den Hintern kniff, raunte ich meinem Mann zu: »Huch, du Wüstling!«

Beim zweiten Mal war ich dann doch etwas irritiert,

fuhr herum und blickte in zwei große, zutrauliche, braune Augen. Zwei Hüfchen stemmten sich gegen meine Mantelaufschläge. Offenbar machte Popcorn das gesamte Rotwild verrückt vor Gier. Die ganze Herde griff uns an, stieß, drängte und schnappte nach uns. Schon bald war das eine Kind in die Ecke getrieben, ein anderes lag schluchzend im Dreck, und mein Mann pirouettierte auf den Zehenspitzen wie ein Balettänzer. Wir waren uns einig: So unbequem es im Zelt sein mochte, vor einem Massenansturm des Rotwildes war man dort sicher.

Gegen Ende der drei Wochen unseres Campingurlaubs hatten wir uns alle irgendwie ›angepaßt‹. Die Wäsche zu waschen, indem man die Wäschestücke unter Wasser auf eine Felsenplatte klatschte, der scheuernde Sand in der Unterwäsche, das Bad in einem Topf, der etwa einen Liter faßte – all das gehörte nun schon zum Alltag. Wenn das Lagerfeuer flackerte und wir in göttlicher Stille unseren Kaffee schlürften, war uns zumute, als erlebten wir den Schöpfungsakt selbst. Sogar die Kinder waren so sehr beschäftigt, dem Rascheln unbekannter Tiere im Gebüsch zu lauschen und das Spiel der Flammen zu beobachten, daß sie ganz vergaßen, sich zu streiten. Es gab kein Telefon, keine Kosmetikvertreterinnen an der Haustür, kein Fernsehen, kein Rasenmähen, keine Ausschußsitzungen, keinen Staubsauger.

Nur Frieden.

Bis sich eines Tages ein 8 Meter langer Wohnwagen schwankend in die Lichtung neben uns schob. Stimmen zerfetzten die Stille des himmlisch-faulen Vormittags!

»Wirklich, Clifford, ich bin *sehr* für das einfache Leben, aber Strom ist doch wohl das mindeste. Was nützt mir denn meine Kaffeemaschine, meine Wärmedecke und der Heizstrahler, wenn es keinen Strom gibt?«

»Deine Sorgen möchte ich haben«, rief eine männliche Stimme. »Was ist mit meinem Rasierapparat und meinem elektrischen Cocktailquirl?«

»Na, hoffentlich gibt's hier einen Waschautomaten und eine Dusche, bei der das heiße Wasser funktioniert.« »Und einen Anlegesteg«, setzte er hinzu. »Und einen Pool für die Kinder. Die werden krank ohne Pool. Du weißt doch, wie kalt all diese Seen sind.«

»Hast du herausbekommen, ob hier der Müll täglich geholt wird? Ich will nicht ein Rudel Viehzeug um den Wohnwagen haben. Dazu bin ich nicht in die Wildnis herausgefahren, um dauernd Tiere abzuwehren. Was zum Kuckuck ist das übrigens für ein Krach?«

»Wir sind vermutlich in der Nähe eines Strandes. Also das sage ich dir, wenn die ganze Nacht das Wasser so rauscht und klatscht, werde ich verrückt. Du hast doch meine Pillen nicht vergessen, Arlene?«

»Natürlich nicht, Liebling. Stell den Sonnenschutz auf und hör ein bißchen Radio, ja? Ich versuche, uns inzwischen ein paar anständige Drinks zu mixen. Ich fürchte, der kleine Krämer, bei dem wir auf dem Herweg vorbeigekommen sind, hat von Eiswürfeln noch nie was gehört.«

Ich wandte mich zu meinem Mann.

»Weißt du was«, sagte ich, »morgen früh reißen wir auch noch die zweite Zeltstange um und fahren weiter an den ›Blauteich‹ oder wie er heißt. Es soll ein ›warmer‹ See sein, und dort geht der Barsch.«

Er grinste. »Ich glaube, jetzt hat es dich erwischt«, meinte er, »das Campingfieber.«

WER BIN ICH?

Anläßlich meines 40. Geburtstages ließ ich meinen Führerschein erneuern.

Der Mann hinter dem Schaltertisch fragte mich mechanisch nach Name, Adresse, Telefonnummer und schließlich Beruf. »Ich bin Hausfrau«, sagte ich.

Er hielt inne, den Bleistift über dem Formular gezückt. »Soll das im Führerschein stehen, meine Dame?«

»Liebesgöttin würden Sie wohl kaum glauben, oder?« fragte ich trocken.

Wenn etwas allen Frauen zu schaffen macht, dann das gewisse »Wer bin ich eigentlich?« Wie können wir einem Ehemann, Kindern, einer Waschmaschine dienen, und auch noch dem Gesundheitsamt und einem Kater alles recht machen, der auf dem Fernseher hockt und uns böse anschaut, weil wir ihn haben kastrieren lassen? Und bei alledem sollen wir noch Kräfte für uns selbst übrigbehalten?

Ich habe in meinem Leben mehrere Persönlichkeitsbilder hinter mich gebracht.

Man hat mich als diese Dienstags-Abholerin mit dem Loch im Schal bezeichnet, als die Zehnuhrvoranmeldung im Kosmetiksalon, als die mit den Pfadfindersöckchen, aber auch als die Frau, die mal im gleichen Haus wie die Schwägerin von Jonathan Winters gearbeitet hat. Wer also bin ich wirklich?

ICH BIN DIE FRAU DES MANNES, MIT DEM KEINER TAUSCHEN WILL

Also das war damals eine entsetzliche Blamage. Wir gingen zu einer Einladung in unserer Nachbarschaft und mußten verlegen und beklommen feststellen, daß dort die Ehefrauen ausgetauscht wurden. Ein Paar nach dem anderen verschwand, bis schließlich nur noch mein Mann übrig war. Er spielte ›Spanish Eyes‹ auf einer fünfsaitigen Ukulele, und ich aß die auf den Papptellern liegengebliebenen Brötchen auf. Als wir dann nach Hause gingen, sprachen wir kein Wort.

In der Nacht hatte ich einen Traum: Mein Mann und ich mußten plötzlich in einer Welt der Kommunen leben, aber keiner wollte uns. Wir wanderten von einer Gruppe zur anderen und bettelten um Aufnahme in ihre Wahlgemeinschaft, wurden aber aus dem einen oder anderen Grund überall abgewiesen. In einer Kommune hätten wir es fast geschafft.

Der Anführer musterte uns eingehend und sagte: »In einer Kommune arbeitet jeder nach seiner Leistungsfähigkeit. Einige der Frauen versorgen die Kinder, andere kochen, wieder andere machen sauber, andere pflegen die Wäsche. In welcher Sparte würden Sie gern arbeiten?«

»Sind Stellen für sexuelle Ausbeutungsobjekte frei?« fragte ich.

»Ha!« knurrte mein Mann. »Für diese Bemerkung bekämst du wahrscheinlich den Nobelpreis für Humor.«

Nun wandte sich der Anführer zu meinem Mann. »Und Sie, Sir, welche Talente würden Sie in die Gruppe einbringen? Holzhacken? Feuermachen? Ernten einfahren?«

»Ich kann ›Spanish Eyes‹ auf einer fünfsaitigen Ukulele spielen«, gab er Auskunft.

»Keine unnötige Bescheidenheit«, fiel ich ihm ins Wort. »Er kann außerdem 200 Fußballübertragungen an einem einzigen Wochenende anschauen, ohne zusammenzubrechen. Er kann mit Siegellack Knöpfe an seinem Jackett befestigen und sich unsichtbar machen, wenn der Müll wegzubringen ist.«

»Wir sind eine Gemeinschaft und teilen alles miteinander«, sagte der Anführer milde.

»Hast du's gehört, Harlow?« fragte ich und gab meinem Mann einen leichten Rippenstoß. »Alles miteinander teilen! Das wird nichts für einen, der mit den Wagenschlüsseln ins Bett geht.«

»Faß dich an der eigenen Nase«, bellte er. »Zwölf Jahre waren wir verheiratet, ehe du mich aus deinem Shirley-Temple-Becher hast trinken lassen!«

»Bitte«, sagte der Kommunenführer und hob begütigend die Hand. »Ich glaube ohnehin nicht, daß eine Kommune für Sie beide der richtige Rahmen ist. Sie sind auf verträgliche Weise unverträglich.«

»Was heißt denn das?« fragte mein Mann.

»Das heißt, daß Sie zu sehr verheiratet sind, um in Frieden und Harmonie miteinander zu leben.«

Der Rest des Traumes war Alptraum. Wir sind die letzten beiden altmodisch Verheirateten in einer Welt freier Verbindungen. Wenn wir uns in einem Hotel anmelden, kichern die Liftboys über unser Gepäck. Empfangschefs werden eisig, wenn wir uns als Mr. und Mrs. eintragen und sagen: »Paare wie Sie sind in unserem Hotel unerwünscht.« Unsere Kinder werden von ihren Spielkameraden grausam verhöhnt, die sie umtanzen und dazu singen: »Dein Papi und deine Mami sind verheiratet – yeah, yeah, yeah!«

Die Stimme meines Mannes riß mich aus meinem Traum. »Das ist doch die Höhe: Was soll der Wagen, der in unserer Einfahrt parkt? Da sitzen Leute drin und starren unser Haus an.«

»Dreimal darfst du raten«, rief ich aus. »Das sind natürlich Touristen aus der Kommune, die sich die verrückten Verheirateten anschauen wollen.«

ICH BIN EMMA

Meine Schwiegermutter und ich haben ein ausgezeichnetes Verhältnis zueinander. Sie ruft mich Emma, und ich rufe sie an ihrem Geburtstag, Muttertag und Weihnachten *an*. Schon bei unserer Hochzeit, als sie darauf bestand, mit einem Trauerschleier an der Antenne und eingeschalteten Scheinwerfern zu fahren, spürte ich, daß sie mit der Wahl ihres Sohnes nicht vorbehaltlos einverstanden war.

Und doch, Gott segne sie, hat sie Humor, und irgendwie haben wir uns zusammengerauft. Sie akzeptiert mich als das, was ich bin: ein Mißgriff. Und ich habe gelernt, mit ihr zu leben, indem ich rechtzeitig Beruhigungsmittel nehme. An einen ihrer Tricks jedoch werde ich mich wohl nie gewöhnen: an die Sache mit dem letzten Seufzer.

Das geht ungefähr so vor sich. Ich fahre den Wagen, sie sitzt neben mir. Aus heiterem Himmel höre ich sie plötzlich nach Atem ringen, leise aufstöhnen, dann sinkt sie in sich zusammen und hält sich den Kopf. Ich warte, doch sie atmet nicht aus.

Als es zum ersten Mal geschah, dachte ich mir,

a) ihre Seele habe den Wagen für immer verlassen,

b) ich hätte an der letzten Tankstelle die elektrischen Fenster zu schnell zuschnappen lassen und den Finger vom Tankwart eingeklemmt,

c) wir würden vom Trichter eines Tornados verfolgt.

Instinktiv trat ich heftig auf die Bremse und hätte sie fast durch die Windschutzscheibe besorgt. Ich wandte mich ihr zu, packte sie an beiden Schultern und schrie hysterisch: »Was ist?«

»Verdammt«, sagte sie, »mir ist eben eingefallen: Ich hab' vergessen, meine Gartentür zuzuschließen.«

Bei späteren Fahrten sollte ich lernen, daß sie wegen Mädchen in zu kurzen Shorts, vollerblüten Rosen, einem halben Kaugummi in der Tasche ihres Regenmantels und der Erkenntnis, daß morgen der Geburtstag ihrer Schwägerin sei, ebenso keuchte und stöhnend nach Luft rang. Ihre Nummer mit dem letzten Seufzer beschränkte sich auch durchaus nicht auf den Wagen. Während sie vor dem Fernseher saß oder die Zeitung las, rang sie plötzlich hörbar nach Luft, erstarrte, hielt die Hand vor den Mund und sagte dann nur: »Wie halten die Ärmsten in Kalifornien die Hitze nur aus?«

Ich bin wirklich stolz darauf, mit meiner Schwiegermutter in Frieden leben zu können, und sie duldet auch mich. Erst neulich fuhren wir miteinander in meinem Wagen, als sie wieder den Atem anhielt, ihre Tasche umkrampfte und murmelte: »Ach du lieber Gott!«

Ich nahm an, ihr sei gerade ihr Termin beim Zahnarzt eingefallen, fuhr also ruhig weiter und prompt in einen Lastwagen hinein, der rückwärts aus einem Hof stieß. Sie schüttelte den Kopf und schnalzte bedauernd mit der Zunge. »Ich habe versucht, dich zu warnen, Emma, aber du hörst ja nicht.«

ICH BIN DAS FRAUCHEN MEINES HUNDES

Mittlerweile weiß jeder, daß ich das Syndrom des leergewordenen Nestes immer schon gefürchtet habe. Als es endlich Tatsache war, stellte ich zu meiner Überraschung fest, daß es gar nicht ganz leer war. Es gab darin plötzlich einen Hund, der mir – so die Meinung meiner Familie – Gesellschaft leisten sollte. Gesellschaft brauchte ich ungefähr so dringend wie ein Playboy-Leser seine Frau, damit sie für ihn umblättert.

An und für sich war der Hund freundlich, einigermaßen gut erzogen und spielte gern. Er hatte nur eine Macke. Er mußte 2 762 mal pro Tag rein- und rausgelassen werden.

Manche Hunde haben den Grashalmkomplex. Sie können an keinem vorbei, ohne stehenzubleiben und ihm Glanz zu verleihen. Unser Köter konnte nie an einer Tür vorbei, ohne daran zu kratzen, zur Klinke hochzuspringen und zu jaulen, als sei er drauf und dran, überzuschnappen. Am Abend des ersten Tages war ich wie durch den Wolf gedreht. Ich hatte noch nicht den Frühstückstisch abgeräumt, die Betten nicht gemacht, nicht mit der Wäsche angefangen.

»Na, ich wette, du hast den ganzen Tag mit dem Hündchen gespielt«, neckte mein Mann.

»Wie kommst du darauf?« fragte ich.

»Schau doch nur, wie das kleine Mistvieh hopst!«

»Er zielt nach deiner Gurgel. Er will raus.«

»Lächerlich. Er ist ja eben erst reingekommen.«

Schließlich jaulte der Hund so, daß uns fast der Kopf zersprang, und warf sich gegen die Tür.

Automatisch erhob ich mich, öffnete ihm die Tür und ließ die Hand gleich auf der Klinke.

Draußen kläffte er noch einmal kurz: Ich öffnete die Tür, und er war wieder drin.

»Warum wollte der denn wieder rein, wenn du ihn eben erst rausgelassen hast?« fragte mein Mann.

»Warum tanzen die Elfen in der Maiennacht? Warum ist der Papst immer Katholik? Warum wohl?«

Der Hund blaffte, und ich öffnete ihm die Tür.

»Willst du damit sagen, daß das den ganzen Tag so geht?«

Ich nickte, während ich ihm die Tür öffnete und er wieder hereingesprungen kam.

»Ich hab's«, sagte mein Mann und schnippte mit den Fingern. »Wir gehen immer dann raus, wenn er reinkommt, und wenn er rauswill, gehen wir rein. Auf diese Weise verwirren wir ihn so, daß er nicht mehr weiß, ob er drin oder draußen ist.«

Als wir draußen auf der dunklen, kalten Veranda mit den Pfoten an der Tür scharrten, um reinzukommen, versuchte ich mir klarzuwerden, wann ich etwas falsch gemacht hatte.

Ich glaube, es war damals, als meine Mutter sagte: »Greif ihn dir, du wirst auch nicht jünger.«

EINE MUTTER FÜRS GRÖBSTE

»Was um Himmels willen hängt da über deinem Wäschepuff?« fragte Mutter. »Sieht ja aus wie ein Basketballreifen aus einem zurechtgebogenen Kleiderbügel.«

»Es *ist* ein Basketballreifen aus einem zurechtgebogenen Drahtbügel«, sagte ich.

»Sieht ja gräßlich aus.«

»Du hast gut reden«, entgegnete ich. »Du brauchst auch nicht mit bloßen Füßen durch schmutzige Unterwäsche zu waten oder überall Dinge zu finden, die in die Wäsche gehören. Wenn die Jungen erst besser werfen, ist das Gröbste geschafft.«

»Und was ist das da?« grollte sie.

»Ach, du meinst die Stange in der Tür, an der du dir den Kopf angestoßen hast? Das ist ein Übungsreck,

damit die Jungen ihre Muskeln trainieren können.«
»Und was soll das Plättbrett?« beharrte sie. »Wirst du
es denn nicht leid, dauernd darüber zu stolpern? Soll
ich es nicht wegnehmen?«

»Weswegen?« fragte ich. »Wir ziehen ja nicht um.«
Mutter weiß eben nicht mehr, was es heißt, in einem
Haus mit Kindern von heute zu leben. Auch ich habe
früher dagegen angekämpft. Ich war einmal so naiv zu
glauben, daß Eßbares in den Kühlschrank gehört, ein
Fahrrad ohne Räder etwas zum Wegwerfen ist, und
wenn man acht Leute zum Dinner einlüde, müßten alle
acht Gläser zusammenpassen. Ich muß verrückt gewesen sein, als ich dachte, ich könne einen antiseptisch
sauberen Haushalt führen und das ohne Geld und
Hilfe. Doch dann jobbte ich eines Tages in einer Cafeteria mit einer Mutter von sechs Kindern, und die sagte
mir etwas Beherzigenswertes: »Ich bin neugierig, wie
sich meine Kinder einmal meiner erinnern werden. Als
die Mutter, die nie Schmutzränder in der Badewanne
duldete, oder als die, mit der man so herrlich Popcorn
im Wohnzimmer rösten konnte? Werden sie noch wissen, in wie vielen Clubs ich Vorstand war? Oder nur
noch, daß ich ihnen nach der Schule frische Pfannku-
chen gebacken habe? Werden sie noch daran denken,
wie geschmackvoll das Blau der Polster zu den Wohn-
zimmersofakissen gepaßt hat, oder nur noch, daß ich
ihre Zeichnungen für Mami an die Wand gehängt
habe? Komisch«, sagte sie, »ich stamme aus einer kin-
derreichen Familie und habe keine Ahnung mehr, welche Farbe mein Schlafzimmer hatte, oder ob nasse

Fußstapfen im Korridor waren oder der Abdruck dreckiger Finger rings um die Lichtschalter. Ich erinnere mich nur noch an viel Gelächter, viel Liebe, an den verrückten Basketballreifen, den meine Mutter aus einem Kleiderbügel zurechtgebogen und über den Wäschekorb montiert hatte, und daß sie immer *da* war, wenn wir ihr dringend etwas erzählen mußten.«

Ich brauche wohl nicht erst zu erwähnen, daß mir bei diesem Bericht die Tränen kamen. So eine Mutter wollte ich sein!

Gestern stapelte ich die Plätzchen zu Pyramiden und wartete darauf, daß die Kinder aus der Schule kamen. Da ging das Telefon. »Mami? Ich bin mit Greg heimgefahren, im Bus. Wir üben Basketball und blödeln noch ein bißchen rum.«

»Ja, aber... wann kommst du denn dann heim?« fragte ich seelenvoll.

»Weiß nicht. Sein Bruder fährt mich dann.«

»Weißt du, was ich heute gemacht habe?« fragte ich munter.

»Jetzt nicht, Mami. Sag es mir, wenn ich komme.«

»Aber bis dahin vergesse ich es.«

»Schreib's auf.« (Klick, eingehängt.)

Ich aß ein Plätzchen und behielt die Uhr im Auge. Die Tür öffnete sich, und ich begrüßte unsere Tochter.

»Da bist du ja. Weißt du, was ich heute im Ausverkauf ergattert habe?«

»Erzähl es mir, während ich mich umziehe«, rief sie.

»Umziehe? Gehst du denn noch mal weg?«

»Ja, in die Bibliothek. Die haben mir da ein paar Bücher reserviert, die ich heute abholen muß.«

»Hast du nicht mal Zeit für ein Glas Milch und Plätzchen und ein Gespräch mit einer Mutter, die für dich Zeit hat?«

»Nein. Ich halte Diät. Iß du die Plätzchen, aber verdirb dir nicht den Appetit aufs Abendessen.«

»Allein essen macht keinen Spaß. Kann ich dich begleiten?«

»Du würdest in die Bibliothek passen wie die Faust aufs Auge. Nachmittags sind dort nie Erwachsene.« Ich aß noch ein Plätzchen und wartete auf das Eintreffen meines zweiten Sohnes.

»Ist Post gekommen?« fragte er.

»Ja, etwas Merkwürdiges, sieht aus wie ein Bild. Hab' ich dir erzählt, was der Fleischer heute Komisches gesagt hat?«

»Mann, das ist Jim O'Briens Autogramm, hab' ich mir bestellt. Ich muß sofort Pete anrufen. – Geh doch in die Küche, ja?«

Da saß ich nun, klein und häßlich. So werden wir Mütter natürlich nie etwas. Wenn sich kein Mensch um uns kümmert, kein Mensch nach der Schule mit uns Gemeinschaft pflegt, niemand uns das Gefühl vermittelt, ein sinnvolles Dasein zu führen. Kein Wunder, daß wir in hellen Haufen in den Schönheitssalons herumhängen, Clubs beitreten und ausgedehnte Lunchs mit kalorienreichem Nachtisch zu uns nehmen. Wen interessiert es schon? Ich riskierte einen letzten Versuch, mit meiner Mütterlichkeit Erfolg zu haben, stellte mich vor die verschlossene Badezimmertür und rief meinem Sohn zu: »Ich hab' noch was vergessen. Bist du hier drin?«

»Wer ist da?« fragte er.

»Mami.«

»Was für 'ne Mami?«

DIE KAMELIENDAME

Eine Freundin verriet mir neulich ihr Geheimnis. Wenn sie in eine unangenehme Situation gerät, nimmt sie ihre Zuflucht zur Schauspielerei. Sie tut, als sei das Ganze nur eine Rolle in einem Stück, und ›spielt‹ die Szene. »Du spinnst«, sagte ich.

»Wir spinnen alle«, gab sie zurück. »Ich habe dich beobachtet, wie du dich aufführst, wenn dein Mann ein paar Tage wegfährt. Ich weiß zwar nicht, wer du dann bist, aber in keinem Fall du selbst.«

Sie hatte natürlich recht. Um genau zu sein, bin ich sogar mehrere Gestalten, wenn mein Mann wegfährt. Während ich noch in der Einfahrt stehe, in ein Tuch gehüllt, und die Kinder an mich drücke, um sie gegen den eisigen Wind zu schützen, bin ich die tapfere junge Mutter aus *Little Women*. Auf meinen zarten Schultern ruht die Verantwortung für die Familie. Ich spiele mir die Seele aus dem Leib. »Gottes Segen«, rufe ich ihm nach. Und sage dann zu den Kindern: »Und nun kommt alle ins Haus, wir wollen im Chor singen und Popcorn rösten.«

Am zweiten Tag allein mit den Kindern, bin ich nicht mehr ganz so wacker. Ich stelle mir vor, wie sich der Kerl in seinem Luxus-Motel amüsiert, und ziehe meine Belle-Watling-Nummer ab. Das ist die zwielichtige Person in *Vom Winde verweht*. Ich war – so rede ich mir ein – immer nur eine vorübergehende Laune von ihm, und nun ich ihm drei Kinder geboren, hat er mich verlassen und jagt nach Flitter und Flittchen in der fernen Stadt. Bilde ich es mir nur ein, oder hat man mir am Fleischtisch im Supermarkt wirklich eine kalte Schulter gezeigt?

Aber meine Paraderolle ist doch die Kameliendame? Die spiele ich erst, wenn ich den vierten Tag allein bin. Dabei sieche ich dahin, schleppe mich nur mühsam in Bademantel und Pantoffeln durch den Vormittag, und wenn der Mechaniker sagt: »In der Pumpe Ihrer Waschmaschine war eine Trainingshose, das macht 34 Dollar«, hüstele ich nur und seufze. »Ach, das ist nun auch schon gleichgültig.« Am fünften Tag haben meine Kinder mich an die Wand gespielt und wissen es auch. Disziplin und Vernunft sind dahin. Das Darstellen einer fiktiven Gestalt hat jeden Reiz verloren. Und wenn dann mein Mann vorfährt, komme ich ihm – einen Kranz aus Plastikblumen im Haar – entgegen und zerpflücke meine Schürze in lauter kleine Fetzen.

»Und wer bist du heute?« fragt er.

»Ophelia«, sage ich kurz angebunden.

»So schlimm war es?« fragt er.

»Noch schlimmer.«

ICH BIN EIN BEGRIFF

Meine Nachbarin sagte, seit ich eine Kolumne in der Zeitung schriebe, sei ich ein Begriff.

»Ach, Sie meinen so etwas Weißmacher, Zellulitis und Midlife-Crisis?«

»Nein, nein«, sagte sie, »so was wie Wilde Frische, Energiesparen und Reifenbewußtsein.«

»Ist das nicht übertrieben?« gab ich zu bedenken.

»Fragen Sie doch jemand, was ein Bombeck ist, er hält es bestimmt für einen ausgestorbenen Laufvogel.«

»Da irren Sie sich, meine Liebe«, meinte sie, »Sie haben eine riesige Gemeinde.«

Bescheiden, wie ich bin, wollte ich ihre Theorie testen, als ich vom Flughafen Philadelphia aus zu Hause anrief.

»Hallo, Vermittlung: Hier spricht Erma Bombeck. Ich bin ein Begriff und wollte...«

»Ist Begriff der Vor- oder der Nachnahme des Fluggastes?« fragte die Vermittlung.

»Weder noch, ich habe nur Spaß gemacht. Hier spricht Erma Bombeck, und ich brauche...«

»Steinbeck?«

»Nein, Bombeck. B wie Berta.«

»Berta Begriff Bondack. Haben Sie die Telefonnummer der Dame?«

»Nein, nein, ich will keine Berta Begriff-Bondack sprechen.«

»Sie wollen also per Direktwahl anrufen. Wenn Sie

die Vorwahlnummer der Stadt nicht wissen, rufen Sie die Auskunft an, 555 –«

»Vermittlung, halt! Vermittlung, hängen Sie nicht auf!« (Ich mußte neu wählen.) »Vermittlung, ich möchte ein R-Gespräch. Mein Name ist Erma Bombeck. Nein, nicht Ernie, E wie Edna und dann r – m – a Bombeck.«

»Bomberg? Bromfield? Brombreck. Bitte buchstabieren Sie noch einmal, Miß Beckbomb.«

»Hören Sie! Mit Brombreck sind Sie schon ganz dicht! Damit machen wir weiter. Ich versuche, ein R-Gespräch mit zu Hause zu bekommen. Die Nummer ist...« Nun sprach das Telefonfräulein. »Ich habe hier ein R-Gespräch von einer Mrs. Edna Brombecker«, hörte ich sie sagen.

Daheim war mein Sohn am Apparat. »Die will bestimmt meine Mutter sprechen, aber die ist nicht zu Hause. Die ist in Philadelphia.«

»Liebling«, schrie ich, »ich bin's, Mami. Nimm das Gespräch an.«

»Meine Mutter ist jetzt nicht zu Hause. Kann ich ihr was ausrichten?«

»Ja«, schrie ich, »Ruf Mrs. Erma Bombeck an, unter der Nummer...«

»Wie schreibt man den Nachnamen?« fragte er mißtrauisch. Ich hängte auf und blieb wie betäubt sitzen. Die Meinung meiner Nachbarin in allen Ehren, aber ein wirklicher Begriff bin ich noch nicht.

EINE MUTTER LEIDET STUMM

Gelegentlich wird einer Mutter schlagartig klar, daß alle auf ihr herumtrampeln, sich an ihr die Füße abputzen, daß keiner je an sie denkt. Damit beginnt eine Periode fürchterlichsten Selbstmitleids, die sie sehr genießt.

Über Nacht kommt so etwas natürlich nicht. Das baut sich auf, Stück für Stück, aus lauter kleinen Wunden, die sie sich mit Worten selber zufügt. Sie sagt zum Beispiel: »Ich könnte die heilige Johanna sein, der bereits die Flammen um die Füße züngeln, unser Jack würde ruhig daran Popcorn rösten!« Oder: »Wenn ich auf der TITANIC reiste und es gäbe nur noch einen Platz im Rettungsboot, Hansi würde zuallererst an sich denken.« Auf dem Höhepunkt ihrer Leiden faßt sie schließlich ihre Misere in folgenden Worten zusammen: »Ich könnte tot auf der Straße liegen, Evelyn würde über mich wegsteigen und ihr Erdnußbutterbrot fertigessen.«

Die Vorstellung aller gebrachten Opfer, für die ihr niemand Dank weiß, wächst und schwillt in ihr, bis sie sich mit jeder Frau identifiziert, die abends Böden scheuert oder im Schneesturm am Kirchenportal Veilchen verkauft, damit ihr Sohn studieren kann.

Äußerlich schämen sich die meisten Frauen derartiger Gefühle. Sie geben nicht gern zu, von einem kleinen

Kind, einem Kind der Liebe und sorgfältig aufgezogen, so frustiert zu sein, daß es auf ein Rührstück im Schmierentheater hinausläuft. Sie schieben es auf die Umwelt, auf unser Gesellschaftssystem, auf unsere Unterrichtsmethoden, auf die Regierung, den Ehemann, den Kinderarzt, ihre Mutter oder auf Ethel Kennedy, die einen mit ihren vielen Kindern doch wirklich rechtzeitig hätte warnen können. Die meisten Frauen sind ja gänzlich unvorbereitet. Vermutlich haben sie deswegen bei der Aufzucht der Kinder alles grundsätzlich falsch gemacht.

Sie haben ein paar »Mutter-hat-immer-gesagt«-Regeln genommen, reichlich »Papi-hat-das-immer-so-gemacht« daruntergemischt und dann gebetet, daß die Kinder nicht Radkappen klauten, während die Mütter sich noch den Kopf zerbrachen, was sie wohl als nächstes anstellen würden.

Ich persönlich habe meine Unzulänglichkeit als Mutter immer darauf zurückgeführt, daß ich Kinderpsychologie bei einem Professor studiert habe, der Junggeselle war und dessen Erziehungserfahrungen in der Dressur eines Hundes bestanden. Offenbar sah er zwischen Kind und Hund keinen wesentlichen Unterschied.

Im Alter von zwei Jahren konnten meine Kinder apportieren, und ich belohnte sie durch Plätzchen. Mit vier gehorchten sie auf »Sitz!«, »Bei Fuß!« und »Leg dich!«, je nach dem Tonfall meiner Stimme. Mit fünf erlernten sie den Gebrauch von Klopapier. Um diese Zeit fiel mir dann der Unterschied zwischen ihren und meinen Vorstellungen auf, und ich legte mein Buch über Kinderpsychologie beiseite und ersetzte es durch ein mit vielen Eselsohren geziertes Exemplar von *Schuld und Sühne*. Heute bin ich die einzige Mutter der Gegend, die erleben muß, daß ihre Kinder scheu zurückweichen, wenn sie sie küssen will, und bei der ersten Berührung mit dem Anwalt drohen.

Eine Freundin berichtet mir, sie habe eine Lösung gefunden, die in den meisten Fällen funktionierte. Es ist das sattsam bekannte »Wartet nur, bis Papi heimkommt!« Auch bei mir schien es zu funktionieren. Meine lästigen Magengeschwüre heilten ab. Dann hörte ich kurz vor Weihnachten die Kinder miteinander verhandeln, ob sie ihren Papi nicht lieber einem armen Kind auf den Gabentisch legen solten, das keinen Papi hatte. Mein Gewissen schlug. Der Papi und ich besprachen das Thema und kamen überein, Kinderaufzucht sei ein Job für zwei. Künftig wollten wir die Verantwortung zwischen uns aufteilen.

Die Liste der Fehler, die wir beide begingen, ist länger als mein Arm. Am schwersten wiegt dabei unser mißglückter Versuch in Sachen Sexualerziehung. Ich hatte immer einen Horror davor, es könne mir einmal so ergehen wie der Frau in dem uralten Witz, die von ihrem Kind gefragt wird: »Mami, woher stamme ich?« Nachdem sie den ganze Vorgang mit sorgfältig gewählten medizinischen Fachausdrücken erklärt hat, sagt das Kind: »Ich wollt's bloß mal wissen, der Ralf nämlich, der stammt aus Chicago.«

Mein Mann und ich meinten, die beste Erklärung für

die Schönheit des biologischen Kreislaufs gäbe es im Tierreich. Wir kauften uns zwei Guppyfisch-Pärchen und ein kleines Aquarium. Wir hätten uns zwei Guppy-Pärchen und einen mittleren Wassertank kaufen sollen. Unser Gespräch beim Frühstück bekam etwas Stereotypes.

»Na, wie geht's denn im Peyton Place unter Wasser?« fragte mein Mann.

»Mrs. Guppy ist schon wieder i.d.H. (in der Hoffnung)«, sagte ich.

»Streu mal'n bißchen Salz ins Wasser, das kuriert sie dann schon«, raunte er halblaut.

»Aber Daddy«, sagte unser Sohn. »Sie ist schwanger, verstehst du.«

»Schon wieder!«, würgte Papi hervor. Bald mußten wir – ohne Aussicht auf Entlastung – ein zweites Aquarium anlegen.

»Lernst du etwas aus deinen Erfahrungen mit den Guppys?« fragte ich eines Tages zartfühlend meinen Sohn. »Klar«, antwortete er, »die sind prima.«

»Ich meine, hast du das Männchen und das Weibchen miteinander beobachtet? Hast du begriffen, was bei der Vermehrung vor sich geht und welche Rolle die Mutter spielt?«

»Aber ja doch«, sagte er. »Du hör mal, Mami, woher hast *du* gewußt, welches von deinen neugeborenen Babys du fressen mußt?«

Wir kauften noch ein drittes Aquarium zu den beiden anderen, füllten es mit Salzwasser und drei Paar Seepferdchen.

»Und jetzt mußt du das Weibchen ganz genau beobachten«, wies ich meinen Sohn an. »Wenn du Glück hast, erwartet es schon sehr bald ein Junges, und vielleicht kannst du sogar zuschauen, wenn es gebärt.«

»Das Weibchen gebärt nicht, Mami«, sagte mein Sohn und schälte sich eine Banane.

Ich mußte lächeln, ich glaubte, hier äußere sich bereits eine gewisse Tendenz. »Sei nicht albern«, sagte ich, »gebären tun immer die Weibchen.«

Das Männchen fing an, dicker und dicker zu werden. Ich glaubte bereits zu sehen, wie seine Fußknöchel anschwollen. Am 23. des Monats wurde es Mutter.

»Das ist aber wirklich interessant«, bemerkte mein Sohn dazu. »Wenn ich mal Mutter werde, dann hoffentlich auf dem Trockenen und an Land. *So* lange kann ich nicht Wasser treten.«

Es war wieder alles danebengegangen, genau wie ich es vorausgesehen hatte.

Weil wir schon einmal dabei sind: Auch beim Problem der Eifersucht zwischen Geschwistern waren wir nicht sonderlich erfolgreich.

Es geht das Gerücht, Eifersucht unter Geschwistern könne Eltern schneller (und höher) auf die Palme treiben als jede andere Phase der Entwicklung. Das Gerücht stammt von mir.

Bei Kleinkindern sind es Nichtigkeiten. Die große Schwester stopft dem kleinen Bruder eine ganze Banane in den Hals und droht: »Du hältst den Mund, Baby, oder du fliegst raus!« Der große Bruder zerrt das Schwesterchen, das noch im Kriechalter ist, über den

Fußboden und schnauzt: »Quietsch gefälligst auf deiner Zimmerseite!«

Später kommt dann die Zeit, da untersuchen sie ihre Bratenscheibe mit dem Mikroskop, um festzustellen, ob die Minderjährigen auch entsprechend den Vorschriften der Genfer Konvention vollkommen gerecht behandelt worden sind, und lassen sich juristisch beraten, wer den einzigen Fruchtbecher mit der Kirsche obendrauf zu bekommen hat. Die Rivalitäten des ganzen Tages scheinen ausgerechnet beim gemeinsamen Abendessen ihren Höhepunkt zu erreichen.

Das hört sich etwa so an:

Sohn: »Da, jetzt macht sie's wieder!«

Vater: »Was macht sie denn?«

Sohn: »Mmmmmm ... Sie summt.«

Tochter: »Ich summe nicht.«

Sohn: »Und ob du summst. Da, habt ihr's gehört. Papi, schau dir bloß mal ihren Hals an. Sie summt immer so, daß es keiner merkt außer mir. Sie macht's die ganze Zeit, nur um mich zu ärgern.«

Vater: »Ich höre nichts. Nun eßt schon.«

Zweiter Sohn: »Wieso kriegt *der* den Knochen?«

Vater: »Ist doch egal, ist sowieso kein Fleisch dran.«

Erster Sohn: »Wieso hat *der* das Fleisch gekriegt? Ich hab' schon beim letzten Mal bloß noch den Knochen abbekommen.«

Tochter: »Die letzte schwarze Olive kriege *ich*! Du hast nach der Schule den Eiswürfel bekommen und zum Geburtstag das Fahrrad, also krieg' ich die schwarze Olive.«

Vater: »Was soll denn das für eine Logik sein? Es ist doch wirklich, als ob man mit der Mafia zu Abend ißt. (Zur Mutter) Ich begreife nicht, wie du so ruhig dasitzen und dir diesen Schwachsinn anhören kannst!«

Mutter: »Ich habe ein Beruhigungsmittel genommen.«

Das schien bisher der einzige Ausweg. Nun haben uns aber sehr gute Freunde unter dem Siegel der Verschwiegenheit mitgeteilt, wie sich die Probleme der Eifersucht zwischen Geschwistern am Eßtisch so gut wie vollkommen lösen lassen. Jetzt herrschten, berichteten sie, Friede, Zuneigung und vor allem Ruhe während der ganzen Mahlzeit. Sie erfanden ein Spiel, das ›Spezialthema‹ heißt; die Spielregeln sind denkbar einfach. Jedes Familienmitglied darf einen Abend lang das Gesprächsthema bei Tisch bestimmen und die Diskussion darüber leiten. So hat jedes Kind früher oder später einmal die Chance, von etwas zu reden, das es interessiert.

Das klang wirklich weit besser als das Spiel, das neuerdings bei uns gespielt wurde und das man als ›Inquisitionsgericht‹ bezeichnen könnte. Auch hier sind die Spielregeln einfach. Wir warten, bis alle um den Tisch versammelt sind, und beginnen gleich nach dem Tischgebet, unseren Kindern alle Missetaten vorzuhalten, die sie sich seit der Laufstallzeit bis heute haben zuschulden kommen lassen. Da wird alles hergebetet: Dreiräder in der Garageneinfahrt, Socken unterm Bett, Herumschmieren mit Abfällen aus der Mülltonne, Verplempern von Taschengeld für Wachszähne oder sonst was, was wir beweisen können. Sind

wir Erwachsenen beim Nachtisch, schluchzen einige der Kinder noch in den Kartoffelbrei und bitten darum, ins Waisenhaus gebracht zu werden.

Wir beschlossen daher, es einmal mit dem Spiel ›Spezialthema‹ zu versuchen.

»Heute abend«, verkündete unser Ältester, »werde ich über das Thema ›Freundschaft‹ sprechen.«

»Aber nicht mit vollem Mund«, mahnte sein Vater. Er schluckte herunter und fuhr fort: »Also, mein allerallerbester Freund auf der Welt, Nummer eins auf meiner Liste, der Cadillac von meinen Freunden, das ist der Charlie.«

»Was für'n Charlie?« unterbrach eins der Geschwister.

»Den Nachnamen weiß ich nicht«, sagte er achselzuckend, »eben einfach Charlie.«

»Du meine Zeit«, seufzte ich, »wenn es schon so eine Orest-und-Pythias-Freundschaft ist, könntest du wahrlich herausgebracht haben, wie dein Spezi heißt.«

»Wer is'n Orest und Pythias?« fragte ein Stimmchen.

»Nun komm schon«, sagte unser Ältester, »du bist erst morgen abend dran. Also jedenfalls: Heute hat mein allerbester Freund Charlie sich in der Schule übergeben müssen.«

»Mutter«, kreischte jemand. »Müssen wir bei Tisch sitzen und uns anhören, wie Charlie gespien hat?«

»Erzähl uns was von einem anderen Freund, mein Junge«, legte sich der Vater ins Mittel.

Der Sohn fuhr fort: »Mein zweitbester Freund, also der zweite von oben auf der Liste, das Oldsmobile unter meinen Freunden, das ist der Scott. Und heute hat der

Scott den Hausmeister geholt, damit er mit einem Eimer Wasser das Erbrochene vom Charlie...«

»Bitte!« stöhnte die ganze Tischrunde.

»Bin ich dran oder nicht?« beharrte der Sohn. »Und es sind meine Freunde. Immer muß ich dasitzen und mir euren Quatsch anhören. Jetzt könnt ihr mal *mir* zuhören.

»Ich wollte, dieser Charlie wäre hier und äße diesen kalten Kartoffelbrei auf.«

»Ihr werdet schon sehen, wenn ihr erst dran seid, dann mache ich auch mmmmm, so wie die da, statt zuzuhören.«

»Kinder«, unterbrach der Vater, »apropos kalter Kartoffelbrei: Wer von euch hat heute abend das rote Rad mitten in der Garageneinfahrt liegenlassen? Und weil wir schon einmal gemütlich beisammen sind: Wer von euch hat das Mundstück vom Gartenschlauch verlegt? Mutter, warte noch mit dem Nachtisch. Es sind da noch ein paar Kleinigkeiten. Zum Thema Telefon: Offen gestanden bin ich es leid, den Apparat im ganzen Haus zu suchen, sooft ich jemand anrufen muß, bloß weil ihn einer von euch Gott weiß wo eingestöpselt hat.«

Im Ernst, ich glaube nicht, daß das Problem der Eifersucht zwischen Geschwistern noch in unserem Zeitalter gelöst wird. Ich glaube es um so weniger, als ich kürzlich das Ergebnis einer diesbezüglichen Umfrage gelesen habe. Brüder und Schwestern nannten unter anderem folgende Gründe dafür, warum sie ihre Geschwister verachten:

»Er ist mein Bruder.«

»Sie grüßt mich, wenn meine Freunde dabei sind.«

»Sie ist ein Mädchen.«

»Immer lungert sie da herum, wo ich auch bin.«

»Sie ist ekelhaft eingebildet.«

»Sie läßt überall ihr Zeug rumliegen, diese Schlampe.«

»Er weiß immer alles besser.«

Ein einziger Bruder konnte etwas Nettes über seine Schwester berichten. Er schrieb:

»Manchmal gebraucht sie nach dem Baden ein Deodorant, das gut riecht.«

Ich flehe Sie an, wie kann man aus so etwas eine friedliche Tischrunde machen?

Das zweitgrößte Problem für die Eltern ist die Statusfrage unter Kindern. Sie ändert sich von Jahr zu Jahr. Zu Anfang heißt es: »Ich bin fünf und *meine* Mami läßt mich immer das Abendprogramm im Fernsehen anschauen.« Später heißt es dann: »Ich bin jetzt in der sechsten Klasse und stehe schon mit einem eigenen Anschluß im Telefonbuch.«

So lächerlich es klingt, dies ist ein weiteres Kreuz, das eine Mutter trägt, und eine weitere Aufgabe. Eine Mutter sollte sich allerdings davor hüten, das Glück ihrer Kinder mit dem Maßstab einer anderen Mutter zu messen. Erst vorigen Monat hörte ich in der Bridgerunde, daß das neueste Statussymbol die Zahnregulierungen der Kinder sind. Das klingt zwar phantastisch, ist aber die reine Wahrheit. Je mehr Plomben, Zahnspangen, Platzhalter, desto höher der Status. Wenn Ihnen der Kieferspezialist sagt: »Ihr Kind, meine

Dame, hat ein Bißproblem«, dann sind Sie ›in‹! Nachstehend ein Gespräch, dessen Zeugin ich wurde. Es verdeutlicht, was ich meine.

»Ach, Sie sprechen gerade vom Zahnarzt? Schorschi, komm mal her. Mach mal den Mund auf, Schorschi!«
In Schorschis metallgefülltem Mund glitzert es wie in Ali Babas Schatzhöhle.

»Das da«, sagte die zierliche Blondine pathetisch, »ist meine Nerzstola. Opfer einer Mutter! Und meinen Sie, er dankt es mir? Keine Spur!«

»Das ist noch gar nichts«, sagte ihre Bridgepartnerin. »Marcia, da komm mal her! Zeig mal der Dame deine Zahnspangen.«
Marcia legte automatisch den Kopf in den Nacken und riß den Mund weit auf. Das Innere ihres Mundes sah aus wie ein Atomkraftwerk.

»Das«, rief die Mutter, »ist meine Europareise. Wie finden Sie das?«

»Ich glaube, wir machen uns zu viel Sorgen um sie«, sagte die erste. »Immer dieses ›Putz dir die Zähne! Iß keine Süßigkeiten!‹ Ich finde, wir dürfen nicht dauernd hinter ihnen herrennen, wie die Schreckschrauben im Fernsehen, oder?«

»Warten Sie bloß mal ab, bis Sie das sehen, was ich unserem Maxi in diesem Monat noch kaufe«, meinte die Blonde. »Da fallen Sie glatt auf den Rücken. Es ist ganz was Neues und irre teuer, und es heißt, erst ein halbes Dutzend Leute hätten es im Mund. Maxi wird zu den Pionieren gehören.«

»Und was ist es?« fragte die erste atemlos.

»Wenn Sie mir ganz fest versprechen, es wirklich keinem Menschen zu erzählen, ich verlasse mich drauf... *(im Flüsterton)* Ein Meldezahn!«

»Ein Meldezahn?«

»Genau das. Sechs Miniatursender, 28 elektronische Teilchen, zwei Batterien, die man unendlich oft wiederaufladen kann, werden in etwas eingebaut, das genauso aussieht wie eine völlig normale Brücke oder, besser gesagt, eine Krone über dem ersten Backenzahn. Beim Kauen sendet der Meldezahn dann automatisch unzählige Informationen zum Zahnarzt: was das Kind so alles heimlich in sich hineinißt und was den Zahnverfall bei ihm auslöst, und so weiter.«

»Eine Art Spitzelzahn gewissermaßen. So etwas werde ich mit Sicherheit für Marcia auch anschaffen müssen. Man könnte vielleicht außerdem noch ihren Transistor dranschalten, dann hingen ihr wenigstens nicht immer so häßliche Drähte aus den Ohren. Die Musik käme dann eben aus ihrem Zahn. Die Kinder in ihrer Klasse würden vor Überraschung, Neugierde und Belustigung platzen!«

»Ich habe schon mehrfach daran gedacht, für unseren Schorschi eine Antenne anlöten zu lassen. Er bekäme dann über Telestar mühelos die überseeischen Nachrichten herein.«

»Das wird Sie ganz bestimmt das Dach über dem Innenhof kosten, auf das Sie so lange gespart haben. Aber schließlich: Eine Mutter kann ja ruhig in der Sonne schmoren.«

Die Leiden einer Mutter, vielbeschworenes Thema seit

Jahrhunderten – sind sie Vorrecht oder Zumutung? Wer weiß. Ich weiß nur eines mit Sicherheit: Wenn man bei seinen Kindern für sein Leiden keinerlei Mitgefühl mehr erntet, gibt es nur noch eine Lösung: Es gilt einen festen Stand einzunehmen, den Kopf zurückzuwerfen, entschlossen dreinzuschauen und – wie mein Professor für Kinderpsychologie uns vordem immer wieder riet – »die Leinen endlich straffer ziehen«.

WOMIT HAB' ICH DAS VERDIENT?

An einem trüben, verregneten Montagmorgen erwischt es mich manchmal. Ganz plötzlich.

Ich wache auf, und mir wird klar: Es ist keine einzige nette Einladung fürs Wochenende in Sicht. Es ist kein Brot im Haus, und ich habe drei neue Falten im Gesicht. Und dann spreche ich es laut aus: »Warum ist ein so nettes Mädchen wie ich eigentlich dazu verdammt, in diesem Affenstall zu leben?«

Die Vorhänge sind schmutzig und lösen sich auf, wenn man sie in die Waschmaschine steckt, die Armlehnen vom Sofa sind abgewetzt. Lamettafäden wachsen aus dem Teppich. Ein Witzbold hat in den Staub auf der Eßtischplatte geschrieben: »Yankee Go Home«.

Natürlich sind es mal wieder die vermaledeiten Kinder, die schuld sind, daß ich so deprimiert aufwache. Warum lassen sie mich nicht wach werden, wie meine Natur es verlangt? Warum stehen sie aufgereiht an meinem Bett und glotzen mich an wie einen ans Ufer gespülten Walfisch? »Psst! Ich glaub', jetzt hört sie uns. Ihre Augendeckel flattern.«

»Wartet, bis sie sich rumdreht, dann alle zugleich husten!«

»Ach was, wir knuffen sie einfach und fragen sie, was wir wissen wollen.«

Raus mit euch! Alle miteinander raus!

»Mönsch, jetzt zieht sie sich die Decke über die Ohren. Jetzt los: Eins – zwei – drei – husten!«

Es dauert nicht mehr lange, dann kommt einer von diesen Quälgeistern darauf, daß er meinen Puls zählen muß, um festzustellen, ob ich wirklich schlafe oder nur so tue. Als die Kinder noch kleiner waren, war es noch schlimmer. Da steckten sie mir nasse Finger in jede Gesichtsöffnung und tuschelten: »Mamiii? Schläfst du noch?« Oder aber der liebe gute Papi hielt mir einfach ein Flanellbündel hin und sprach die klassischen Worte: »Hier hast du deinen Sohn.« (Jede auch nur einigermaßen intelligente Mutter weiß: Wenn aus Papis Jungen plötzlich Mamis Sohn wird, ist er so vollgepinkelt, daß er praktisch Wasser tritt.)

Kinder haben Einfälle, die von Edgar Allan Poe sein könnten. Einmal setzten sie mir einen Goldhamster auf die Brust, und als ich sprachlos in die Höhe fuhr (ich brachte keinen Ton heraus, weil meine Simmbänder vor Entsetzen wie gelähmt waren), fragten sie: »Mami, hast du'n bißchen Alkohol im Haus? Wir brauchen welchen für unseren Chemiekasten.«

Dabei ist das alles immer noch besser, als wenn sie gegen die Wand trampeln, bis ihr Vater zu sich kommt, nur um ihn dann zu fragen: »Papi, können wir die Pappeinlagen haben, die die Wäscherei immer in die Hemden reintut?«

Der Schrecklichste aller Schrecken ist nicht der Mensch in seinem Wahn, sondern der Papi, wenn er geweckt wird. Das geht so vor sich. Er stellt morgens den Wecker immer wieder neu und bringt ihn, wenn er losrasselt, durch Draufschlagen zum Schweigen und brüllt dabei: »Jaja, ich weiß, ich weiß.«

Mir persönlich könnte es ja egal sein, was für Spielchen mein Mann mit seinem Wecker treibt. Aber wenn ich jeden Morgen, den Gott werden läßt, um 5 Uhr 30, um 6 Uhr 15 und 6 Uhr 30 geweckt werde, reagiere ich allmählich wie ein Boxer auf den Gong.

Ich bin selber schuld: Warum habe ich auch eine Nachteule geheiratet. In all den Jahren, die ich nun schon mit ihm lebe, ist er nur ein einziges Mal freiwillig vor halb zehn Uhr morgens aufgestanden. Allerdings nur, weil seine Matratze brannte.

Bei Tage ist er ein armes Hascherl, das sich kaum selbst die Schuhe zuschnüren kann.

Tagesgeräuschen scheint er seelisch nicht gewachsen zu sein. Etwa dem heiseren Surren einer erkälteten Fliege, dem Aufklatschen der Sahne auf dem Schokoladenpudding, dem ohrenbetäubenden Rauschen der Milch, wenn sie über Cornflakes gegossen wird. Das ist sein größtes Problem: Er ist nicht für eine Gesellschaftsordnung geschaffen, in der von acht bis fünf gearbeitet wird. Einmal ist er sogar aus seinem Aktenschrank gefallen, in dem er gerade ein Nickerchen machte. Aber abends, so gegen elf Uhr, da vollzieht sich bei ihm die große Wandlung. Da reckt er sich, gähnt, reißt ruckartig die Augen weit auf, tritt mich vors Schienbein und fragt: »Wie ist es dir denn heute ergangen?«

»Willst du damit andeuten, daß immer noch heute ist?« frage ich gähnend.

»Du willst doch nicht etwa schon schlafen gehen?«

»O doch.«

»Stört es dich, wenn ich noch Gitarre spiele?«

»Ja.«

»Na schön, dann lese ich eben noch ein bißchen bis zum Einschlafen.«

»Von mir aus. Aber blätter nicht so laut um.«

Kein Zweifel: Wenn ich morgens auf angenehme Weise geweckt würde, wäre ich allem gewachsen.

Da! Eben fängt es an zu schneien.

Habt Dank, ihr himmlischen Mächte.

Ehe wir in den Vorort herauszogen, war ich immer der Meinung, ›höhere Gewalt‹ oder, wie man bei uns sagt, ›ein Akt Gottes‹ sei ein Blitz auf den Gipfel des Berges Sinai oder vierzig Tage und vierzig Nächte Regen.

Hier draußen aber gilt schon Schneefall als ›höhere Gewalt‹, und die Schule fällt aus.

Als das zum ersten Mal geschah, wurde mir warm um die Mutterbrust bei dem beruhigenden Gedanken, in einer Gemeinde zu leben, die das Wohl der Kinder höher stellt als unfreundliche Wetterbedingungen.

Beim zweiten Mal in der gleichen Woche wurde es mir um die obengenannte Brust nur noch lauwarm, und ich erwog, ob es nicht besser wäre, den Gören Tennis-schläger unter die Schuhsohlen und ein Leitseil um den Bauch zu binden. Als dann binnen zwei Wochen der Unterricht zum dritten Mal ausfiel, organisierte ich einen Schlittenhund-Dienst.

Wir brachten es in jenem Jahr im ganzen auf fünfzehn Fälle von ›höherer Gewalt‹, und den Frauen unserer

Gegend wurde nur zu klar, daß ›irgend jemand dort oben‹ uns aufs Korn genommen hatte.

Es entstand ein Winter-Morgen-Ritual. Wir saßen ums Radio wie eine Untergrundbewegung, die noch drahtlos Kontakt zur freien Welt hält. Wenn der Sprecher die Namen der Schulen verlas, die heute geschlossen blieben, erhob sich ein stürmischer Jubel, und meine Kinder liefen nach allen Richtungen auseinander. Ich pflegte dann kurz ins Geschirrhandtuch zu weinen und verdrossen zu brummen: »Gut und schön, aber die Schulkleider werden *nicht* durchgeschwitzt. Ich wiederhole: Die Schulkleider werden *nicht* durchgeschwitzt. Zieht sie gefälligst aus und hängt sie ordentlich auf den Bügel. Vielleicht habt ihr morgen wieder Unterricht. Und laßt die Pausenbrote in Ruhe: Es ist erst halb neun.« Ich predigte tauben Ohren. Binnen Minuten war die ganze Bande ausgerüstet wie Polarforscher und tobte ab in Richtung Schule, um just dort auf einem Abhang zu schliddern.

Ein paar Details dieser nicht eingeplanten Ferien fingen dann doch an, mich zu beunruhigen. Etwa wenn wir am Schulhaus vorüberfuhren und mein Zweitkläßler darauf zeigte und fragte: »Was is'n das für'n Gebäude, Papi?« Außerdem war bereits März, und die Kinder hatten noch nicht einmal ihre Weihnachtszeugnisse. Unserem Zehnjährigen mußte man beim Alphabet einhelfen.

»Ich komme mir vor, als lebten wir in Fort Apache«, sagte eine der anderen Mütter zu mir. »Wenn der

Schnee nicht bald wegtaut, wächst mein Junge noch aus seiner Schulbank heraus.«

Wir waren uns einig, es mußte etwas geschehen.

Es geschah auch, und auf ganz besondere Weise. Plötzlich hieß es in der Zeitung, Schneefall sei nicht mehr ›höhere Gewalt‹. Die Schulbehörde lege vielmehr größten Wert darauf, daß die Kinder ein Minimum an Wochenstunden bekämen. Die Schulbusse würden fahren, auch wenn es Pflastersteine hagelte. Schnee! Es ist doch etwas Schönes, wenn er so graziös auf die Erde herunterschwebt. Und wie wundervoll dekorativ wirken im frischen Schnee die schönen Muster der Reifenspuren von Schulbussen. Schneefall hält man jetzt bei uns wieder für eine Gnade der Natur. Nicht umsonst heißt es ›Mutter Natur‹. Sie begreift eben, wie uns Müttern ums Herz ist.

»Los, los! Beeilung Leute! Alles in die Stiefel!«

»Was heißt, du hast eine Rolle bei der Schulaufführung und brauchst ein Kostüm? Bitte sei vorsichtig auf dem Speicher, hörst du. Wenn du durch die Decke fällst und dir dabei den Hals brichst, kommst du zu spät zum Unterricht.«

Ich bin der Lakai der ganzen Familie. Es wird ihnen noch leid tun, wenn ich nicht mehr da bin, um sie vorn und hinten zu bedienen.

»Du hast den Plastikdinosaurier aus der Cornflake-Packung verschluckt? Na und? Erwartest du, daß ich den Tierarzt rufe?«

Ach du meine Güte, jetzt muß ich die Schulbrote

einpacken. Sie kabbeln sich zwar dauernd darum, aber im Grunde ist es ihnen völlig schnurz, was ich ihnen mitgebe. Sie wollen sowieso nur tauschen. Die würden ihre eigene Großmutter gegen Hustenbonbons und Glanzbilder verscherbeln.

Natürlich würde mich das alles nicht so nerven, wenn ich einen verständigeren Ehemann hätte. Mutter hat vollkommen recht gehabt: Ich hätte den kleinen Philologiestudenten heiraten sollen, der immer Hautausschlag bekam, wenn er küßte.

Aber nein, ich mußte mich auf diesen Verrückten kaprizieren, der eben jetzt draußen vorm Haus aus vollem Halse brüllt: »Ich bin 39 Jahre alt, verdiene 15 000 Dollar jährlich und lehne es ab, mit einer Donald-Duck-Thermosflasche ins Büro zu gehen!«

Wetten, daß er mich nicht so anschreien würde, wenn ich noch die gleiche Figur hätte wie früher.

Seine Sorgen möchte ich haben. Der braucht sich schließlich nicht über die Waschmaschine zu werfen, wenn sie auf ›Schleudern‹ steht und anfängt, durch die Waschküche zu tanzen. Der riskiert keinen Leistenbruch, wenn er die Etagenbetten der Kinder frisch bezieht. Der braucht nicht wie ein Rasender im Konversationslexikon zu blättern, während draußen schon der Schulbus hupt, um festzustellen, welcher Präsident der Vereinigten Staaten den Klappstuhl erfunden hat!

Na, heute bin ich ja wieder in einer entzückenden Stimmung! Das muß am Wetter liegen!

»Jetzt schaut, daß ihr rauskommt, alle.«

Wie sie die Auffahrt hinunterkrabbeln. Wie neugeborene, blinde Feldmäuse. Gewiß, es liegt am Wetter. Kein Blatt am Baum. Nichts blüht. Nirgends ein grüner Grashalm. Ein riesiges Aussichtsfenster – und keine Aussicht dahinter.

Halt! Das muß ich zurücknehmen. Dort kommt sie, die Aussicht. Soeben zieht im Nachbarhaus eine Flitterwöchnerin ein. Nein, ich bin nicht in der Stimmung, um zuzusehen, wie sie neben ihrem frisch angetrauten Göttergatten steht und er ihren wundervollen neuen Namen auf die wundervolle neue Mülltonne malt. Ab morgen bohnert sie die Garageneinfahrt, darauf möchte ich wetten. Warte, warte nur ein Weilchen. Dann wirst du wie wir. Dann schüttest du den Kaffeesatz in ein Sieb und durchwühlst ihn nach Babys verlorengegangenem Schnuller. Was heißt hier Schnuller: Nach ein paar Jährchen hier im Vorort verlegt sie sogar das Baby. Man verlegt ja hier alles. Was war das noch, was ich heute früh suchen wollte? Na, vielleicht fällt es mir noch ein.

Überhaupt wüßte ich gern, wieviel Zeit ich täglich damit verschwende, nach verlorengegangenen Dingen zu suchen. Gestern zum Beispiel suchte ich zwei Stunden lang nach Bananen und ein paar Stecknadeln, um mir einen Saum hochzustecken. Zum Glück kamen die Kinder auf den guten Gedanken, ich müsse barfuß durchs Zimmer gehen. Ohne diesen Geistesblitz würde ich die dämlichen Stecknadeln immer noch suchen.

Den Bananen wäre ich auch eher auf die Spur gekommen, wenn ich mich von all meinen Kindern hätte anhauchen lassen. Vertrauen ist etwas so Schönes. Sie hatten doch hoch und heilig beteuert, sie wüßten nicht, wo die Bananen seien.

Vorgestern suchte ich die Autoschlüssel. Selbstverständlich war es nicht meine Schuld, daß ich sie nicht fand. Irgendein Witzbold hat sie im Wagen steckengelassen. Nie im Leben kommt man darauf, sie dort zu suchen.

Angenommen, ich verbringe täglich zwei Stunden mit Suchen. Das wären 730 Stunden im Jahr. Und dabei sind zwei volle Monate noch nicht mitgezählt, und zwar November und Dezember. Da suche ich nämlich die Weihnachtskarten, die ich im letzten Januar zu stark herabgesetztem Preis gekauft habe.

Meine Tochter wäre beinahe auf der Pennsylvania-Autobahn aufgewachsen, hätten sie nicht ein paar Leute, die am Straßenrand Picknick machten, zwischen den Abfalleimern eines Rastplatzes entdeckt und sich gefragt, was sie dort treibe. Ich frage mich, ob andere Frauen auch so viel Zeit damit verschwenden, nach Nagelfeilen und Klebeband zu fahnden.

Ich habe einmal eine Frau gekannt, die dauernd »Heilige Ordnung, segenreiche Himmelstochter« zitierte. Ich habe sie dafür gehaßt. Was die wohl sagen würde, wenn sie sähe, wie ich mich jeden Morgen aus dem Bett rollen lasse und auf Knien in die Küche robbe, in der Hoffnung, dabei ein verlorenes Geldstück, einen einzelnen Socken, ein überfälliges Leihbuch oder einen Überschuh zu finden, der mich dann an alles übrige erinnert.

Jetzt weiß ich wieder, was ich suchen wollte: meine Brille! Für den Fall, daß ich mir heute etwas von nahem besehen muß.

Aber was brauche ich heute zu sehen, was nicht bis morgen Zeit hätte. Eines der Kinder hat zwar gemeint, ich hätte eine ganz ulkige Überraschung im Backofen. Aber vermutlich steht dort nur ein Blech mit den Hors-d'œuvres von der Silvesterparty.

Also morgen suche ich die Brille bestimmt.

Inzwischen könnte ich ja mal Betty anrufen und ihr erzählen, daß eine Flitterwöchnerin in unserer Nachbarschaft eingezogen ist. Ach nein, lieber doch nicht. Es könnte ihr und mir die gute Laune verderben, die wir nicht haben.

Ich würde mich übrigens nicht wundern, wenn es mit mir das gleiche Ende nähme wie mit Tante Lydia. Komisch, jahrelang habe ich überhaupt nicht an sie gedacht. Großmama hat immer behauptet, sie sei mit einem Staubsaugervertreter durchgegangen. Ich möchte wetten, daß sie unmittelbar nach den Weihnachtsfeiertagen auf und davon ist. Vermutlich hatten die Kinder alle Weihnachtsplätzchen im Schlafzimmerschrank versteckt, und die Ameisen waren in geschlossenen Kolonnen darüber hergefallen. Ihre Tochter suchte gerade den Schmutzwäschekorb durch, weil sie dringend ihr ›Lieblingshöschen‹ in die Schule anziehen wollte. Und Lydia hatte eben bemerkt, daß ihr neunjähriger Hund genauso undicht war wie das neue Hündchen, das unterm Weihnachtsbaum gelegen hatte, und rannte mit einer Zeitung hinter ihm her.

Der Hund warf einen Blick auf die Witzseite, lachte lauthals und pinkelte auf den Teppich.

Es ist anzunehmen, daß Onkel Willy sie zum Abschied wie eine anlehnungsbedürftige Kobra auf die Wange gestubst und gesagt hat, über die fälligen Rechnungen für Weihnachten würden sie sich dann später unterhalten. Außerdem kam sie an einem Spiegel vorbei und mußte feststellen, daß ihr Gesicht eine Dauerfalte bekommen hatte. Und daß ihr Rock spannte. Und daß es nichts mehr brachte, den Bauch einzuziehen und die Luft anzuhalten. In diesem Moment rief ihre beste Freundin an und erzählte ihr, das Paillettenkleid, das sie sich für die Silvesterparty gekauft habe, läge jetzt im Schaufenster – zum halben Preis.

Wenn Lydia sich ihre Zukunft vorstellte, sah sie ein Horrorkabinett vor sich: eingesperrt in ein Haus mit vier plärrenden Transistorradios, einer spastischen Waschmaschine und als einzige Unterhaltung ein Goldfisch im Glas.

Ich könnte schwören, Tante Lydia hat den Staubsaugervertreter gar nicht persönlich gekannt. Als er an der Tür klingelte und freundlich lächelnd sagte: »Guten Morgen, gnädige Frau, ich bereise gerade Ihre Gegend auf dem Weg zu den sonnigen Stränden Alaskas«, griff Tante Lydia nach ihrer Handtasche, ihrem Vogelbauer und ihrer Flasche Beruhigungspillen, zog leise die Tür hinter sich ins Schloß und sagte ganz ruhig: »Sie kommen mir wie gerufen.«

MUTTER SEIN DAGEGEN SEHR

Falls Sie über dergleichen Buch führen: Bei der Wahl
zur ›Mutter des Jahres‹ fehlten mir genau drei Stimmen (die meiner Kinder), bei der olympischen Staub-
wischmannschaft kam ich nicht mal in die Ausschei-
dungskämpfe, und beim Backwettbewerb ›Das Mehl
und ich‹ konnte ich mich auch nicht durchsetzen.
Aber beim Ärztekongreß in Passaic, New Jersey,
wurde ich zur Frau mit der längsten post-natalen
Depression in der Geschichte der Gynäkologie er-
nannt.
Noch nach vierzehn Jahren war ich kribbelig wegen
der Erziehung zur Sauberkeit, gekränkt, weil die
Schwangerschaftsstreifen im Sommer nicht braun
wurden, deprimiert, weil ich immer noch Umstandskleidung trug.
Die schönste Müttergeschichte jedoch kam mit der
Post. Es ging da um eine Mutter, die alles, alles konnte.
Sie war eine Tugendmutter, eine Idealfrau, hatte sechs
Kinder, die sie mit Weisheit und Geduld lehrte und
beriet. Nie war sie zu beschäftigt, um ihnen zuzuhören
und auf beneidenswert klare und ruhige Weise mit
ihnen zu sprechen. Sie führte ihren Haushalt mit stil-
ler Tüchtigkeit, ihr Privatleben mit Gleichmut, niemals wirkte sie überdreht oder erschöpft. Sie gedieh
während Krisen und Traumata, sie lächelte angesichts

66

von Katastrophen, sie blieb gleichmäßig freundlich und friedlich.

Eines Tages wurde sie gefragt, wie sie das eigentlich schaffe. Sie schwieg kurz, dann sagte sie: »Jeden Abend, wenn die Kinder im Bett ihre Anziehsachen für den nächsten Morgen hergerichtet, ihre Pausenbrote fertig und die Lichter gelöscht sind, falle ich neben ihren Betten in die Knie und bete. Ich bete: ›Sei bedankt, o Herr, daß ich auch heute keines von ihnen erschlagen habe.‹«

O Mutterschaft, dein Nam' ist Frust.

HAARIGES

Hätte mir jemand vor fünf Jahren prophezeit, daß ich meinem Sohn einmal meinen Fön leihen würde, ich hätte mich schiefgelacht.

Seine Frisur sah von jeher aus wie ein ungemachtes Bett. Der Wind zieht ihm den Scheitel. Er kämmt es mit fünf Fingern. Wenn erst die Vögel anfangen, darin Nester zu bauen, lassen wir es schneiden.

Das änderte sich eines Tages. Da trug die ganze Nation die Haare so, und mein Sohn war nur mehr ein Mitläufer. Nur zu gern würde ich berichten, daß sich alle betroffenen Eltern mittlerweile an die Langhaarigkeit ihrer Söhne gewöhnt haben, doch leider haben sie es nicht. Wohin ich auch komme, man fragt mich als erstes: »Wie lang trägt Ihr Sohn das Haar?«

Ich sehe darin das Symbol für meine mütterliche Autorität über ihn. Im Juni 1971 war meine Erziehungstaktik noch etwas plump. Ich sagte ihm ins Gesicht, ich hätte nicht 18 Stunden lang in den Wehen gelegen, um einen prähistorischen Cromagnonmenschen zur Welt zu bringen. Er war kompromißbereit und erlaubte, daß der Friseur ein-, zweimal mit der Schere über seine Bartkoteletten wedeln durfte.

Im September des gleichen Jahres versuchte ich es mit der Beschämungstour. Ich teilte ihm mit, er sehe aus wie Prinz Eisenherz mit einer Zweidollar-Dauerwelle. Er war geschmeichelt und borgte sich meine Dauerwellentinktur.

Im Januar 1972 knöpfte ich ihn mir wieder vor, diesmal ohne Umschweife. Ich setzte ihn vor mich und fragte ihn frei heraus, worauf er hinauswolle. Er erklärte mir, langes Haar sei der Ausdruck seiner Individualität. Ich bat ihn, sich seine Individualität kürzen zu lassen, da sie ihm ins Gulasch hinge. Das lehnte er ab, sagte jedoch zu, dafür zu sorgen, daß es ihm nicht die Sicht behindere. Das führte zu einem Tic-artigen Leiden, bei dem er seinen Halswirbeln einen Ruck gab. Man sah dann eine Zehntelsekunde lang einen Augapfel.

Im März 1972 war ich es, die beschloß, ihm entgegenzukommen. Wenn er sich die Haare schneiden ließe, würde ich ihn wieder ins Haus lassen, ihn wieder in mein Testament einsetzen und ihm gestatten, in seine Leselampe ein Anti-Insekten-Licht einzuschrauben. Er lehnte ab.

In diesem Monat gebe ich mich nun geschlagen. Ich sagte mir, ich hätte schon Jungen mit längerem Haar gesehen (doch das waren vielleicht Mädchen?). Ich sagte mir, es gebe Schlimmeres als einen Sohn mit langem Haar, etwa einen, dem ein Zahn aus dem Ohr wüchse, oder einen, der mit 18 noch nicht sauber sei. Ich sagte mir, ich würde mich daran gewöhnen, denn schließlich gehöre er zu einer anderen Generation, die ihr eigenes Leben lebe. Hatte ich nicht noch Haarreifen mit einer Mickymaus? Gerade als ich mir dies alles sagte und daß es nur eine vorübergehende Marotte sei und er in wenigen Jahren so kahl sein würde wie ein Sergeant der Ledernacken, ging er an der offenen Tür vorbei und schleuderte die Haare ruckartig zur Seite, woraus ich schloß, daß er bei Bewußtsein war.

»Du, Mami«, sagte er, »wir haben keinen Festiger mehr im Haus.«

MACH DIR EIN PAAR SCHÖNE STUNDEN

Mit der Bewertung von Filmen muß etwas geschehen. Es weiß ja bald kein Mensch mehr, wer ins Kino darf, wer im Wagen sitzen bleiben muß, und ob man mit über 19 und unter 75 hineingehen darf und all das.

Die Bewertung ›jugendfrei‹, die man mir als erstes erklärte, bedeutet, daß man alle Altersstufen hineinschicken kann.

Als ich einen solchen Film gesehen hatte, glaubte ich, daß in solchen Filmen keine Nacktszenen vorkommen, aber oft grobe Ausdrücke fallen.

Als ich dann mit den Kindern mehrere jugendfreie

Filme angesehen hatte, änderte ich meine Ansicht. Ich darf das vielleicht durch einige Beispiele erläutern.

Es lief ein Film *The Hawaiians* mit Charlton Heston. Zu Charlton hatte ich unbegrenztes Vertrauen, schließlich hatte er in vielen Bibelverfilmungen mitgespielt.

Als eine Frau an Bord eines Schiffes jeden Moment damit rechnen mußte, vergewaltigt zu werden, schickte ich unseren Jüngsten in die Kassenhalle Schokolade kaufen. Als Charlton zu Geraldine Chaplin ins Bett kroch, drehte ich ihn mit dem Gesicht zum Notausgang und befahl: »Hol noch Bonbons.«

Als der Held sich auszog und mit sechs, sieben nackten Eingeborenendamen in ein riesiges Bad stieg, rief ich ihm nach: »Bleib gleich draußen und warte auf frischgeröstetes Popcorn.«

Während der Vorführung von *Patton* (ebenfalls jugendfrei) mußte ich die Kinder 82 mal nach Popcorn hinausschicken, außerdem zu den Telefonautomaten, ob nicht bei einem ein vergessener Groschen rauskam, zum Wagen, ob wir nicht versehentlich die Scheinwerfer brennengelassen hatten, und auf die Herrentoilette, das Regimentsabzeichen ihres Vaters aus dem 2. Weltkrieg suchen.

Meine Kinder behaupten, sie müßten in einem jugendfreien Film längere Strecken zurücklegen als die Platzanweiser, und außerdem hätten alle anderen Kinder den Film bereits gesehen und gesagt, es sei überhaupt nichts dran.

Ich bin in einem Haus erzogen, in dem mein Vater eine

Zeitschrift abbestellte, weil sie Reklame für Bruchbänder enthielt. Ich bin groß geworden in einer Zeit, in der *Vom Winde verweht* Schlagzeilen machte, weil Rhett Butler fluchte. Ich bin groß geworden in den puritanischen Jahren, in denen man die Straße überquerte, um nicht an einem Tingeltangel vorbeizumüssen. Und heutzutage machen die Tingeltangel pleite, weil sie mit den jugendfreien Filmen nicht mehr konkurrieren können.

Nur zu gern möchte ich irgend jemand dafür verantwortlich machen, daß jugendfreie Filme keiner Vorzensur unterliegen. Dann hätte ich es leichter. Aber vielleicht verfolgen die Filmemacher eine bestimmte Absicht. Vielleicht wollen sie die Verantwortung, *ja* oder *nein* zu sagen, wieder den Eltern zuschieben, die sie immer hatten und denen sie gebührt.

Ich kam mir neulich vor wie die Unschuld vom Lande, als Mutter und ich einen jugendfreien Film anschauten, in den die Kinder unbedingt wollten. Die Leinwand war still und dunkel. Ein Pärchen kicherte. Ich sah, daß sie sich mit Gefühl küßten.

Da beugte Mutter sich zu mir und flüsterte: »Erma, geh und hol Popcorn.« Ich stelzte den Mittelgang entlang und grollte: Alle anderen Mütter haben den Film gesehen und gesagt, es sei überhaupt nichts dran.

»ES BLEIBT EIN TRAUM ...«

Ich habe nie verstanden, warum Babies mit allen Zubehörteilen geliefert werden, die für ein erfülltes, reiches Leben erforderlich sind, ihre Abwässerbeseitigung hingegen unfertig ist und Amateuren überlassen bleibt. Wenn es eine Geldfrage wäre, gäbe es wohl keine Mutter auf der Welt, die nicht ein paar zusätzliche Dollar springen ließe, wenn sie dafür das Kind vollständig montiert, Klo-fähig und für längere Reisen geeignet zur Welt bringen könnte.

Wie die Dinge liegen, quälen sich die Mütter ab, ihre Brut zur Sauberkeit zu erziehen, indem sie Wasser laufen lassen oder den Kleinen Muscheln ans Ohr halten, damit sie etwas rauschen hören. Ich habe die Wasserhähne des ganzen Hauses aufgedreht und Dias vom Erie-See gezeigt – aber der Kleine saß auf seinem Topf, rollte begeistert Klopapier ab und tat nichts dergleichen.

Sogar vor Drohungen schreckte ich nicht zurück. Ein Kind hatte ich, dem versprach ich in die Hand, ich würde es noch mit Einlagewindeln zum Militär schikken. Noch anderes stellte ich ihm in Aussicht: ein Bett mit einem Loch in der Mitte, ein Fahrrad mit eingebauter Toilette und eine Alarmanlage, die beim Feuchtwerden klingelt.

Die ganze Sache war recht albern. Aber wir werden ja alle albern, wenn wir uns bemühen, stellvertretend in unseren Kindern Erfolg zu haben.

Heute stellte ich fest, daß eine neue Erfindung auf den

Markt gekommen ist, die die Erziehungszeit um 90 % verkürzen soll. (Bei einigen Kindern kommt man dabei, über den Daumen gepeilt, auf circa zwei Wochen vor dem ersten Disco-Besuch.)

Es ist ein Thrönchen mit eingebauter Musikbox. Wenn das Baby seine Sache brav gemacht hat... und nur dann... belohnt die Musikbox es mit einem Liedchen. Zum ersten Mal sah ich diesen ›Training-Kit‹ bei meiner Nachbarin Gloria.

»Fabelhaft«, sagte ich. »Was spielt das Ding denn?«

»›Es bleibt ein Traum‹« sagte sie kurz und sachlich.

»Hast du Erfolg damit?« fragte ich hoffnungsvoll.

»Eigentlich nicht«, sagte sie. »Todd ist zu gerissen. Als ich ihn das erste Mal draufsetzte, hockte er verängstigt und wie angeleimt da, als hätte ich ihn aufgefordert, mit einem Fesselballon den Atlantik zu überqueren. Also habe ich es ihm erklärt. Todd, habe ich gesagt, wenn du schön Pipi machst, kommt Musik.«

»Hat er das verstanden?«

»Kein Wort. Er saß ein paar Stunden lang, und schließlich nahm ich ihn auf, ging in die Küche, holte ein Glas Wasser und goß es ins Pöttchen. Die Musik ging los, Todd klatschte in die Hände, tanzte um den Thron herum und amüsierte sich königlich. Dann habe ich ihn wieder draufgesetzt, und er saß weitere paar Stunden.«

»Und dann?«

»Dann habe ich ihn hochgenommen und wieder ein Glas Wasser reingegossen und es ihm noch mal vorgeführt.«

»Und schließlich hat er begriffen, und jetzt wird er allmählich sauber, stimmt's?«

»Irrtum. Alle paar Stunden holt er sich ein Glas Milch und gießt es in den Topf und tanzt nach der Melodie ›Es bleibt ein Traum...‹«

»Hältst du es für möglich, daß er es noch lernt?«

»Ich weiß nicht«, sagte sie betrübt und schüttelte den Kopf. »Ich weiß nur, daß er schrecklich enttäuscht sein wird, wenn er ein Kochgeschirr voll Wasser über der Militärlatrine ausgießt und nichts ertönt, wonach er tanzen kann.«

RATET MAL, WER MIT GESCHIRRSPÜLEN DRAN IST

Den größten Theaterrekord aller Zeiten hält *Anatevka*. Das heißt: am Broadway.

Bei uns zu Hause hält den Aufführungsrekord ein kleines Drama, das allabendlich gespielt wird. Es heißt: ›Ratet mal, wer mit Geschirrspülen dran ist‹.

In den letzten elf Jahren ist es mit dem Original-Ensemble an die 4000 mal aufgeführt worden, dazu kamen Matineen an Sonnabenden und Sonntagen. Wenn der Vorhang aufgeht, sieht man eine Familie nach ihrer Abendmahlzeit bei Tisch sitzen. Die Älteste spricht zuerst. »Du bist dran«, sagt sie automatisch zu ihrem Bruder.

»Denkste«, sagt der und wendet sich an seinen Bruder. »Ich war erst gestern dran.«

Der kleine Bruder wendet sich an den rechts von ihm sitzenden und sagt: »Und ich vorgestern.«

»Was hat es denn zum Abendessen gegeben?« fragt die Schwester hämisch, und ihre Augen ziehen sich zu Schlitzen zusammen.

»Huhn. Ich weiß es genau, weil ich mit den Knochen den Müllschlucker kaputtgemacht hab'.«

Die Schwester wechselt auf die linke Seite der Bühne und ruft von dort. »Es gab Auflauf, und die Form habe ich eingeweicht, also bist heute du dran.« Damit fährt sie herum und zeigt mit dem Finger auf den größeren ihrer Brüder.

»Von wegen«, sagt der. »Wie du dich vielleicht erinnern wirst, habe ich Dienstag abend mit dir getauscht, weil du die Turnhalle schmücken mußtest.«

»Und was ist mit damals vor fünf Jahren, als ich dich vertreten habe, weil du dir den Arm gebrochen hattest und über Nacht im Krankenhaus bleiben mußtest?«

»Ist längst wieder abgedient. Außerdem stell' ich nicht die große Kuchenplatte mit einem einzigen Stück Pflaumenkuchen in den Eisschrank, bloß damit ich sie nicht abzuspülen brauche – wie gewisse Leute, die ich kenne.«

»Und ich lass' keinen Abfall im Ausguß liegen, wie gewisse Leute, die ich kenne.«

Diesen Augenblick benutzt der kleinere Bruder, um diskret von der Bühne abzugehen. Er wird jedoch entdeckt.

»Halt! Du bist dran. Ich merk' dir's an. Du hast gegrinst!«

»Ich grinse überhaupt nicht. Ich bin dafür, daß wir ganz von vorn anfangen, und zwar bei der Ältesten und dann immer der Reihe nach.«

»Das sagst du bloß, weil du der Jüngste bist.«

»Soll das 'n Vorteil sein? Schließlich hab' ich erst mit zwölf eine Uhr gekriegt.«

Das Publikum, bestehend aus zwei Erwachsenen schiebt die Stühle zurück und verläßt das Theater.

»Wann hatten wir zum letzten Mal Spaghetti?« fragt mein Mann.

»Vor ungefähr drei Wochen«, sage ich. »Warum?«

»Weil ich welche auf meinem Teller gefunden habe.«

»Damit muß man rechnen, wenn man mimosenhafte Mimen zu Tellerwäschern degradiert.«

E STEHT FÜR ESSEN

Die durchschnittliche Lebensdauer eines Eisschranklichts beträgt 37 Jahre, 4 Monate und 18 Stunden.

Wir haben die Birne in den letzten zwei Jahren dreimal erneuern müssen. Dies ist auf die Tatsache zurückzuführen, daß alle Viertelstunde die Riesentüren geöffnet werden, die eine fürs Tiefkühlfach, die andere für den Kühlschrank, und mein Sohn regungslos davorsteht und den Inhalt anstarrt, als erwarte er den Weihnachtsmann. Wenn man seinen Blick von rechts nach links schweifen sieht, meint man, er werde gleich etwas äußern wie »Ich habe euch alle hier versammelt, meine Lieben, und ihr fragt euch wohl, warum?« Doch es kommt nichts. Nur kalte, schweigende Bestandsaufnahme.

Neulich abends, als ich mir ein Plaid über die Beine warf, um mich gegen die Kälte aus dem offenen Kühlschrank zu schützen, verlor ich die Geduld. »Warum läßt du die armen Speisereste nicht in Ruhe vergammeln?«

»Ich suche etwas«, erwiderte er.

»Warte nur, du kriegst gleich was!« drohte ich. »Und jetzt mach gefälligst die Tür zu.«

»In diesem Hause ist ja nie was Eßbares.«

»Wieso sind wir dann die einzige Familie in diesem Häuserblock, die sechs Mülltonnen benötigt? Außerdem kannst du unmöglich schon wieder hungrig sein. Du bist eben erst vom Tisch aufgestanden.«

»Das war vor einer Stunde.«

»Mach die Tür zu!«

»Kann ich einen Eiswürfel haben?«

»Von mir aus«, sagte ich ergeben. Minuten später hörte ich den Mixer jaulen und ging dem Geräusch nach. Der Küchentisch war gedeckt wie zu einer römischen Orgie: Französisches Weißbrot, Oliven, Frühstücksfleisch, Käse, diverse Saucen in Flaschen. Im Mixer schäumte eine Malzmilch.

»Ich dachte, du wolltest nur einen Eiswürfel?« sagte ich.

»Eiswürfel allein kann man nicht essen«, sagte er und schlug die Zähne in ein Sandwich.

Neulich abends, als ich den Kühlschrank wenige Stunden vorher ganz aufgefüllt hatte, gab auch ich dem

Lockruf des Eises nach, wollte einmal beide Türen weit öffnen und mich an meinen Vorräten weiden.

Zu meinem Entsetzen mußte ich vom obersten Fach zwei leere Milchflaschen entfernen, ein leeres Olivenglas, eine Butterdose ohne Butter, eine dünne Scheibe Käse, die bereits anfing sich zur Locke zu kringeln, einen Kuchenteller mit nichts mehr darauf als einer Lage Krümel und ein abgenagtes Hühnerbein.

Mein Mann trat hinter mich. »Fängst du jetzt auch schon damit an? Was gibt es denn da drin so Spannendes?«

Ich war wie vor den Kopf geschlagen. »Ich kann es einfach nicht glauben, daß er das alles verdrückt hat.«

LASS FAHREN DAHIN

Als mein Sohn in den Kindergarten kam, konnte er nur vier Worte: »Meine Mami kann fahren.« Später erweiterte er seinen Wortschatz um Ausdrücke wie ›Jederzeit‹, ›Überallhin‹ und ›Entfernung ist egal‹. Aber im ersten Jahr genügten ihm die vier.

Seine Lehrerin, ein Fräulein Schreibkrampf, war seinetwegen recht besorgt und bat mich, in die Schule zu kommen und sein Problem mit ihr zu besprechen.

»Bei Ihrem Kleinen – er hat uns übrigens nie gesagt wie er heißt – steht man vor einem Rätsel.«

»Er heißt Charlie«, sagte ich.

»Charlie ist in unserem kleinen Kreis ein Außenseiter geblieben. Er hat sich mit keinem anderen Kind angefreundet. Freiwillig meldet er sich nie auf eine Frage. Manchmal ist sein Verhalten geradezu sonderbar. Neulich zum Beispiel sagte ich der Klasse: ›So, Kinder, nun stellen wir uns alle an der Wand auf, die Jungen links, die Mädchen rechts. Und dann wollen wir...‹ Da sprang Charlie auf die Bank, schwenkte begeistert die Arme und schrie: ›Meine Mami kann fahren.‹ Ich sagte ihm, das sei nicht nötig, wir wollten nur alle mal hinüber in den Waschraum. Charlie ist manchmal wirklich unbegreiflich.«

»Natürlich können Sie ihn nicht begreifen«, sagte ich. »Dazu müßten Sie wissen, daß er das Schlußlicht unserer Kinder ist, die alle hierhin und dorthin gefahren werden müssen. Er wurde in einem Auto geboren, zwischen dem Verteilen von Sonntagszeitungen und dem Transport seiner Schwester zu einem Pfadfinderinnentreffen. Sein Beißring beim Zahnen war die Steuersäule. Die Zahlen lernte er vom Kilometerzähler. Die einzigen Farben, die er kennt, sind Rot, Grün und Gelb. Das Alphabet beschränkt sich für ihn auf die Buchstaben P R N und D der Automatik-Schaltung. Dieses Kind hat zuviel Zeit in einem Auto verbracht. Neulich wollte er wissen, wer die Radkappen von dem Haus gestohlen habe, an dem wir vorüberkamen.«

»Demnach ist Charlie davon geprägt, daß er in einem Auto groß geworden ist.«

»Geprägt ist charmant untertrieben. Haben Sie nie bemerkt, daß er seine Hose mit einem Sicherheitsgurt zusammenhält?«

»Nein, ist mir nicht aufgefallen.«

»Fräulein Schreibkrampf, Sie sind trotzdem keineswegs die einzige, die Probleme mit dem Bengel hat. Nicht nur ich kann ihn nicht begreifen, sondern auch er mich nicht. Es hat sich bei ihm ein verkehrtes Mutter-Image eingestellt. Er glaubt, ich könne auf dieser Welt nur eines: chauffieren.«

»Wie hat das alles eigentlich angefangen?« fragte Charlies Lehrerin.

»Angefangen hat es bei meinem ersten Kind«, verteidigte ich mich. »Meine Tochter kam von der Schule nach Hause mit einem fotokopierten Blatt, auf dem stand MÜTTER! MÜTTER! MÜTTER! ZU HILFE! ZU HILFE! WIR BRAUCHEN EUCH! AM SONNABEND DARF DIE ERSTE KLASSE AN EINER STUDIENFAHRT IN DEN EULENSCHUTZPARK TEILNEHMEN! WIR BRAUCHEN MÜTTER, DIE BEREIT SIND, SIE HINZUFAHREN! BESTIMMT WIRD ES AUCH FÜR SIE EIN BEREICHERNDES ERLEBNIS! BITTE! BITTE! BITTE!

Nun, ein bereicherndes Erlebnis wurde es nicht. Zwei meiner kleinen Fahrgäste klammerten sich an den Limo-Automaten und weigerten sich, den Naturlehrpfad zu betreten. Ein Kind in meinem Wagen gestand, es habe Windpocken, die habe seine Mutter aber mit Make-up zugeschmiert, damit es nicht auf den Ausflug verzichten müsse. Und ein Schwarm Eulen hielt meinen Wagen für eine Bedürfnisanstalt.

Als dann mein zweites Kind zur Schule kam, hatte es sich bereits herumgesprochen: ›Die Mami kann fahren‹

wurde zum Feldgeschrei. Diese Tatsache trug beiden Kindern Achtung und Beachtung ein. Mir allerdings trug es Striemen vom Sicherheitsgurt ein, die nur noch operativ zu entfernen sind. Ich bekam so viele ›bereichernde Erlebnisse‹ aufgebrummt, daß meine Familie von Plastikgeschirr essen und Wegwerf-Unterwäsche tragen mußte. Ich fuhr Schülergruppen zur Buchbinderei, in die Bundesstaatliche Strafanstalt, in die Klavierfabrik, zum Fest der Dattelpflaume, in die Druckerei des Lokalblattes und zu einer Erdferkel-Farm.

Als ich eines Tages von einem Lehrausflug durch ein Stahlwerk zurückkehrte (bei der mir die Plomben in den Backenzähnen geschmolzen waren) brachte mir mein Kind ein fotokopiertes Blatt Papier. ›Stell dir vor, Mami, unsere Klasse macht eine Bootsfahrt auf dem Fluß, wir besichtigen eine Fabrik für Spielkarten, und ich habe meiner Lehrerin gleich gesagt: Die Mami kann fahren.‹ ›Diesmal nicht‹, seufzte ich und nahm Schutzbrille und Schutzhelm ab.

›Warum nicht?‹

›Liebes, man darf nicht zu genußsüchtig sein. Es gibt bestimmt Tausende von Müttern, die traurig in ihrer Waschküche stehen und ein bereicherndes Erlebnis dringend nötig haben.‹

Sein Gesicht wurde lang. ›Und was soll ich meiner Lehrerin sagen?‹

›Sag ihr, ich hätte in Abständen von 30 Sekunden die Wehen. Sag ihr, meine Mutter unterschreibt den Erlaubniszettel nicht. Sag ihr, was dir gerade einfällt.‹«

»Hat es gewirkt?« fragte Charlies Lehrerin und rückte näher.

»Nein. Letzten Endes mußte ich dann doch acht Jungen und Mädchen an den Pier bringen, wo wir uns mit 80 anderen Drittklässlern treffen sollten. Die Fahrt glich einer Feuerwehrübung. 58 der 80 Kinder hatten ihren Proviant aufgegessen, noch ehe wir aus dem Schulhof waren.

Auf dem Schiff wurde zwei kleinen Mädchen schlecht, noch eh wir vom Steg ablegten. Einem Jungen namens Max mußte ich die Wasserski festhalten, die er ›für alle Fälle‹ mitgebracht hatte. Drei Strickjacken, eine Brille und das Kind, das laut Statistik über Bord gehen würde, gingen über Bord.

Linda fiel ihr wackeliger Schneidezahn ins Klo, und sie brüllte hysterisch, als die anderen Kinder ihr einredeten, die Zahnfee könne nicht schwimmen.

Der Klassentyrann redete den anderen ein, wir seien auf der Titanic und erreichte damit, daß die Hälfte der Kinder in die Rettungsboote kroch und ›Näher mein Gott zu dir‹ sang.

Ein Kind schwor Stein und Bein, es habe ganz in der Nähe ein Piratenschiff mit der Totenkopfflagge kreuzen sehen. Ich war die ganze Fahrt über damit beschäftigt, mit meinem Körper eine Wand im Waschraum abzudecken, auf der mit Lippenstift obszöne Wörter standen. Als wir endlich beim Fabrikgelände eintrafen, war die Meuterei in vollem Gang. Zwei Drittel der Kinder stimmten dafür, im Souvenirladen zu bleiben und Alligatoren mit Matrosenanzü-

gen zu kaufen, auf deren T-Shirt aufgedruckt stand: ›Wasser sparen! Mit jemand anders in die Wanne steigen!‹

Das übrige Drittel der Kinder war sichtlich gelangweilt und wollte möglichst bald wieder zurück in die Schule, um in der Turnhalle Basketball zu spielen.

Auf der Heimfahrt fragte ich eines der Kinder, was es denn nun bei dem Ausflug am allerschönsten gefunden habe. Es sagte: ›Der Handtuchspender, der war prima.‹ So ist das, Fräulein Schreibkrampf, die vier Wörter, die Charlie seit seiner Geburt gelernt hat, ›Meine Mami kann fahren‹, genau die treiben mich auf die höchste Palme.«

»Und was, glauben Sie, sollten wir tun?«

»Ich hatte gehofft, wir könnten mit Charlie arbeiten und ihm dabei ein neues Wort beibringen.«

»Woran hatten Sie gedacht?«

»An das Wort *nein*.«

»Wäre das nicht ein bißchen zu abrupt?« fragte sie.

»Ich hatte mir vorgestellt, wir könnten behutsam und stufenweise vorgehen. Wissen Sie, am Mittwoch geht die Klasse ins Museum, um dort den Film ›Geburt eines Torfstichs‹ zu sehen – keine Szene ist zensiert. Dazu brauchen wir Mütter, die die Kinder hinfahren. Charlie hatte kaum gehört, daß es sich um ein bereicherndes Erlebnis handelt, da nannte er auch schon Ihren Namen. Er hat ein hektographiertes Blatt mit, auf dem steht, Sie sollen sich Proviant mitnehmen, flache Schuhe anziehen und sich gegen 10 Uhr bei der Schule einfinden.«

»Fräulein Schreibkrampf, was würden Sie sagen, wenn ich Ihnen verspreche, daß ich Charlie ab sofort den Sicherheitsgurt um den Mund binden werde?«

»Aber dann – fallen ihm doch die Hosen runter. Es wäre ein traumatisches Erlebnis.«

»Besser traumatisch als bereichernd.«

GRAUE THEORIEN

Jedesmal, wenn ich die Abiturrede für angehende Akademiker halte, kämpfe ich gegen den Impuls, sie heimzuschicken und lieber gleich nur zu den versammelten Eltern zu sprechen. Ich würde gern sagen:
Liebe Eltern der Klasse 1984, auch für Sie beginnt nun ein neues Leben, in welchem Sie auf die nächste Phase umschalten müssen... auch Sie sind jetzt ein bißchen verdattert, ein bißchen ängstlich und haben Gewissensbisse. Sie haben einen jungen Menschen aufgezogen, der nun ausgebildet, voll verantwortlich und bereit ist, seinen Platz in der Welt auszufüllen. Sind eigentlich auch Sie bereit, den Ihren auszufüllen? Wie oft hat Ihr Kind gefragt: ›Wann wirst du endlich aufhören, mich wie ein Kind zu behandeln?‹ Und Sie haben erwidert: ›Wenn du dich nicht mehr wie ein Kind aufführst.‹ Es war eine aalglatte, bequeme Antwort, und Sie wußten es. Haben Sie vielleicht in den vergangenen sechzehn Jahren so viel geredet, daß Sie selbst nicht mehr hörten, WAS Sie sagten?
ES WIRD ZEIT, DASS DU ERWACHSEN WIRST!
(»Warum hast du's denn so furchtbar eilig mit dem Heiraten, schließlich bist du doch noch ein Kind!«)
DU MUSST ENDLICH LERNEN, DIE KONSEQUENZEN DEINER HANDLUNGEN ZU TRAGEN!

(»Komm, Daddy und ich zahlen dir die Reparatur des Wagens, du kannst es uns ja später wiedergeben!«)

DU MUSST ENDLICH SELBSTÄNDIG WERDEN!

(»Ich hab' dich für Dienstag beim Zahnarzt angesagt und deine Sachen aus der Reinigung abgeholt. Leg die Bücher von der Leihbibliothek heraus, ich nehm sie nachher mit.«)

DU MUSST UNABHÄNGIG WERDEN!

(»Aber du kannst doch zu Hause wohnen, da brauchst du keine Miete zu zahlen. Denk nur an eines: Gegessen wird Punkt sieben!«)

TRIFF DEINE EIGENEN ENTSCHEIDUNGEN!

(»Was soll das heißen: Du willst nicht mit zu Omi? Du bist schon zwei Wochen lang nicht bei ihr gewesen. Steig ein!«)

HÖR ENDLICH AUF, DICH WIE EIN KIND ZU BE-
NEHMEN!

(»Gib mir das Hemd, damit es anständig gebügelt wird!«)

NIMM DEIN LEBEN SELBER IN DIE HAND!

(»Jetzt wäre der richtige Moment, dir einen Job zu suchen, und nicht dein Erspartes auf den Kopf zu hauen und kreuz und quer im Land herumzuzigeu-nern.«)

Liebe Eltern! Ihre Kinder haben auf ihre Art versucht, das zu sein, was Sie von ihnen erwarteten. Das ist für Sie alle peinlich, schmerzhaft und unangenehm.

Wann sie erwachsen werden?

Wenn *Sie* es zulassen.

ZEIGT HER EURE FÜSSCHEN...

Wenn man es sich recht überlegt, ist die Technik in diesem unserem Lande noch nicht nennenswert vorangekommen. Wir können uns zwar mit elektronischen Spielchen amüsieren und haben Müllschlucker, aber andererseits sitzen wir immer noch ums Lagerfeuer, und unsere Kinder bemalen immer noch die Wände.

Mit der medizinischen Technik ist es noch schlimmer. Der gewöhnliche Schnupfen bleibt ein Rätsel. Keiner weiß, wieso man heiße Wallungen im Sommer hat und nicht im Winter, wo man sie gut gebrauchen könnte. Und kein noch so begabtes Mitglied des Ärzte-Clans hat das größte Geheimnis aller Zeiten zu entschleiern versucht: Wie man Kinderfüße am Wachsen hindert.

Seit Jahren bemühen wir Eltern uns, die Wachstumsrate vorauszuberechnen. Von dem Moment an, in dem ein Kind selbständig laufen lernt, bis zu den letzten College-Tagen hat es nie ein Paar Schuhe, das ihm wirklich paßt.

Ich habe mir die Füße meiner Kinder durch ein Röntgengerät angesehen und weiß genau, daß sie, ehe sie dem betreffenden Schuh entwachsen, noch gut zwei Nummern Spielraum haben, doch schon auf der kurzen Strecke zwischen Schuhgeschäft und Parkplatz sagt das Kind: »Mami, diese Schuhe zwicken mich an den Zehen, und an der Ferse schubbern sie.«

Man könnte 135 Paar Schuhe verschiedener Größen kaufen, und nicht eines davon würde dem Kind zu irgendeinem Zeitpunkt passen.

Dennoch sind Schuhe nicht die einzigen Geheimnisse, die Kinderfüßen anhaften. Einer meiner Söhne ging nirgendwohin zu Fuß. Selbst wenn er nur ins Badezimmer wollte, nahm er sich ein Taxi. Immer wenn ich ihm zufällig einmal begegnete, hatte er die Füße in Augenhöhe: auf dem Kaffeetisch, auf dem Sessel, auf dem Fernseher, auf dem Armaturenbrett, an der Wand. Ich fuhr ihn zur Schule, direkt bis an seine Bank. Ich fuhr ihn zum Training, in die Bücherei, in die Häuser seiner Freunde, auf den Spielplatz, in die Turnhalle und in die Apotheke. Der Junge hatte nagelneue, unbenutzte Füße. Glauben Sie mir: Eine Fussel auf dem Teppich hätte ihm wehgetan. Als er seine Schuhe ungefähr drei Wochen hatte, klagt er über ein Loch in der Kappe.

Ich habe es mir ausgerechnet: Wenn der Verstand eines Kindes sich so rasch entwickeln würde wie seine Füße, könnte es mit sechs Jahren fünfzehn Sprachen sprechen, erfolgreich über Freud debattieren, Plato erklären, besser schreiben als Shakespeare und es in Physik mit Einstein aufnehmen. Die Institution Eltern wäre veraltet.

Sie haben sich vermutlich auch schon öfters gefragt, warum nicht mehr Kinder von daheim weglaufen. Wissen Sie warum? Die Füße tun ihnen weh. Sie wandern durchs Leben mit Schuhen, die entweder vorn mit Zellstoff ausgestopft oder aber an den Zehen zu kurz sind.

Eine Lösung für dieses Problem weiß ich nicht. Solange die Wissenschaft sich nicht vorrangig mit Kinderfüßen beschäftigt, wird der Kleine, der hinter

uns herwatschelt und bei jedem Schritt aus seinen zu
großen Schuhen kippt, uns verbleiben.

ERNÄHRE DEIN KIND RICHTIG

Zu den ersten Sorgen der jungen Mutter gehören die
Eßgewohnheiten ihres Kindes.
Ich kann Ihnen aus dem Schatz meiner Erfahrungen
alles Wissenswerte mitteilen: in 400 Worten oder auch
weniger. Je mehr Zähne ein Kind bekommt, desto
weniger kaut es.
Ein Kind ißt niemals, was gut und nützlich ist, wovon
man feste Knochen oder Zähne bekommt oder schnel-
ler gesund wird.
Ein Kind wird niemals etwas essen, was grün aussieht.
Seine ersten Worte in einer fremden Sprache werden
sein: »À la carte.«
Es wird nie die gleichen Getreideflocken zweimal
essen.
Ein Kind ist, ganz egal, was man ihm vorsetzt, in
seinem Inneren davon überzeugt, daß der Hund etwas
Besseres kriegt.
Wenn die Mutter so tut, als ob sie das klumpige weiße
Zeug auf dem Löffel, das so ulkig riecht, köstlich
findet, sieht das Kind keinerlei Grund, ihr zu glauben.
Aus dieser Erkenntnis heraus ist es mir unbegreiflich,
warum jedes Jahr wieder über das Schulfrühstück
debattiert wird. Schulfrühstücke werden so zusammengestellt, daß die Kinder die für Wachstum und

Entwicklung nötigen Vitamine und Ballaststoffe erhalten, für deren Verweigerung sie zu Hause vorzeitig ins Bett gesteckt werden.

Da wachsen Kinder heran, die glauben, Mangold sei etwas, das man am TAG DES BAUMES pflanzt, um später in seinem Schatten zu liegen.

Und trotzdem setzt sich jedes Jahr irgendwer dafür ein, daß man die Kinder auf gesunde Kost umstellt. Das Gesunde ist ja genau das, was sie wegschmeißen.

Kürzlich hat ein realistisch denkender Schulleiter in New York öffentlich verkündet: »Sollen sie doch Pizza essen.« (Dieser Satz reiht sich würdig an das berühmte: »Einem Zweijährigen soll man keine Sekunde den Rücken kehren.«) Er hat geltend gemacht, daß in der Pizza sämtliche Grundnahrungsmittel enthalten sind, die es den Schülern ermöglichen, bis zum Abend durchzuhalten. Er möchte Pizza täglich auf ihrem Speiseplan sehen.

Laßt den Mann nur reden, meine ich. Offensichtlich kennt er sich mit Kindern aus. Wird nämlich die Pizza von Schule und Elternhaus erst einmal sanktioniert, werden Kinder gegen diesen Fraß meutern und grüne Bohnen, rote Beete und Spinat verlangen.

Bis dahin verdient eine Schule aus dem Mittelwesten die Prämie für die beste Idee. Sie gab bekannt, ab sofort sei für das Schulfrühstück 1 Dollar 35 zu zahlen. Wenn überhöhte Preise die Kinder nicht in hellen Scharen in die Cafeteria treiben, habe ich seit 25 Jahren meinen Mutterberuf verfehlt!

SUPERHAUSFRAUEN – UND ANDERE

Eine Gruppe Erstkläßler in der Ruby-Schule wurde von ihrer Lehrerin aufgefordert, ihre Mutter zu zeichnen, so wie sie sie sahen. Die Ausstellung dieser Kunstwerke durften wir dann besuchen.

Einige Mütter waren abgebildet, wie sie in einem Segelboot standen, andere trugen schwere Einkaufstaschen, mähten den Rasen oder telefonierten.

Alle Mütter hatten eines gemeinsam: Sie waren schwanger. Im Einzugsbereich der Schule war Schwangerschaft kein Zustand, sondern eine Art herrschender Mode: Man trug Bauch in verschiedenen Entwicklungsstadien, ob er einem nun stand oder nicht.

Ich fand mich für Schwangerschaften, ehrlich gesagt, zu klein und sagte das auch meinem Mann. Viele Frauen sehen fabelhaft aus, wenn sie erwarten. Aber ich war immer diejenige mit dem Rocksaum, der hinten bis zu den Knöcheln reichte und vorne nur bis ans Knie, und die sich alles über die Vorderfront kleckerte. Normalerweise trug ich schon nach zwei Wochen Umstandskleidung, und nach dem neunten, zehnten, oder auch elften Monat ließen sich meine Gummizüge nicht mehr dehnen, und mein Spiegel wäre beinahe zersprungen.

Manchmal sank ich schon im fünften Monat in einen tiefen Sessel, den ich erst bei den Wehen wieder verließ – oder wenn der Sessel Feuer fing, je nachdem, was zuerst eintrat.

Daß wir alle damit beschäftigt waren, Mütter zu werden, verband uns. Dann aber teilten sich die Mütter in zwei scharf voneinander abgegrenzte Gruppen: die Supermütter und die Zwischendurchmütter.

Die Supermütter waren schneller als ein abgefeuertes Geschoß, kräftiger als ein starkes Abführmittel und konnten im Supermarkt bei Sonderangeboten über sechs Einkaufskarren die Flanke machen. Sie erdrückten einen wie ein nasses Plumeau.

Die Supermutter und Superhausfrau ist das Produkt der Vereinsamung, eines Ehemannes, der selten daheim ist, sowie eine Folge des Dranges, immer alles sauber und gepflegt zu haben. Es gibt bereits eine Warteliste für Heiligsprechungen.

Die Zwischendurchmütter aber warten einfach ab, bis ihre Kinder erwachsen sind. Sie geben bei Elternversammlungen nie ihren wirklichen Namen an, verstecken die Bonbons unter dem Geschirrtuch, damit die Kinder sie nicht finden, und ihre Schubladen sind mit Zeitungen voller Schlagzeilen aus den Sezessionskriegen ausgelegt.

Für Supermütter bestand in unserem Vorort keinerlei Zuzugssperre. Sie durften sich unter uns mischen, wann immer sie wollten. Als eine im Haus gegenüber einzog, fand ich es angebracht, sie bei uns freundlich willkommen zu heißen.

Der Möbelwagen war noch keine Minute weg, da sah ich sie bereits im Garten harken. Ich ging hinüber, um ihr meinen berühmten Restesalat aus neun Bohnen zu bringen. Sie hieß Estelle. Das Innere des Hauses war umwerfend: Die Möbel glänzten und standen alle an ihrem Ort, Spiegel und Bilder hingen bereits, nirgends war eine Packkiste zu sehen, die Bücher waren eingeräumt, auf dem Küchentisch standen frische Blumen. Sie selbst hatte gerade eine Kalziumtablette in der Hand, um sie sich in den Mund zu stecken.

»Ich weiß, daß an Umzugstagen alles drunter und drüber geht«, stotterte ich verlegen.

»Fertig wird man ja nie, nicht wahr«, sagte sie und nahm mit zwei Fingern einen Fussel vom Eisschrank.

Dann ließ sie ihre Kinder antanzen, und als sie bemerkte, daß ihrem Sohn eine Locke ins Auge hing, verzog sie das Gesicht und meinte: »In dem Alter benehmen sie sich wie die Wilden.«

Wenn meine Kinder je so gut ausgesehen hätten, hätte ich sie meistbietend versteigert.

»Übrigens, wenn Sie irgendwas brauchen, ich fahre alle drei Stunden zum Einkaufen«, bot ich ihr an.

»Ich kaufe nur einmal im Monat ein«, sagte sie. »Ich habe festgestellt, daß man sparen kann, wenn man im voraus plant und größere Mengen nimmt. Außerdem geize ich mit meiner Zeit. Ich lese so viel – im Moment James Joyce – und gehe mit meinen Kindern drei-, viermal die Woche ins Museum. Sie interessieren sich so sehr für moderne Kunst und fangen jetzt mit den Romantikern an. Darf ich Ihnen etwas anbieten? Ich habe eben einen Napfkuchen gebacken.«

Mir brach der Schweiß aus.

»Der Doktor hat gemeint, ich solle etwas zunehmen, und ich gebe mir auch alle Mühe...«

Ich hätte ihr ins Gesicht schlagen können.

Das Problem war einfach das: Konnte eine Hausfrau, die jedes Stück Haushaltswäsche schwarz färbte, um langfristig Zeit zu sparen, mit einer Nachbarin auskommen, die jederzeit ein Babybild ihres letzten Kindes griffbereit hatte?

Wir Zwischendurchmütter versuchten, mit Estelle auszukommen. Leicht war es nicht. Estelle war einfach nicht zu schlagen.

Sie mähte den Rasen, backte selbst Brot, schaufelte den Schnee vom Gehsteig, zog ihre eigenen Küchenkräuter, nähte die Kleider ihrer Kinder, änderte die Anzüge ihres Mannes, spielte in der Kirche die Orgel, plante jeden Urlaub genau vor, zahlte alle Rechnungen, war freiwillige Mitarbeiterin bei drei Telefonseelsorgediensten, fünf Sportclubs und zwei karitativen Kommissionen, holte im Winter alle Gartengeräte ins Haus, stellte einmal die Woche ihr Bügelbrett auf und bügelte alles weg, füllte ihre Gefriertruhe mit halben Rindern, malte ihre eigenen Weihnachtskarten, ging bei jeder Wahl zur Urne und zweimal im Jahr zum Zahnarzt, stand ihrer Hündin beim Werfen bei, schmolz alte Kerzen und drehte neue, hob altes Frostschutzmittel auf und hatte einen Bleistift neben dem Telefon.

»Wo ist denn Estelle?« fragte Helen, als sie eines Tages zu einer kurzen Stippvisite hereinschaute.

»Keinen Schimmer. Wahrscheinlich malt sie ihre Krampfadern mit Buntstift nach, damit sie aussehen wie die neuen Modestrümpfe. Ich sage dir, diese Frau tötet mir den Nerv.«

»Ja, sie ist ein bißchen penetrant.«

»Ein bißchen nennst du das? Würdest du einer Frau trauen, die immer genau weiß, wo ihre Wagenschlüssel sind?«

»Ich glaube, sie würde gern Freundschaft mit dir schließen.«

»Daraus würde nichts.«

»Du könntest es doch probieren.«

»Du weißt nicht, was du verlangst. Sie ist so – so fürchterlich systematisch. Ihr Haus ist das einzige im ganzen Viertel, in dem für den Brandfall Probealarme durchgeführt werden. Neulich hat die Schule bei ihr angerufen und ihr gesagt, daß Kevin sich verletzt hat. Weißt du noch, wie es war, als die Schule mich damals anrief, um mir mitzuteilen, mein Sohn hätte den Sehtest nicht bestanden?«

»Ja, du wurdest hysterisch und mußtest Beruhigungsmittel nehmen.«

»Richtig. Nicht so Estelle. Sie nahm ganz gelassen die Wagenschlüssel vom Haken, zog eine farblich passende Strickjacke über ihre farblich richtigen Hosen, stellte das Essen im Backofen warm, nahm den Bleistift am Telefon, schrieb einen Zettel, fuhr zur Schule, holte Kevin dort ab und fuhr ihn zum Unfallkrankenhaus.«

»Na, und? Das hättest du auch gekonnt.«

»Das ist ja noch nicht alles. In der Notaufnahme gab sie Kevin ab und wußte sein Geburtsdatum, den Namen seines Vaters und die Mitgliedsnummer bei der Krankenkasse *auswendig*.«

»Ich weiß noch, wie du Andy ins Krankenhaus brach-
test...«

»Daran möchte ich nicht erinnert werden.«

»Was war es doch noch, was der Arzt sagte?«

»Er wollte die Schrunden in meinen Fersen behandeln.«

»Stimmt, und um telefonieren zu können, mußtest du
einen Scheck über einen Groschen ausschreiben.«

Bei allem störte Estelle eigentlich niemanden. Sie war
nur ein verwischter, nebelhafter Umriß, der täglich die
Einfahrt herauf- und hinunterschoß. Ich war ganz
überrascht, als sie mich eines Tages draußen an der
Straße vor meinem Briefkasten ansprach.

»Erma«, fragte sie. »Was stimmt eigentlich nicht mit
mir?«

Zunächst wich ich aus. »Nichts. Warum?«

»Seien Sie aufrichtig. Ich passe nicht so recht in diese
Umgebung. Warum eigentlich nicht?«

»Das ist schwer zu erklären«, stotterte ich. »Sie sind
eben... also, Sie sind der Typ Frau, den man anruft,
um zu fragen, welches Mittel man gegen Unpünktlich-
keit einnehmen soll.«

»Aber ich würde doch so gern ein paar echte Freundinnen haben.«

»Das weiß ich, Estelle, und ich würde Ihnen auch so
gern helfen, aber zunächst müssen Sie einmal lernen,
was das ist: eine Freundin.«

»Sagen Sie es mir.«

»Das ist gar nicht so einfach. Eine Freundin wird nicht
Diät halten, wenn man selber fett ist, sondern sie wird

dir erzählen, daß sie einen ehemaligen Verehrer von dir gesehen hat, der inzwischen Geistlicher geworden ist. Eine Freundin macht den Babysitter bei deinen Kindern auch dann, wenn sie gerade eine ansteckende Krankheit haben. Eine Freundin wird lügen, wenn man sie fragt, was sie von meiner Heimdauerwelle hält. Eine Freundin wird jeden mit Mord bedrohen, der eine der Ankleidekabinen aufsuchen will, wenn man dort gerade Badeanzüge probiert. Vor allem aber eines würde eine Freundin nie: jede Minute des Tages voll ausnutzen, um alle anderen dadurch ins Unrecht zu setzen.«

Von diesem Tag an ging mit Estelle, der Supermutter und Superhausfrau unseres Viertels, eine Wandlung vor sich. Nicht mit einem Schlag, aber im Lauf der Wochen beobachteten wir, daß sie lernte, alles ein wenig nachlässiger zu betreiben. Anfangs waren es Kleinigkeiten. Zum Beispiel, daß sie ein Deodorant kaufte, das *nicht* im Angebot war, oder daß sie die Notrufnummern auf der Wählscheibe des Telefons mit dem Fingernagel abkratzte.

Eines Morgens klopfte eins ihrer Kinder bei uns und bat, auf unser Klo gehen zu dürfen; seine Mami habe es versehentlich ausgesperrt.

Eine Woche später ging Estelle während einer Fahrt für die Pfadfinder plötzlich das Benzin aus. Ein paar Tage später vergaß sie, die Mülltonnen zuzubinden, und die Hunde zerrten Butterbrotpapier und Gemüsereste über ihren Rasen, so daß alle Welt es sah.

Eines Nachmittags tauchte sie überraschend bei mir

auf, hockte sich auf den Küchentisch und vertraute mir an: »Ich bin zur Erkenntnis gekommen – es gibt ein Weiterleben.«

»Was für Weiterleben?«

»Ja, ich glaube, das Leben geht weiter, wenn die Kinder erwachsen sind.«

»Woher haben Sie das?«

»Es stand auf einer Packung Vitaminpillen.«

»Und was wollen Sie damit sagen, Estelle?«

»Ich versuche Ihnen verständlich zu machen, daß ich dann flüchten werde. Heim, in die City. Dort wartet das wahre Leben auf mich.«

»Reden Sie keinen Unsinn«, sagte ich.

»Ich habe mich so bemüht, perfekt zu sein«, schluchzte sie.

»Ich weiß, ich weiß.«

In diesem Augenblick kam eines von Estelles Kindern in freudiger Aufregung hereingestürzt. »Mami, Mami«, rief es. »Ich gehöre in die Gruppe, die eine Fluorid-Zahnpasta benutzt hat, und ich habe nur ein winziges Loch.«

Estelle sah das Kind eine volle Minute schweigend an und sagte dann: »Na und wenn schon.«

Seitdem gehört sie zu uns.

NESTHÄKCHENS ERSTER SCHULTAG

Was Dina sagte:
»Also, Mike, ich weiß gar nicht, wovor du Angst hast. Mutter ist doch da, wenn du heimkommst. Du meine Güte, du darfst in einem so niedlichen kleinen gelben Bus fahren und hast deine eigene Frühstückstüte und deinen Namen auf dem Pullover. Was soll schon schiefgehen?
Du bist doch jetzt ein großer Junge und mußt dich auch so benehmen, und du lernst so viele neue Freunde kennen. Jetzt marsch, hinaus mit dir, und setz dich auf den Randstein, und stell dich nicht an wie ein kleines Kind. Wovor fürchtest du dich denn?«

Was Mike nicht sagte:
Ich weiß überhaupt nichts.
Ich hab neue Unterhosen, einen neuen Pulli, einen wackligen Zahn, und ich hab vorige Nacht nicht geschlafen.
Ich mach' mir Sorgen.
Und wenn nun der Bus beim Anfahren ruckelt, wenn ich eingestiegen bin, und ich verlier' das Gleichgewicht und zerreiß' mir die Hose und alle lachen?
Und wenn ich nun mal Pipi muß, ehe wir in der Schule angekommen sind?
Und wenn eine Glocke läutet und alle gehen rein und

ein Mann brüllt: »In welche Klasse gehörst denn du?«
und ich weiß es nicht?

Und wenn mir das Schuhband aufgeht und jemand
sagt: »Dein Schnürsenkel ist offen, und jetzt schauen
wir mal alle zu, wie du ihn wieder zubindest?«

Und wenn ich zu klein bin für die Tabletts in der
Cafeteria und ich reich nicht rauf, und der Deckel von
meiner Thermoskanne, wo meine Suppe drin ist, ist zu
fest zugeschraubt, und wenn ich ihn aufmachen will,
geht er kaputt?

Und wenn aber mein wackliger Zahn rausfällt, während wir alle mit gesenktem Kopf sitzen und ganz still
sein sollen? Und was ist, wenn die Lehrerin zur Klasse
sagt, wir sollen alle verschwinden gehen, und ich muß
nicht?

Und wenn ich auf mein Namensschild Wasser spritze
und mein Name geht ab, und keiner weiß mehr, wer ich
bin? Wenn sie uns zum Spielen rausschicken und alle
Schaukeln sind schon besetzt? Was mach ich dann?

Und wenn der Wind geht und mir alle wichtigen
Papiere aus der Hand weht, die ich heimbringen soll?

Was ist, wenn die meinen Nachnamen falsch aussprechen und alle lachen?

Und wenn die Lehrerin die D's ganz anders macht, als
die Mami mir beigebracht hat?

Wenn aber die Lehrerin alle auf ihre Plätze schickt,
und ich bleib übrig?

Wenn aber die Fenster im Bus beschlagen sind, und ich
weiß nicht, wo ich bin und wann meine Haltestelle
kommt?

Und wenn ich vielleicht den ganzen Tag keinen einzigen Freund finde?
Ich hab' Angst.

Was Mike statt dessen sagte:
»Wiedasehn.«

DER NESTHAKEN

Wir rufen unseren Jüngsten immer noch ›Baby‹, dabei wiegt er vierzig Pfund, reicht schon an den Herd heran und kann einen Fußball höher kicken als das Dach. Wir werden ihn, fürchte ich, noch ›Baby‹ nennen, wenn er vierzig ist, eigene Kinder hat und einen Haaransatz wie die Küste von Florida.
Heute ist ein besonderer Tag, denn heute muß er zum ersten Mal in die Schule. Ich weiß nicht, warum ich eigentlich so gereizt bin. Erst brülle ich: »Wenn du noch ein einziges Mal die Tür so zuknallst, du Wicht, schick' ich dich per Post an ein Internat in Nebraska – ohne Absender!« Und Minuten später drücke ich ihn ans Herz: »Komm, wir laufen davon, wir zwei, ins Land Nirgendwo, wo kleine Jungen niemals groß werden...«
Und dabei habe ich mich so lange auf diesen Vormittag gefreut. Wenn ich daran denke, was ich mir alles versprochen habe, während ich durch die Windeleimer geplätschert bin und früh um 2 Uhr am Handgelenk die Temperatur des Fläschchens geprüft habe! Und das soll erst sechs Jahre her sein? »Warte nur«, habe

104

ich mir damals gesagt, »wenn dieser Zirkus erst vorbei ist, krieche ich morgens wieder zurück ins Bett. Dann esse ich in der Stadt mit jemand, der dazu Messer und Gabel benutzt und nicht einen Breilöffel. Dann nehme ich 12 Pfund ab, lackiere mir die Nägel, lerne Italienisch und mache mir regelmäßig Gesichtsmasken.«

An diesen Traum habe ich mich geklammert, durch Masern und Beinbruch, durch dicke Luft jeder Sorte, durch Traumata, Dr. Spocks Erziehungsvorschriften und die Kindergartenzeit. Und jetzt, da seine Erfüllung unmittelbar bevorsteht, habe ich ein schlechtes Gewissen.

Was stelle ich denn da eigentlich an? Wie kann ich den Kleinen Mengenlehre lernen lassen, ehe die Nabelschnur abgeheilt ist? Wie kann ich an meine Bequemlichkeit denken bei den vielen Bedrohungen, die jetzt auf ihn zukommen.

Woher weiß überhaupt die Schulbehörde, daß mein Sohn reif ist für die erste Klasse? Die schaut ihn doch nur an – und was sieht sie? Einen Geburtsschein und ein Impfzeugnis. Ich aber schaue ihn an und sehe zwei kurze Stummelbeinchen, auf denen er den Wasserhahn nur erreicht, wenn er einen Hocker zu Hilfe nimmt. Ich sehe zwei pummelige Pfoten, die es nicht fertigbringen, ein glitschiges Stück Seife festzuhalten. Ich sehe einen roten Schopf, der seinem Vater nicht bis zur Gürtelschnalle geht. Ich sehe einen Wicht, der in der Vorschule nie auf die Toilette ging, weil er nicht zugeben wollte, daß er die Türaufschrift HERREN nicht von DAMEN unterscheiden konnte.

Ach, ich hätte ihn gründlicher vorbereiten sollen. Ich habe etwas vom Nikolaus, vom Osterhasen, von der Zahnfee und Mary Poppins dahergeredet. Ich hätte ihm Grundlegendes sagen müssen. Über Toleranz und Verzeihen, über Mitgefühl und Aufrichtigkeit. Und schon muß ich zurücktreten, muß ihn teilen mit einer anderen Frau, anderen Erwachsenen, anderen Kindern, anderen Meinungen und Gesichtspunkten.

Wer ist diese Frau, die jetzt mehr Zeit mit ihm verbringen wird als ich? Ach bitte, Fräulein Kreidestaub oder wie Sie heißen mögen, seien Sie geduldig und lieb mit ihm, das braucht er, bitte haben Sie für ihn einen weichen Schoß und ein warmes Lächeln. Seien Sie nicht zu hübsch und zu gescheit, damit ich beim Vergleich nicht zu schlecht abschneide. Einen Zettel! Ja, einen Zettel sollte ich ihm an den Pullover stecken, auf dem steht:

›Liebes Fräulein Kreidestaub oder wie Sie heißen, ich überantworte Ihrer liebevollen Fürsorge diesen meinen Sohn, der ein bißchen schüchtern und recht eigensinnig ist. Er wird noch nicht allein fertig mit steckenbleibenden Reißverschlüssen und Knöpfen an Strickjacken, die er falsch zuknöpft. Er macht seine Fünfer seitwärts, aber er arbeitet eifrig und ernsthaft. Es kann dahin kommen, daß ich Sie wegen Entfremdung seiner Zuneigung gerichtlich belange, doch im Moment möchte ich nur sagen: Gott segne Sie.‹

Aber für so einen Zettel bleibt mir keine Zeit. Da hält schon der Schulbus. Es ist so ein Riesenbus. Warum schicken die bloß ihren größten Bus für so ein winziges

Menschlein? Jetzt ist er fort. Er hat sich nicht einmal umgedreht, um mir zuzuwinken.

Warum nur bin ich eigentlich den ganzen Sommer so ekelhaft zu ihm gewesen? Ich hatte doch fünf Sommer, um ekelhaft zu sein, warum mußte sich all meine Ekelhaftigkeit unbedingt auf diesen einen Sommer konzentrieren?

Wie still das Haus ist. So still, wie ich es mir immer gewünscht habe. Um wen weine ich eigentlich? Ich fürchte, um mich. Ich weine aus purem Selbstmitleid. Habe ich etwa Angst? Werde ich jetzt auch eine jener Frauen, die stundenlang durch die Wohnung irren, unerfüllt, gelangweilt, unbefriedigt, die manchmal ein paar klebrige Socken von der Decke ablösen und hineinschluchzen: »Mein Kleiner! Ach, mein Kleiner!« Werde ich auch täglich überall Staub saugen und wischen und um halb elf mit allem fix und fertig sein und dann überhaupt nichts mehr tun, sondern nur noch dasitzen, Kaffee trinken und Ausschau halten nach dem großen, gelben Schulbus, der meine Brut an der Gehsteigkante ablädt?

Meine Freundinnen fallen mir ein, die so weise waren wie die Vogelmütter und ihre Jungen rechtzeitig aus dem Nest stießen. Für diese Freundinnen – sie waren einfach klug – klang die Schulglocke wie das Siegesgeläut nach einem Krieg. Sie wurden schon bald tätige Mitarbeiter der Gemeinschaft, entwickelten ungeheure Talente, die jedermann überraschten, nicht zuletzt sie selber, sie ordneten ihr Leben neu und wurden schließlich noch einmal jung.

Der Schulbus? Ist der denn schon zurück? Ich habe ja kaum Zeit gehabt, mich innerlich zurechtzufinden! Da ist ja auch mein Baby, das vom Trittbrett hopst und aufgeregt schreit: »Sie haben mich genommen!« Es ist ein so kleiner Bus. Wieso schicken die bloß einen so furchtbar kleinen Bus für einen so riesigen Haufen unbändig großer Bengel?

RÄTSEL DER MUTTERSCHAFT

Eine Elfjährige schrieb mir mal:

Liebe Mrs. Brombeck,
ich kann Mütter einfach nicht verstehen, ehrlich. Wie
bringt Mami es fertig, von ganz weit weg jedes Fami-
lienmitglied mit einem Schuh zu treffen?
Woher weiß sie, daß ich auf dem Autorücksitz meinem
Bruder Fratzen schneide, wenn sie sich doch gar nicht
umgedreht hat?
Woher weiß sie, daß ich in der Küche Plätzchen sti-
bitze, während sie im Wohnzimmer vor dem Fernseher
sitzt?
Ein paar von meinen besten Freundinnen begreifen
ihre Mutter auch nicht und wollen gern wissen, woher
sie nur vom Anschauen weiß, daß sie sich vor dem
Mittagessen heiße Würstchen und drei Cola gekauft
haben. Oder wo sie den Pulli ›verlieren‹ werden, den
sie nicht ausstehen können.
Ich finde das einfach gespenstisch: Das Telefon klin-
gelt, und sie ermahnt mich, noch ehe sie den Hörer
abhebt: »Aber nur fünf Minuten, ja?«
Wir sind alle darüber einer Meinung, daß kein Mensch
so überscharf sieht, hört oder riecht wie eine Mutter.
Einer von den Jungen hat uns erzählt, daß er mal einen
Kaugummi im Schuh hatte, und seine Mami sagte:

»Komm, nimm den Kaugummi raus, sonst bleiben noch
deine Einlagen dran kleben.«
Wo Sie doch so viel über Kinder schreiben, dachten
wir, Sie könnten uns das mit den Müttern erklären.

Hochachtungsvoll
Cathie

Liebe Cathie mit all Deinen Freundinnen,
Euer Brief hat mir richtig Spaß gemacht. Wenn man
euch so hört, müssen eure Mütter ja die reinsten Hell-
seherinnen sein wie die berühmte Jean Dixon. (Sitz
gerade, halt das Buch nicht so nah vor die Nase, du
wirst dir noch die Augen verderben!)
Dabei hat das Muttersein nichts Geheimnisvolles. Alle
Mütter waren mal normale, durchschnittliche Kinder,
wie ihr zur Zeit seid. Als sie dann erwachsen waren
und Mutter wurden, haben sie den natürlichen Rönt-
genblick, die zwei Augen am Hinterkopf, das ökologi-
sche Gehör und den scharfen Geruchssinn entwickelt,
der bei nassen Turnschuhen sofort aktiv wird. (Bitte
fragt mich nicht, was ökologisch bedeutet, schlagt im
Lexikon nach.)
Wir Mütter haben übrigens keinen dieser Sinne als
besonderen Segen empfunden. Eher als Überlebensin-
stinkt. Ohne sie wären wir noch empfindlicher und
verletzlicher! (Zieh keine Grimasse! Wenn die Uhr
schlägt, bleibt dein Gesicht stehen, und dann sollst du
mal sehen!)
Eines Tages, wenn sich auch bei euch das Mutter-
schaftshormon entwickelt hat, werdet ihr spüren, daß

jemand an den Eisschrank geht, während ihr auf dem Elternabend seid. Und ihr werdet genau wissen, wann Schuhe naß und dreckverkrustet sind, auch wenn ihr sie nicht finden könnt. Ihr werdet fühlen, daß euer Kind lügt, auch wenn es vor euch steht, die Bibel in der einen, den Rosenkranz in der anderen Hand und über ihm an der Wand ein Bild von Maria mit dem Jesulein. Im Grunde sind wir Mütter vollkommen normale Menschen. Wir behaupten nicht, genau zu wissen, wie man Kinder großzieht.

Im Gegenteil, im Laufe der Jahre habe auch ich eine Menge Dinge beim Kindergroßziehen erlebt, die ich überhaupt nicht begreife. Zum Beispiel:

WER IST EIGENTLICH DIESER WEISSNICH?

Seit ich mich erinnern kann, beherbergt unser trautes Heim ein viertes Kind. Es heißt Weißnich. Alle haben es gesehen, nur ich nicht. Für mich steht nur fest, daß es ein grauenvoller Schlamper ist.

»Wer hat die Vordertür offengelassen?«

»Weißnich.«

»Wer hat das Stück Seife im Ausguß aufweichen lassen?«

»Weißnich.«

»Wer hat die Banane aufgegessen, die ich zur Tortenverzierung brauche?«

»Weißnich.«

Dieser Weißnich wird mich noch wahnsinnig machen.

Er hat zwei Regenschirme verloren und vier Paar Überschuhe und ein Fahrrad irgendwo stehenlassen. Er hat dreizehn überfällige Bücher nicht zur Leihbibliothek zurückgetragen, seit drei Jahren kein Zeugnis mehr aus der Schule heimgebracht und eine Thermosflasche mit Milch drei Wochen lang im Auto liegenlassen.

Neulich klingelte das Telefon. Ich raste vom Briefkasten ins Haus, stieß mir das Schienbein blau, riß mir in der Tür einen Fingernagel ab und kam gerade noch rechtzeitig an den Apparat, um mit anzusehen, wie mein Sohn den Hörer auflegte.

»Wer war es denn?« fragte ich keuchend.

»Weißnich. Hat einfach eingehängt.«

Als ich das meiner Nachbarin erzählte, sagte sie: »Machen Sie sich nichts draus. Ich habe auch seit Jahren ein unsichtbares Kind.«

»Wie heißt denn Ihres?«

»Niemand.«

»Auch ein so gräßliches Balg?«

»Mit dem verglichen waren Max und Moritz Musterknaben! Es hat den Deckel einer antiken Konfektschale zerbrochen, es zerfetzt die Zeitung, ehe jemand auch nur einen Blick hineingeworfen hat, und hat mir mal, als ich die Kinder zur Schule fuhr, mit einem Baseballschläger so auf den Kopf gehauen, daß ich fast ohnmächtig geworden bin!«

»Ha!« sagte ich erbittert, »Sie sollten Weißnich kennenlernen! Der hat neulich beim Weggehen sage und schreibe 13 elektrische Birnen brennen lassen. Ich

112

weiß wirklich nicht, wie ich das noch länger aushalten soll.«

Heute früh beim Frühstück fragte ich meine Familie: »Wer will Leber zum Abendessen?«

Da blickte mein Mann auf und sagte: »Miregal.«

Das kann nur eins bedeuten: Weißnich hat einen Bruder.

IN WELCHEM ALTER KANN EIN KIND SICH ALLEIN ANZIEHEN?

Manche Leute sagen, wenn ein Kind bis zum Schmutzwäschekorb kriechen kann, ist es imstande, die Verantwortung für seine Kleidung zu übernehmen.

Ein Kind entwickelt seine Persönlichkeit lange ehe es Geschmack entwickelt. Ich habe meine Gören morgens in Gewandungen in die Küche stolpern sehen, zu deren Komplettierung nur noch eine Kleinigkeit fehlte: eine leere Gin-Flasche.

In jeder Familie gibt es ein Kind, das sich liebend gern »verunsichert« fühlt und bei dem man alle fünf Minuten die Emotionaltemperatur messen muß. Ich nenne das »Spindkontrolle«. Um sieben Uhr morgens erscheint besagtes Kind (es ist eine Tochter) vollständig bekleidet am Frühstückstisch, bereit, in die Schule zu fahren. Noch ehe die Cornflakes in der Schüssel aufgehört haben zu knistern, ist sie schon wieder in ihr Zimmer verschwunden und hat sich total umgezogen. Allerdings genügen fünf armselige Wörtchen der Mutter (»Heute siehst du aber nett aus«), und sie bricht in Tränen aus und stürzt erneut in ihr Schlafzimmer, um sich nochmals von Kopf bis Fuß neu einzukleiden.

Diese Variante von ›Bäumchen-wechsel-dich‹ spielt sie so lange bis

a) ihr die Kleider ausgehen

b) der Schulbus abfährt

c) ihre Mutter in eine Anstalt verbracht wird, wobei die Ereignisse nicht unbedingt in der genannten Reihenfolge eintreten müssen.

Aber es gibt auch immer das Kind, das eine tief eingewurzelte Abneigung gegen saubere Sachen hat. Es ist allergisch gegen Bügelfalten in Hosen, gegen Socken, die noch weiche Zehenpartien haben, gegen zusammengelegte Unterhosen und Pullover, an denen man riechen kann, ohne sofort ohnmächtig umzufallen. Es ist das Kind, das beim Werbefernsehen immer dann begeistert Beifall klatscht, wenn Schmutzränder an Kragen und Manschetten gezeigt werden.

Das genaue Gegenteil ist der Junge, der nichts von dem will, was bei ihm im Schrank hängt. Er will nur das anziehen, was gebügelt werden muß. Ich habe immer gesagt: »Wenn ich in meinem Bügelkorb nichts anderes mehr hätte als eine Windel, würde dieses Balg dazu einen Zylinder aufsetzen und als ›Neues Jahr‹ verkleidet in die Schule gehen.«

Voriges Jahr erlaubten wir unseren Kindern, ihre Koffer für die Ferien selbst zu packen. Einer unserer Jungen trug eine ganze Woche Baseballmütze und braune Cordhosen (wir erzählten überall, er habe eine

Kopfoperation hinter sich). Der andere nahm nur einen Mantel mit, und zwar in Form einer alten Militärjacke seines Vaters (er sah darin aus wie ein Deserteur der gegnerischen Seite). Der dritte verfügte nur über ein einziges Paar Schuhe, rot-weiß-blaue Turnschuhe. Die einzige Situation, in der er darin nicht unpassend wirkte, war unter einem Basketball-Korb in einem Stadion.

Vorige Woche sahen meine drei Kinder schlimmer aus als üblich. Auf dem Weg zur Haustür hielt ich sie auf und fragte: »Warum habt ihr euch denn so besonders gräßlich ausstaffiert? Braucht man in einer Schulaufführung noch drei Clowns?«

»Nein, heute wird 'n Klassenfoto aufgenommen.«

Das ist mal wieder typisch.

DER SOUNDSO WAR IMMER MEIN LIEBLING

Eine Frau denkt über den Namen für das Baby schon nach, wenn sie erst seit fünf Minuten weiß, daß sie eins erwartet. Diesen Namen schreibt sie auf ein Blatt Papier, spricht ihn laut vor sich hin, nennt ihn als Test allen Bekannten und stickt ihn in Hemdchen. Wenn das Baby dann da ist, flüstert sie ihm diesen Namen leise ins Ohr, schreibt ihn auf Dutzende von Geburtsanzeigen und läßt ihn beim Standesamt eintragen.

Ein paar Jahre und Kinder später weiß sie meist gar nicht mehr, wer das ist.

Wie ich höre, gibt es Mütter, die zehn, zwölf Namen

durchprobieren, ehe sie zufällig auf den richtigen stoßen. Und die Kinder halten die ganze Übung für einen Streich des Unterbewußten à la Professor Freud. Es wird zum Trauma, denn »wenn Mami mich wirklich lieb hätte, würde sie sich doch an meinen Namen erinnern«. Das ist natürlich Blödsinn. »Ich habe Marc... äh... Mary... Mike... Matthis... äh..., eben Soundso ebenso lieb wie Bet... äh... Beverly..., Barb... na du weißt ja selber, wie du heißt.«

Unser Psychiater im Nachbarhaus gibt mir völlig recht. Er sagt, wenn eine Mutter nicht wie aus der Pistole geschossen ihr Kind beim Namen nennen kann, beweist das gar nichts.

Die Tage, an denen ich noch weiß, nach wem ich meine Kinder getauft habe, oder gar, wer wer ist, kann ich im Kalender rot anstreichen.

Kürzlich unterhielt ich mich mit einem jungen Ehemann. Er war eins von sieben Geschwistern und wurde in seiner Jugend kein einziges Mal beim richtigen Namen gerufen. »Meine Mutter hat uns eben durcheinandergebracht, weil wir daheim so viele waren«, sagte er verständnisvoll.

Nur ungern ließ ich seine Theorie platzen, aber ich war lange Zeit das einzige Kind und wurde trotzdem Sara... Betti... Evel... Edna gerufen. Meine verzweifelte Mutter pflegte schließlich zu brüllen: »Wie lange soll ich dich denn noch rufen, damit du endlich antwortest?« Und ich rief zurück: »So lange, bis du's triffst.«

»War ich wenigstens nah dran?« schrie sie.

»Edna war schon ziemlich heiß!«

»Ja, der Name Edna hat mir schon immer gefallen«, meinte sie gedankenvoll. »So hätte ich dich nennen sollen.«

»Und warum hast du mich dann Erma genannt?«

»Weil man sich's leichter merken kann.«

WAS MACHT IHR DA? NICHTS!

Wollen sie mal eine Mutter zusammenbrechen sehen? Dann beobachten Sie sie, wenn sie ihr Kind fragt, was es gemacht hat, und das Kind antwortet: »Nichts!«

Kinder tun »nichts« in einem Zimmer mit geschlossener Tür, hinter der ein Hund bellt, unter der Wasser hervorquillt, ein Geschwisterchen um Gnade winselt, ein sonderbarer Geruch nach versengten Haaren aufsteigt und hinter der man ein Getrampel hört wie von tausend Kamelen.

Die meisten Mütter haben nicht die seelische Kraft, dieses von ihren Kindern angestellte »Nichts« in Augenschein zu nehmen und begnügen sich damit, von unten zu brüllen: »Soll ich raufkommen und nachschauen, was ihr treibt?«

Die Antwort lautet – der Leser wird es schon erraten haben – NEIN. Sie lautet *immer* NEIN.

Sogar die Elternmörderin Lizzie Borden hätte auf die Frage, was sie macht, ›nichts‹ geantwortet. Ganz zu schweigen von Kain, den sein Bruder Abel dadurch ärgerte, daß er ihm die Pausenbanane klaute.

Es gibt wahrscheinlich nur eines, was noch grauenvoller ist als ein Zimmer voller Kinder, die Lärm machen: ein Zimmer voller Kinder, die mucksmäuschenstill sind.

Wenn Kinder hinter verschlossener Tür flüstern, rufen

Sie sofort das Mobile Einsatzkommando, und seien Sie auf das Schlimmste gefaßt.

Zu den denkwürdigsten Gelegenheiten, bei denen meine Kinder ›nichts‹ taten, gehören folgende:

Als sie einer streunenden Katze meinen Pelzhut aufsetzten und ich danach die einzige Frau in der ganzen Stadt war, die als Modeschmuck ein Flohhalsband trug.

Als sie eine Miniaturflotte in der Badewanne auslaufen ließen und die Wanne auslief, ehe die Flotte sank.

Als sie ein Bettuch bügeln wollten, um den Urlaubsfilm darauf zu projizieren, und dabei ein Loch in den Teppich brannten.

Als sie sämtliche Weihnachtsgeschenke schon am 19. Dezember auspackten.

Als sie die Oma in Ohio anrufen wollten und ein Schuhgeschäft in Mexiko an die Strippe bekamen.

Nein, Mutterschaft ist nichts für Verweichlichte. Dabei wäre es ein leichtes, eine Tür zu öffnen und mit einem einzigen Blick das Ausmaß des Schadens festzustellen. Doch wenn man zwei Stimmen und einen Hammer hinter einer Tür hört und die Kinder schwören, sie täten ›nichts‹ und ›mit niemand‹, dann läuft es einem kalt den Rücken herunter.

SO WAR MAMA, BAND II

Ihr anderen Mütter seid ja zu feige dazu: also werde ich es stellvertretend für euch aussprechen. Ihr alle habt eine Heidenangst, unter den Matratzen eurer Kinder könnte ein Manuskript versteckt sein mit dem Titel »So war Mama, Band II«.

Ich weiß nicht, wie das bei euch ist. Ich jedenfalls kann unter einer solchen Bedrohung meine Mutterrolle nicht ausfüllen. Es gab eine Zeit, da vermochte ich meine Kinder hart anzufassen, ohne Vergeltung fürchten zu müssen. Ich drohte ihnen mit Haft und Zwangsarbeit, wenn sie den Wagen nicht rechtzeitig zurückbrachten. Ich drohte ihnen mit unaussprechlicher öffentlicher Bloßstellung, wenn sie die Schule schwänzten. Ich brach ihren Widerstand mit allen Mitteln: Als sie einmal in den Schulkleidern spielen gehen wollten, drohte ich, ihnen ihren jungen Hund wegzunehmen.

Und heute? Wenn ich eines der Kinder bitte, das Licht auszuknipsen, werde ich schon unruhig und sage schnell noch: »Es eilt aber nicht. Wenn du gerade mal Zeit hast!«

Was Müttern nicht rechtzeitig gesagt wird: Jedes Kind hat ein Gedächtnis wie ein Computer. Was immer man ihm sagt, es wird eingespeichert und kann in Sekundenschnelle abgerufen werden. Ein Kind erinnert sich noch mit 35 Jahren daran, daß die Mutter es einmal in nasser Hose hat sitzen lassen, weil sie das Ende der Vorstellung im Schloßtheater sehen wollte – und daß es davon einen Ausschlag bekam.

Es erinnert sich noch genau, daß sein Bruder an seinem zwölften Geburtstag eine Uhr bekam, und es selbst bis zum dreizehnten darauf warten mußte. Es erinnert sich noch genau, daß es an der Wand schlafen mußte statt auf der dem Klo nächstgelegenen Seite. Es erinnert sich noch genau, daß die Mutter es einmal am Strand ins Wasser geschickt hat, um es endlich einmal naß werden zu lassen, und daß dann eine große Welle kam und es umwarf, so daß es fast ertrunken wäre.

Es gibt keinen Beruf der Welt, in dem Fehler in der Öffentlichkeit derartig an den Pranger gestellt werden.

Alle Eltern haben ihre Schwächen und Fehler, also müssen sie zusammenhalten. Wir dürfen das »Gib Mami ein Küßchen, und es ist wieder gut« nicht einreißen lassen. Solange ein Bestseller mit Enthüllungen auf dem Markt ist und auch noch im Kino rasanten Erfolg hat, ist keine von uns sicher.

Ich bin schlechter dran als die meisten anderen Mütter, ich habe sechs Bücher über Pannen bei der Kindererziehung geschrieben.

Und doch – wenn man es recht bedenkt – Bo Derek in meiner Rolle wäre fabelhaft.

GEGENDARSTELLUNG

Jedes Jahr bekomme ich die Zuschriften von irgendwelchen Kindern, die keine Lust mehr haben, meine Kolumne mit der Bemerkung hingestoßen zu kriegen: »Da! Lies das mal – das bist du.«

Diese Kinder fragen an, warum ich denn immer den Standpunkt der Eltern vertrete und nie den des Kindes.

Heute bekam ich einen Brief aus Long Beach, Kalifornien. Ein Mädchen schrieb: »Sie schreiben jetzt schon so lange über Kinder, die alles tun, um ihre Eltern auf die Palme zu treiben. Wie wär's denn mal mit ein paar kurzen Worten über Eltern und Kinder, die zufälligerweise was richtig gemacht haben? Gezeichnet: T. H.«

Du hast ganz recht, T. H. Du mußt wirklich glauben, uns könnte man nichts recht machen. Es wird Zeit für den alljährlichen Beitrag zum Lobe des Kindes.

Eltern haben ihre Sache gut gemacht, wenn sie ihr Kind um ein Glas Wasser aus der Küche bitten – und das Kind weiß, wo die Küche ist.

Sie haben es geschafft, wenn sie zum Geburtstag ein Geschenk kriegen, und das Kind es von seinem eigenen Geld gekauft hat. Sie haben einen Pluspunkt verdient, wenn das Kind aus eigenem Antrieb berichtet, daß es die geborgte Kamera hat fallen lassen, die Frage der Eltern: »Hast du überhaupt eine Ahnung, was so eine Kamera kostet und wer das bezahlen soll?« beantworten kann und sich zur Zahlung verpflichtet. Sie haben das Große Los gezogen, wenn auf ihre Feststellung, des

123

Sohnes Hose sei durchgescheuert, sein Hemd ungebügelt, und er trage den Pullover verkehrt herum und sehe überhaupt ziemlich verkommen aus, der Sohn ihnen beipflichtet.

Es ist ein Freudentag für alle Eltern, wenn ihre Kinder auch vor Fremden mit ihnen sprechen,

den Wagen nach Benutzung wieder auftanken,

fragen, ob man gerade eine bestimmte Sendung sieht, ehe sie per Fernbedienung umschalten,

das Geschirr spülen, wenn sie an der Reihe sind,

für irgend etwas »danke« sagen.

Es ist schön für Eltern, wenn ihre Kinder...

ihnen die Wahrheit sagen, auch wenn ihnen Fürchterliches droht,

sich melden, wenn man sie ruft, ohne zu fragen: »Was willst du denn?«

im Winter die Türen schließen, weil dann der Vater dankbar lächelt,

auf Erkältungen der Mutter Rücksicht nehmen, als seien es ihre eigenen.

Artige, wohlerzogene Kinder hält man für selbstverständlich wie den Lauf der Sonne. Sie erheben sich jeden Morgen. Sie verschwinden jeden Abend freiwillig im Bett. Und die wenigsten Eltern können sich vorstellen, wie sehr sie sich anstrengen, es uns recht zu machen – und wie obermies ihnen ist, wenn sie glauben, versagt zu haben. Schauen Sie sich Ihre Kinder genau an. Im Ernst, ich meine *genau*. Finden Sie nicht, daß sie viel besser erzogen sind, als Sie dachten?

So, und nun gehen Sie hin, und sagen Sie es ihnen.

MUSKELSPIELE

Eine Frau in Illinois, deren Sohn Gewichtheber ist, hat festgestellt, daß seine Fingermuskeln immer schwächer werden, je stärker sich seine Oberarmmuskeln entwickeln. Mit anderen Worten: Der Bursche kann zwar sein Eigengewicht stemmen, aber keinen Wasserhahn mehr zudrehen.

Die Erklärung ist sehr einfach: Bei Teenagern entwickelt sich jeweils nur ein Teil des Körpers. Haben sie gute Noten in der Schule, kann man nicht erwarten, daß sie ihr Zimmer aufräumen. Will man, daß sie acht Stunden Nachtruhe halten, können sie unmöglich den Müll raustragen. Will man von ihnen immer nur die Wahrheit hören, darf man sie nicht zwingen, bei Verlassen ihres Zimmers die Lampen auszuknipsen.

Hätte man logische Wesen gewollt, so hätte man Collies züchten müssen.

Die Jahre elterlicher Einfalt liegen nun hinter uns. Unser Sohn spielt täglich vier Stunden Basketball. Seine Beinmuskeln sahen aus wie eine Reliefkarte von Brasilien. Hundertmal am Tag trugen ihn diese Beine über den Boden der Turnhalle hin und her. Doch die Gehmuskeln, die ihn befähigt hätten, zu Fuß nach Hause zu gehen, hat er bis heute nicht entwickelt.

Ein anderes meiner Kinder quasselte so lange am Telefon, daß wir uns zu dem sechzehnten Geburtstag dieser Tochter alle zusammentaten, um ihr eine Zungentransplantation zu ermöglichen. Das kurze Wörtchen DANKE aber hätte sie nicht herausgebracht, und wenn man ihr das gesamte Lager eines Modehauses geschenkt hätte.

Um Teenager zu verstehen, muß man sich mit ihrer Anatomie vertraut machen. Bei ihnen arbeiten nie zwei Dinge gleichzeitig.

Am Vorabend ihres achtzehnten Geburtstages verkrampfen sich die Finger in der Vorfreude, binnen Stunden mit den Wagenschlüsseln klimpern zu können. Doch dieselben Finger können kein Handtuch wieder auf den Haken hängen.

Augen, die mit der durchdringenden Schärfe von Röntgenstrahlen eine in Alu-Folie verpackte Torte ganz hinten im Kühlschrank erkennen, sehen nicht, daß sich der Hund fast unter der Tür durchgräbt, weil er ganz dringend Gassi gehen muß.

Ist ein Teenager erst einmal siebzehn, so lassen seine Funktionen stark nach. Er hat das Gehör verloren – zumindest für die menschliche Stimme. Er scheint auch niemanden mehr zu erkennen. Die Muskeln seines ganzen Körpers sind eine einzige träge Masse.

Eines aber arbeitet noch: das Gehirn. Es entwickelt sich rasch bis zur Reife eines Fünfunddreißigjährigen und bleibt dann so stehen, bis er wirklich fünfunddreißig ist. Dann sinkt es langsam wieder auf das Alter von siebzehn ab.

VERHALTENSÄNDERUNGEN

Es ist schon sonderbar, wie sehr sich unser Verhalten gegenüber unseren Kindern innerhalb weniger kümmerlicher Jahre verändert.

Es hat einmal eine Zeit gegeben, da nahm ich das Stück Pappe aus dem frischgereinigten Oberhemd meines Mannes, zog eine Schnur durch und hängte es meinem Sohn um den Hals. Darauf stand: BITTE NICHT FÜTTERN! Mein Sohn glich einem Abfallsammler, der mit offenem Mund die Straße auf und ab ging. Müllwagen waren in unserem Viertel, verglichen mit ihm, eine bedrohte Spezies.

Was gäbe ich heute darum, wenn ihm jemand etwas zu futtern gäbe: Plätzchen, Wachskerzen, Eis... was Sie wollen, um seinen Appetit aufs Mittagessen ein wenig zu entschärfen.

Und wissen Sie noch, wie das war, als man so gern sagte: »Ach bitte, sprich doch mit mir?«

Ich konnte es kaum erwarten, daß mein Kind sprechen lernte. Ich saß vor ihm und lauschte begierig, ob nicht etwas Verständliches aus seinem Mund kam – ich deutete jede Luftblase.

Die ganze Kinderzeit, das ganze Teenageralter hindurch bettelte ich: »Sprich mit mir, ich bin doch deine Mutter!«

Aber wissen Sie, *wann* er angefangen hat zu reden? Als er in den Nachbarstaat gezogen war und es für die erste Telefonminute 48 Cent, für jede weitere 33 Cent plus Steuer kostete. Vorige Woche haben wir ein hal-

127

bes Vermögen dafür ausgegeben, ihn berichten zu hören, wie sein weißer Pullover in der Wäsche eingelaufen ist.

Ich könnte mir die Zunge abbeißen, wenn ich heute daran denke, aber es hat einmal eine Zeit gegeben, da sagte ich zu meiner Tochter: »Komm, zieh das schöne Sonntagskleidchen aus und irgendwelches altes Zeug an, wenn du spielen gehst.«

Was gäbe ich heute darum, um zu sehen, daß sie überhaupt noch Beine hat!

Die Erinnerung schmerzt, aber ich habe jahrelang nach dem Motto gelebt: »Man kann ein Kind ans Wasser zwingen, zum Waschen zwingen kann man es nicht.« Hätte ich nur einen Groschen bekommen für jedesmal, daß ich eigenhändig die Dusche aufgedreht, die Badewanne eingelassen, das Shampoo abgemessen und sie physisch bedroht habe, wenn sie nicht Wasser und Seife benutzten. Das war nämlich, ehe die Schaumbäder in Mode kamen. Heutzutage ist Baden unter Teenagern eine Religion. Der Heißwasserboiler ist ihr Altar und fettiges Haar das Allerhinterletzte.

Am stärksten verändert aber hat sich das Verhalten der Großeltern. Solang die Kinder klein sind, stehen sie Schlange, um bei ihnen zu babysitten. Nach etwa achtzehn Monaten läßt das stark nach, weil inzwischen auch sie festgestellt haben, daß die lieben Kleinen überall Körperöffnungen haben, die man überwachen muß.

Erst kürzlich hörte ich eine Großmutter sagen: »Nicht um die Welt würde ich meine Enkelkinder hüten. Mit denen würde nicht einmal eine Spezialtruppe der Polizei fertig.« Die Moral von der Geschicht' scheint mir zu sein: Genießt es, eh ihr wißt, was ihr tut!

TANTENSPRACHE

Neulich sagte meine Tante Lotte zu mir: »Also, ich muß schon sagen, du hast dich wirklich verändert seit deiner Kinderzeit. Du warst so schüchtern und verschlossen. Es war immer eine große Anstrengung, dich dazu zu bewegen, auch nur einmal den Mund aufzumachen.«
Meine Gedanken wanderten zurück zu jenen Tagen, und ich muß zu meiner Verteidigung anführen, daß so manches Kind liebend gern etwas sagen würde... Nur: Die Erwachsenen stellen immer so blöde Fragen. Ich wette, auch ein Erwachsener könnte sie nicht alle beantworten.
Tante Lotte ist die, die immer in mein Zimmer kam, sich tief zu mir herunterbeugte und fragte: »Ja, wo hast du denn nur die blonden Löckchen her?«
Und jedesmal dachte ich: Heiliger Bimbam, jetzt geht das wieder los... Wahrscheinlich geht's da um eine biologische Vererbungsfrage mit Genen und Chromosomen und all dem Zeug.
»Ja, was ist denn«, pflegte sie dann fortzufahren, wenn ich nicht sogleich antwortete. »Hat's dir die Sprache verschlagen? Oder sprichst du nicht mehr mit deiner Tante Lotte? Willst du wirklich, daß Tante Lotte weint?«

Was sollte das nun wieder für eine Frage sein? Mein Gott, da schlug sie doch tatsächlich die Hände vor's Gesicht und machte Buh-Huh!

»Komm, erzähl deiner Tante Lotte mal was! Was willst du denn werden, wenn du groß bist?«

Es war unfaßbar! Ich konnte mir noch nicht die Hände waschen, ohne auf den Hocker zu klettern, und die wollte wissen, ob ich ein Lebensziel habe!

»Pfui, ist das aber eine häßliche Grimasse. Wenn die Uhr schlägt, bleibt dein Gesicht so stehen. Möchtest du das?«

Auch diese Frage war immer dieselbe. Weder damals noch später habe ich von jemandem gehört, dem so etwas wirklich passiert ist.

»Ich glaub', du bist einfach müde und gehörst in die Heia, was?«

Warum sagte sie nicht ›Bett‹ wie unter vernünftigen Menschen üblich?

Tante Lottes nächste Äußerung war keine Frage, sie war ein forsches Angebot: »Einen Penny für das, was du gerade denkst!«

»Tante Lotte«, sagte ich, »bei der derzeitigen Geldentwertung wäre ein Hundertstel Dollar wohl kaum ausreichend als Entgelt für die von mir angestellten Überlegungen. Ich komme dabei nicht einmal auf meine Gestehungskosten!«

Da verschlug es Tante Lotte die Sprache. Erst nach ein paar Minuten kam sie wieder zu Atem und sagte spitz: »Weißt du, als Stockfisch hast du mir eigentlich doch besser gefallen!«

KINDER-SZENEN

Wir sind ein Land der Kontraste. Und wissen Sie, wann der Kontrast zwischen den vielfältigen Rassen, Glaubensbekenntnissen, Parteizugehörigkeiten und Moralvorstellungen am deutlichsten wird? Wenn gerade ein Kind seinen Koller hat. Dann ist jeder Augenzeuge eine Autorität, was Grund und Auslöser des Kollers betrifft und was dagegen zu tun sei.

Zur Klarstellung: Ich spreche hier nicht vom harmlosen kleinen Auftritt, bei dem das Kind stampft, hopst, jault und winselt, weil es nicht ins tiefe Ende des Swimmingpools will. Ich spreche von der Ein-Mann-Schau, einer Art Matinee, bei der das Kind auf dem Boden liegt wie ein nasser Sack und so markerschütternd kreischt, daß Glas und Plastik bersten. Bei der sich seine Glieder verkrampfen, sein Gesicht vom Weinen bis zur Unkenntlichkeit verschwollen ist, und es einem unter den Händen zu sterben droht. Und all dies nur, weil es müde ist und sofort auf den Arm will, und dabei hat man doch bereits einen halben Zentner Lebensmittel zu schleppen und ist im siebten Monat.

Es ist eine betrübliche Tatsache, daß Mütter bei solchen Ausbrüchen schlechter Laune nicht unbedingt immer zu ihrer Nachkommenschaft halten. Das wurde mir schmerzlich bewußt, als sich mein Kleiner eines Tages im Abholmarkt um mein Bein wickelte und monoton fünfunddreißig Minuten lang ein einziges Wort schrie: »Kaugummi!«

Das Gewicht, mit dem er an meinem Bein hing, wurde

sehr lästig, und ich sagte in festem Ton: »Nein.« Einen Moment später hatte er den ganzen Kaugummiautomaten umgerissen. Ich gab ihm einen tüchtigen Klaps hinten drauf und machte mich daran, 3 000 herumrollenden Kaugummikugeln aufzusammeln. Und während das Gör hysterisch brüllte: »T'schuldigung, Mami, T'schuldigung!« (na, immerhin!), wandten sich die Umstehenden, anstatt mich zu unterstützen, gegen mich.

»Was ist das bloß für eine Mutter, die sich ruhig mit anhört, wenn ihr Kind so brüllt?«

»Liebe braucht er, der kleine Kerl, das ist alles.«

»Ich würde sagen, bei dem zu Hause fehlt die Nestwärme, die Zuwendung!«

»Ich hab' die Frau schon vorhin beobachtet, sie hat sein Ärmchen so fest gehalten, daß ich schon glaubte, sie reißt's ihm aus.«

»Hätte sie ihm den lausigen Kaugummi nicht gönnen können?«

»*Sie* verdient den Klaps hinten drauf und nicht er, weil sie nicht besser auf ihn aufgepaßt hat.«

Ich erhob mich von den Knien und wollte meinen Sohn bei der Hand nehmen. Da kam die Krönung seines Auftritts: Er wich vor mir zurück. Die Zuschauer waren hingerissen. Eine Frau meinte: »Ich frage mich, warum solche Leute Kinder kriegen!«

Ich wußte es. Und wollte es nie wieder tun.

ORDNUNG MUSS SEIN

Auf die Gefahr hin, daß es Sie nachts nicht schlafen läßt: Ich muß es Ihnen sagen, es ist wichtig.

Seit sechzehn Jahren führe ich bei allen Eltern eine Art inoffizieller Umfrage durch. Ich bitte Sie um Antwort auf eine ganz simple Frage. »Nehmen Ihre Kinder jemals – mit Ausnahme der Gabel – etwas selber in die Hand?«

Einige Eltern wurden daraufhin ausfallend. Zwei mußten zu Beruhigungsmitteln greifen. Etwa ein Dutzend wiesen nachdrücklich darauf hin, daß sie den Krieg mitgemacht hätten. Und jetzt kommt das Erschütternde: Von allen Befragten hatte keiner – ich wiederhole, kein einziger – ein Kind, für das Ordnung ein Begriff war.

Irgendwann zwischen dem Auskochen des Schnullers und dem Kauf schwarzer Handtücher sind sie uns entglitten. Ich weiß nicht, worin wir versagt haben, aber wir haben eine Generation auf die Welt losgelassen, die tut, als sei das sich selbst reinigende Badezimmer bereits erfunden.

Die meisten Eltern fürchten den Vorwurf, sie hätten ihren Kindern die Grundbegriffe von Sauberkeit und Ordnung nicht beigebracht und wären somit als Eltern inkompetent. Natürlich stimmt das nicht. Meine Kinder zum Beispiel stammen aus gutem Hause. Ich benutze beim Geschirrspülen immer ein Spülmittel. Ich trage ein Hemd nicht noch einen vierten Tag, indem ich es verkehrt herum anziehe. Ich bewahre unter dem Gaspedal keine ineinandergesetzen Pappbecher auf. Ich schlafe nie auf Kissen ohne Bezug. Ich trinke niemals Milch direkt aus der Packung. Und beim Anblick des Kleiderschrankes meines Sohnes bin ich in Ohnmacht gefallen.

Ein paar Naivlinge vertreten die Meinung, unsere Luftverschmutzung sei auf zu viele Autos und Industrieabgase zurückzuführen. Denken Sie mal nach! Wir Eltern haben die Luftverschmutzung schon in dem Jahr festgestellt, in dem unsere Nachkommen herausgefunden hatten, daß ihre Schlafzimmertüren abschließbar waren.

Ich hasse es, wenn die Leute meinen, Schlamperei sei etwas Ererbtes, Übernommenes, von einer Mutter etwa, die zu viel anderes zu tun hatte, um ihre Kinder zur Ordnung anzuhalten.

Als meine Älteste noch im Krabbelalter war, fragte ich sie jedesmal »Hast du dir auch Gesicht und Hände gewaschen?«, ehe ich sie an den Eßtisch ließ. Eine Antwort auf meine Frage bekam ich übrigens nie. Es erschien nur eine ellenlange Zunge und säuberte wie eine Straßenkehrmaschine einen Weg zwischen der Nase im Norden, im Osten und Westen von den Bakken, im Süden von einem Kinn begrenzt.

Von da an ging's bergab. Und zwar täglich.

Nur ungern renne ich mit jedem auftauchenden Problem zur Regierung und beklage mich, aber vielleicht wäre eine Überwachungsstelle für Kindersauberkeit, die gewisse hygienische Grundbegriffe aufrechtzuerhalten hätte, doch keine schlechte Idee.

Nein, unser heutiges Problem sind nicht die grünen Männlein, die aus den UFOs klettern, um unseren Planeten zu besuchen. Das Problem ist, wie wir sie in all der Unordnung nach ihrer Landung überhaupt finden sollen.

HUNDE VON HEUTE

Wo immer städtische Hunde sich unterhalten, kommt unweigerlich die Rede auf die Villenvororte.

Es ist der Traum jedes Vierbeiners, eines Tages im Grünen zu leben, wo jeder Hund seinen eigenen Baum hat und die Flöhe polizeilich angemeldet sein müssen und immer ihren Ausweis bei sich tragen.

Der Villenvororthund hat das Große Los gezogen. Sein Herrchen verwöhnt ihn zu Tode mit Diätnahrung, zahnärztlicher Betreuung, gestrickten Schals für kühle Abende, herzförmigen Hundebetten, Hundekuchen zum Knabbern vorm Fernseher und spezialgefertigten Autositzen.

Ich persönlich gedachte ohne einen lebendigen, hauseigenen Rasensprenkler auszukommen, doch mein Mann wußte mich davon zu überzeugen, daß die Kinder ohne Schutz und Liebe eines Hundes später Radkappen stehlen würden.

In einem schwachen Augenblick erstanden wir Arlo. An seinem ersten Tag bei uns berührte Arlo nie mit den Füßen den Boden. Er wurde in zwölf Stunden achtmal gefüttert, mußte fünfmal Bäuerchen machen, tanzte auf dem Fernsehapparat, rutschte das Treppengeländer hinunter, wurde gebadet und mit meinem Fön getrocknet, machte Besuch in zwölf Nachbarhäusern, fuhr mit auf dem Fahrrad und mußte beim Ferngespräch mit Oma in den Hörer bellen. Die erste Nacht schlief er unter meiner automatisch gesteuerten Heizdecke.

Auch am zweiten Tag regierte Arlo das ganze Haus. Man brauchte acht Kochtöpfe, um sein Dinner zu wärmen, er sah sich ein Kasperltheater an, das die Kinder ihm zu Ehren veranstalteten, und wenn er zur Tür lief, haute eins der Kinder seinem Bruder eine runter, und das dritte sprang hin und öffnete ihm.

Am dritten Tag äußerten die Kinder bereits einige Klagen: Sie hätten nachts kein Auge zugetan, weil Arlo so heulte. Als ich daran erinnerte, er müsse nun wohl sein Futter haben, sagte der eine Sohn, das habe der andere übernommen, und der wiederum schwor, seine Schwester hätte es zu tun, und diese sagte: »Nein, heute bin ich nicht dran.«

Am vierten Tag nahm eins der Kinder ihn mit zu Freunden, wo das Spiel »Zeig, was du kannst« gespielt wurde. Aber Arlo verdarb die Schau, weil er zu vieles zeigte und keiner hinterher aufputzen wollte. Ein Kind kündigte an, wenn der Hund ihm noch mal in die Schule folge und er ihn heimbringen müsse, würde er ihm einen Fußtritt verpassen.

Am fünften Tag mußte ich mit Nachdruck darauf hinweisen, daß der erste, der eine Pfütze oder Schlimmeres bemerke, automatisch für die Säuberung verantwörtlich sei. Von Stund' an war die ganze Familie mit einer Art Zimmerblindheit geschlagen.

Am sechsten Tag fragte ich: »Hat einer von euch Arlo gesehen?«

Eines der Kinder fragte zurück: »Was'n für'n Arlo?«

Soviel über Schutz und Liebe.

Der Verdacht, Arlo sei gar kein reinrassiger Irischer Setter, kam mir, als seine Haare weiß nachwuchsen und seine Nase sich nach innen wölbte. Binnen sechs Wochen konnte er bereits den Küchentisch überblikken, ohne sich aufzurichten. Meine Ahnungen bestätigten sich, als ich eines Nachmittags im Wartezimmer des Tierarztes saß. Ich rutschte nervös auf meinem Sitz hin und her, während eine Frau ihrer triefäugigen Katze aus einer Zeitschrift vorlas, ein zahmer Waschbär in seinem Laufställchen im Kreise wetzte und ein kleiner Terrier mein Bein mit einem Baum verwechselte.

Schließlich wagte ein gutgekleideter Herr mit einem Zwergpudel mich anzusprechen: »Entschuldigen Sie, aber was für eine Rasse ist Ihr Hund, es würde mich interessieren«

»Er ist ein Irischer Setter«, sagte ich.

Er schaute verblüfft. »Haben Sie Papiere?«

»Ja, das ganze Haus voll.«

Ich faßte die zehn Meter lange Plastikwäscheleine, die ich Arlo um den Hals gebunden hatte, fester und fragte teilnehmend: »Was fehlt Ihrem Hund?«

Er sah seinen Pudel innig an und tätschelte ihn zärtlich.

»Jessamyn schläft schlecht.«

»Ich auch«, sagte ich.

»Sie hat gerade eine komplizierte Schwangerschaft hinter sich.«

»Ich auch.« Ich wurde ganz lebhaft.

»Im Grunde ist Jessamyn zu hochgezüchtet und verkrampft für die Mutterschaft.«

»Ich weiß, was Sie meinen«, sagte ich mitfühlend.

»Wir hatten Abtreibung erwogen, doch es wurde ein so starker gesellschaftlicher Druck auf uns ausgeübt, daß wir schließlich einen Psychiater zuzogen. Er hielt es für das beste, Jessamyn die Entbindung hinter sich bringen zu lassen. Dann sollten wir ihr die Jungen möglichst bald wegnehmen, damit sie wieder ganz sich selbst gehöre. In Zukunft wollen wir dann bis zu einem gewissen Grade Geburtenkontrolle ausüben. Und was ist mit Ihrem – Setter?«

»Er hat Würmer.«

»Wie ekelhaft«, sagte der Herr und zog die Nase kraus. Er schwieg eine Weile und wechselte dann das Thema: »Wo nur der Tierarzt so lange bleibt? Ich habe Blumen im Wagen, für Jessamyns Mutter.«

»Für Jessamyns Mutter?« wiederholte ich mit aufgerissenen Augen.

»Sie ist . . .« Er beugte sich zu mir und flüsterte mir ins Ohr: ». . . verblichen. Jessamyn und ich besuchen sie einmal im Monat. Die beiden standen sich so besonders nahe. Sie liegt auf dem Hundefriedhof. Sehr schöne Lage. Apropos, wenn Sie mal auf Urlaub wollen und eine verläßliche Pension brauchen: Der Hundeclub Royal ist phantastisch. Sehr exklusiv, wenn Sie wissen, was ich meine. Keine verwahrlosten Gäste. Nur Bürsten mit Gravur. Und sie haben dort einen wirklich hervorragenden Küchenchef.«

Er wurde aufgerufen. »Alsdann, es war nett, Sie kennenzulernen, Sie und – wie heißt er denn?«

»Arlo.«

»Du meine Güte«, sagte er und preßte ein seidenes Taschentuch an die Nase, die er gleichzeitig rümpfte.

Weil ich im Grunde ein rasch begreifender Mensch bin, brauchte ich nicht lang, um zu merken, daß Arlo und ich als Gespann behandelt wurden. Nur ich fütterte ihn, ich sorgte dafür, daß sein Wassernapf gefüllt war, ich ließ ihm Spritzen geben, zahlte die Hundesteuer, bekämpfte seine Flöhe, las ihm Zecken ab und ließ ihn 2672 mal am Tag raus und rein.

Eines Abends, als mein Mann heimkam, stellte ich die längst fällige Frage: »Sag mir nur das eine: Warum haben wir uns eigentlich einen Hund angeschafft? Falls du dabei an die Kinder gedacht hast, war es ein Schlag ins Wasser. Die schauen ihn nur an, wenn sie gerade über ihn stolpern.«

Mein Mann packte mich an beiden Schultern und sah mich entgeistert an. »Willst du damit sagen, daß du es nicht weißt?«

»Jawohl.«

»Für dich natürlich«, sagte er.

»Für mich habt ihr einen Hund gekauft?« fragte ich fassungslos.

»Selbstverständlich! Zu deinem Schutz! Du weißt

vielleicht gar nicht, welche Gefahren dir hier draußen in der Einsamkeit drohen. Hier laufen doch alle Arten von Verrückten und Übergeschnappten frei herum.«

»Stimmt, aber die kennen wir doch alle beim Vornamen.«

»Du kannst es ja auf die leichte Schulter nehmen, bitte sehr, aber warte nur, wenn eines Tages, während ich in der Stadt in meinem Büro bin, ein Unbekannter mit irrem Blick an die Tür klopft und unter irgend einem Vorwand dein Telefon benutzen will – dann bist du vielleicht dankbar, wenn du Arlo hast.«

Ich sah Arlo an. Er lag auf dem Rücken vor dem Kamin, alle viere in der Luft – und pupte. Die Vorstellung eines abartig Veranlagten an der Tür, und zwischen mir und ihm nichts als Arlo, jagte mir einen kalten Schauder über den Rücken.

Einige Wochen später wurde Arlo auf die Probe gestellt. Es läutete, und als ich an die Haustür ging, sah ich draußen zwei Unbekannte stehen, die Arlo hinter den Ohren kraulten.

»Entschuldigen Sie«, sagte einer der Männer, »aber unser Lieferwagen hat eine Panne. Könnten wir mal die Firma anrufen, damit sie jemanden schickt?«

Ich packte Arlo am Halsband und riß ihn hoch. »Ich muß mich entschuldigen wegen des Hundes«, sagte ich. »Ich werde versuchen, ihn zurückzuhalten, sonst reißt er Sie in Stücke. Kusch, leg dich!«

Die Männer sahen sich achselzuckend an. Der Hund zwinkerte verschlafen und ließ sich mit einem

Plumps fallen. »Der sieht doch ganz freundlich aus«, sagte der eine. Ich bückte mich und zog Arlos Lefze hoch, um seine Zähne zu zeigen. Als ich losließ, leckte er mir die Hand.

»Sie werden es nicht glauben, aber ich brauche für diesen Hund einen amtlichen Waffenschein. Fragen Sie nur in der Nachbarschaft herum, da können Sie so einiges erfahren über Arlo.«

»Arlo?« Die Männer grinsten.

»Ruhig, alter Junge«, sagte ich und zerrte an ihm, um meinen Fuß freizubekommen. »Machen Sie nur ja keine abrupten Bewegungen«, warnte ich.

Einer der Männer kam herein und telefonierte, während Arlo und ich den anderen an der Tür in Schach hielten. »Erst neulich«, plapperte ich nervös, »hat eines der Kinder mir beim Spielen einen Schubs gegeben. Arlo hätte Hackfleisch aus ihm gemacht, wenn wir ihn nicht zurückgerissen hätten.«

»Ehrlich?« fragte der Fremde.

Sein Freund kam wieder; beide bedankten sich bei mir. Sie tätschelten Arlo, der dabei auf den Rücken plumpste, und kraulten ihm den Bauch. Dann gingen sie.

Auf dem Weg zum Wagen hörte ich den einen sagen: »Mann, das war ja schrecklich.«

»Was, der Hund?«

»Nein, die Frau. Die hat doch nicht alle Tassen im Schrank.«

Vermutlich hatten sie recht. Als ich einige Tage später abends ans Telefon ging, merkte ich, daß sich an diesem Zustand wohl auch nichts mehr ändern ließe. Es war ein Mr. Wainscott.

»Erinnern Sie sich noch an mich?« fragte er. »Ich bin Jessamyns Vater.«

»Natürlich«, sagte ich, »aus dem Wartezimmer beim Tierarzt. Jessamyn hatte die gleichen Symptome wie ich. Ich würde wahnsinnig gern wissen, was der Doktor ihr verschrieben hat.«

»Viel Bettruhe, Zeit für sich, keine größeren Entscheidungen, Psychoanalyse und nicht zu viele gesellschaftliche Verpflichtungen.«

»Schon eines von den fünfen wäre nicht schlecht«, sagte ich. »Und wie geht es ihr jetzt?«

»Prima. Ich rufe nur an um zu fragen, ob Arlo zu Jessamyns Geburtstagsparty kommen darf.«

»Ja«, sagte ich. »Geburtstagsparty. Wo?«

»Wir wohnen zwei Häuserblocks nördlich der Straße, die am Golfplatz entlangführt. Sie können es gar nicht verfehlen. Am Sonnabend um zwei. Ach ja, und noch was: ganz zwanglos.« Als wir eintrafen, tobten etwa ein Dutzend Hunde im Zimmer herum.

»Wie reizend, daß Sie gekommen sind«, sagte Mr. Wainscott.

»Wegen des Geschenks muß ich mich entschuldigen«, sagte ich, »Arlo hat es unterwegs aufgefressen.«

»Aber das macht doch nichts«, sagte er und rief den anderen Gästen zu: »Das hier ist Arlo, einer von Jessamyns Nachbarn.« In diesem Moment stellte Arlo sich mit den Vorderpfoten ins Wasserbecken, um am Wasserhahn zu schlecken.

»Habt keine Angst«, sagte der Gastgeber: »Er ist eben schon ziemlich groß für seine neun Monate. Holen Sie Arlo doch bitte in ein paar Stunden wieder ab, ja?«

Ich habe keine Ahnung, was Arlo auf dieser Party erlebt hat, aber er war danach nicht mehr derselbe.

Eines Tages beobachtete ich, wie er im Badezimmerspiegel seine Zähne betrachtete (Jessamyn trägt Jakketkronen).

Ein andermal sprang er auf die Waage, zog erschrocken den Bauch ein und weigerte sich von da an, Essensreste zu fressen.

Wirklich *glücklich* war er wahrscheinlich nur bei seiner Gruppentherapie.

IN TREUE FEST, DEIN HUND

Kürzlich erschien das Ergebnis der Umfrage WELCHE STELLUNG INNERHALB IHRER FAMILIE NIMMT IHR HUND EIN?

Fast die Hälfte aller Befragten antwortete, sie hätten mit ihrem Hund einen besseren, engeren Kontakt als mit jedem anderen Angehörigen. Sie streichelten ihn, lächelten ihm zu, und achtzig Prozent der Befragten unterhielten sich mit ihm, als sei er ein Mensch.

Nur acht Prozent behandelten ihre Kinder mit der gleichen Zuneigung. Und das hat seine Gründe.

Einen Hund kannst du rufen, und wenn er angerannt kommt, kannst du zu ihm sagen: »Ich will nichts Besonderes, ich wollte nur mal wissen, wo du bist«, ohne daß er dich anmotzt. Er harrt bei der schlechtesten Sendung seit Erfindung des Fernsehens neben dir aus, und wenn sie dir gefällt, wird er kein einziges Mal versuchen, den Kanal zu wechseln, um zu sehen, ob nicht vielleicht woanders was Besseres läuft.

Nie bringt er Freunde mit nach Hause und zwingt dich, dich in dein Schlafzimmer zurückzuziehen wie der Übeltäter in die Zelle.

Nie lügt er dich an, und vergißt du seinen Geburtstag, so regt ihn das nicht auf.

Eine Beziehung wird sehr dadurch gefestigt, daß ein Freund Geheimnisse zu wahren versteht. Deinem Hund kannst du erzählen, daß der Kredit platzt, wenn du die Zinsen nicht bis zum Fünfzehnten des Monats beisammen hast – er wird es für sich behalten.

Sie sehen, ich liebe Tiere. Dennoch glaube ich, daß der Mann in W. zu weit gegangen ist. Seine Frau und sein Hund vertrugen sich offenbar schlecht. Da setzte er eine Anzeige in die Zeitung: »Frau oder Hund müssen das Feld räumen. Frau ist gutaussehende Blondine, aber ungeduldig. Hund ist Kurzhaarterrier, zweijährig, weiblich, sterilisiert. Freie Wahl.« Der Mann bekam mehr als zwanzig Anrufe von Leuten, die den Hund wollten. Ein Anrufer sagte, er habe eine kleine zierliche Brünette und einen englischen Setter – ob ein Tausch in Frage käme.

Meinem Mann gefiel die Geschichte ausnehmend gut. Er sagte, so etwas sei nur zu verständlich. »Schließlich kann ein Hund ihm genausoviel liebevolle Sorge zuwenden wie eine Frau. Er kann ihm die Pantoffeln

und die Zeitung bringen, hängt nicht den ganzen Tag am Telefon, läßt nie schmutziges Geschirr im Ausguß und hält ihm nachts die Füße warm.«

Ich sagte: »Wenn du das so siehst, warum hast du keinen Hund geheiratet?«

Mein Mann ist zu klug... zu alt... und zu gut ernährt, um auch nur im Traum an eine solche Lösung zu denken.

TELEFONITIS

Viele mir bekannte Mütter mischen sich in aufdringlicher Weise ein, sobald ihre Kinder sich einen Freund bzw. eine Freundin zulegen.

Immer wollen sie wissen: Wie alt? Wie groß? Welchen Beruf hat der Vater? Wo wohnen die Leute? Wie gebildet sind sie? Welche Zukunftspläne haben sie? Wie denken sie über Kinder? Mir ist das alles total egal. Ich will nur eines wissen: »Ist er oder sie Ortsgespräch oder Ferngespräch?«

Ich erinnere mich weder an Namen noch an Gesichter ehemaliger Flammen meiner Kinder. Aber ihre Vorwahlnummern weiß ich heute noch auswendig.

Einer meiner Söhne ging ein halbes Jahr lang mit der Vorwahlnummer 513. Es kostete uns meiner Schätzung nach ungefähr 35 Dollar im Monat, an Erkenntnissen wie den folgenden teilzuhaben:

»Was tust du denn so?«

»Nichts, und du?«

»Ich will dich aber nicht stören, wenn du gerade was tust.«

»Ich hab dir doch gesagt, ich tu gar nichts.«

»Bestimmt nicht?«

»Bestimmt.«

»Aha. Und was gibt's Neues?«

Ein anderes meiner Kinder interessierte sich für ein süßes Mädchen, das nur ein paar Kilometer von uns entfernt wohnte. Das war großartig. Ich brauchte mir nie Sorgen darum zu machen, ob die beiden miteinander zu weit gingen, denn sie waren nie anderswo als am Telefon. Er stellte sich den Wecker, um sie morgens anzurufen. Nachts ging ich gewöhnlich in sein Zimmer und nahm ihm – er schlief schon – sanft den Hörer vom Ohr. Es war, als hinge er an einer Nabelschnur. Nachmittags, wenn die beiden aus der Schule kamen und sich voneinander verabschiedeten, riefen sie sich noch zu: »Ich ruf' dich gleich an, wenn ich heimkomme.« Ich bot ihm an, ihn intravenös zu ernähren.

Der Vorschlag meines Mannes, eine Sanduhr neben dem Telefon aufzustellen, war albern. Aber ich schob wenigstens einen Kalender unter der Zimmertür des Knaben hindurch und kreuzte den Monat an.

Nackte Panik überfiel mich erst, als ich eines Tages beobachtete, wie er eine Vorwahlnummer wählte.

»Wen rufst du denn an?« fragte ich.

»Kennst du doch«, sagte er. »Die gleiche, mit der ich vorigen Monat gesprochen habe.«

»Aber das war doch immer Ortsgespräch, dachte ich?«

»Reg dich nicht auf«, sagte er. »Es kostet nur ungefähr

sechs oder acht Cent pro Minute. Außerdem ist es nicht irgendeine dumme Kinderliebe. Es ist ein Mensch, an dem mir ehrlich liegt und mit dem ich den Rest meines Lebens verbringen möchte. Sie ist mir wichtig. Sie ist etwas ganz Besonderes, und es gibt nichts, was ich für sie nicht tun würde.«

»Oh, das hör' ich gern«, sagte ich. »Weil du uns nämlich laut Telefonrechnung 36,86 Dollar an Ferngesprächgebühren schuldest.«

An diesem Tage lernte ich etwas Neues. Etwas, was schon in alten Sprichwörtern vorkommt: Wenn die Gebühren zum Fenster hereinschauen, fliegt die Liebe zum Schornstein hinaus.

FALSCH VERBUNDEN!

Neulich abends im Fernsehen sah ich eine Frau, die ans Telefon ging, den Hörer abhob und dem Anrufenden mitteilte, er habe sich verwählt. Sie unterhielten sich dann zwanzig Minuten lang, stellten Mutmaßungen darüber an, wie der jeweils andere aussähe, wieviel sie gemeinsam hätten und wann sie sich wohl kennenlernen würden.

Ich habe noch nie mit Mr. Falschverbunden gesprochen, ohne daß der sofort den Hörer so hingeknallt hätte, daß fast der Apparat entzweiging.

Üblicherweise spielt sich das folgendermaßen ab:

»Hallo, Janni?«

»Nein, hier ist nicht Janni.«

»Ja, wer ist denn da?«

»Welche Nummer haben Sie gewählt?«

»Ich möchte 55 54 44.«

»Tut mir leid, aber das ist nicht meine Nummer. Und hier gibt es keine Janni.«

»Warum haben Sie denn dann abgehoben, Sie – Tüte!« Dreißig Sekunden später, wenn das Telefon erneut klingelt, weiß ich genau, daß da jemand auf hundertachtzig ist und daß es ihn bestimmt nicht freut, wenn er wieder diese Janni nicht erreicht, darum sage ich: »Hallo, tut mir leid, Sie wählen immer noch die falsche Nummer.«

Und dann sagt meine Mutter: »Hör mal, ich erkenn' dich doch sofort an der Stimme. Wenn du keine Lust hast, mit mir zu reden, dann sag's doch wenigstens ehrlich.« Und hängt ein.

Viele meiner Bekannten haben prächtige Nummern zum Falschwählen. Ein Leser von mir hat die Umkehrung der Nummer eines Naturkundemuseums. Er bekommt herrliche Anrufe und amüsiert sich köstlich, wenn beispielsweise jemand fragt: »Was kosten bei Ihnen Kinder unter zwölf?«, und er antworten kann: »Im Moment habe ich keine auf Lager, erwarte aber Ende der Woche eine neue Lieferung.«

Eines Tages rief jemand an und fragte: »In meinem Hof ist eine Turteltaube mit gebrochenem Flügel. Was würden Sie mir raten?«

Er riet ihm, sie zu rupfen, zu füllen und zum Abendessen zu servieren.

Im Moment bin ich um Fingerbreite entfernt von

149

einem Reisebüro. Reisende sind keine glücklichen Menschen. Sie wollen wissen, wo ihr Gepäck ist. Wo sie ihr Geld wiederkriegen. Wo ihre Fahrkarten bleiben. Neulich war ich abends draußen im Garten. Als ich das Telefon läuten hörte, warf ich den Gartenschlauch hin, der sich wie verrückt ringelte und mich total durchnäßte, ehe ich den Hahn zudrehen konnte. Ich stolperte über den Hund, der kläglich aufheulte. Ich stellte den Fernseher ab, lief in die Küche, wo ich auf einer Fliese ausrutschte und mir das Knie verrenkte, und hob ab, als es zum sechsten Mal läutete. Eine Stimme fragte mißtrauisch: »Bist du's, John?« »Ich sagte ja.«

UNÜBLE NACHREDE

Sylvester – zu mitternächtlicher Stunde legten meine Freundin und ich die Linke aufs Telefonbuch, hoben die Rechte zum Schwur und gelobten feierlich, von diesem Tag an nicht mehr über unsere Mitmenschen zu klatschen, so wahr uns Zeus und der Weihnachtsmann helfen.

Seitdem dauerten unsere Unterhaltungen bestenfalls anderthalb Minuten.

Neulich hielt ich es einfach nicht mehr aus. »Weißt du, was du bist?« schnauzte ich. »Eine langweilige, oberflächliche, nichtssagende Person.«

»Das hast du hoffentlich nett gemeint«, sagte sie mit einem säuerlichen Lächeln.

»Also, ich habe es satt, ein guter Mitmensch zu sein. Deinetwegen habe ich all meine Freundinnen verloren. Was weißt denn du, wie's mir ums Herz ist, wenn der liebe Nächste auseinandergenommen wird und ich darf mich nicht beteiligen? Ich komme mir vor, als hätte man mir die Zunge herausgeschnitten.«

»Aber so hör doch«, sagte sie, »wir hatten ausgemacht, nur dann den Mund zu halten, wenn wir nichts *Positives* über jemanden zu sagen wüßten.

»Stimmt genau. Aber weißt du auch, was es bedeutet, drei Monate lang über nichts anderes zu reden als über die statische Elektrizität deiner Nylonwäsche?«

»Du hast mich mißverstanden. Wir wollten doch – wie im Katechismus vorgeschrieben – ›alles zum besten kehren‹. Versuchen wir es doch wenigstens noch mal. Hast du gehört, daß es vorige Woche zu Kays Geburtstag eine Überraschungsparty gab?«

Ich dachte kurz nach. »War sie dabei?«

»Ja. Warum?«

»Das freut mich. An ihren letzten acht Geburtstagen ist die Gute nämlich nicht erschienen. Aber eine gute Mutter, das ist sie. Vorigen Sonntag habe ich sie mit ihren Kindern in der Kirche gesehen.«

Meine Freundin erwog ihre Worte sorgfältig. »Dafür müßte sie heiliggesprochen werden. Wenn der liebe Gott Wert darauf legte, daß Kay ihre Kinder in die Kirche führt, hätte ER in seiner Weisheit am Ende jeder Bankreihe ein Klo erschaffen.«

»Stimmt. Ich hörte, sie sei sehr glücklich über ihre neuerliche Schwangerschaft.«

»Wer wäre das nicht an ihrer Stelle? Mit ihren 27 Jahren Erfahrung ist ihr die Alterspräsidentschaft im Elternbeirat so gut wie sicher.«

»Ja, Kay ist wundervoll, einfach wundervoll. Selbst Staubflusen zu bügeln würde ihr noch Freude machen.«

»Apropos Staub, hast du kürzlich etwas von unserer lieben Ethel gehört? Ich bewundere Menschen, die ihr Leben in Wichtiges und weniger Wichtiges einzuteilen wissen. Setzt sie immer noch beim Pferderennen?«

»Ich glaube ja. Weißt du, daß wir schon zehn Minuten reden und noch keine einzige Bosheit gesagt haben? Siehst du jetzt, wie leicht es ist, nicht über Bekannte zu klatschen?«

»Ja, aber nächstes Jahr wird es schwieriger. Da werden wir in unseren Schwur noch den Vorsatz ›streng vertraulich‹ einfügen.«

WER ZAHLT?

Es ist wahrscheinlich Geschäftsgeheimnis, aber ich wüßte gern, woher Ober und Kellnerinnen immer instinktiv wissen, wem sie die Rechnung präsentieren sollen.

Ein Freund von mir, der einen Sommerjob als Aushilfskellner angenommen hat, erklärte, er sei zwar kein Fachmann, aber es gebe da gewisse Regeln, denen er stets folge.

Der Mann, der nach der Weinkarte verlangt, wird als

der Verantwortliche angesehen – und bekommt die Rechnung. Der Mann, der mit lauter Stimme sagt: »Ich glaube, dieses Lokal wird euch gefallen. Ich persönlich würde euch zu Hammelbraten raten!«, ist die Autorität, an die man sich in solchem Falle hält.

Der Mann, der den Ober mit der Rechnung auf einem Teller herannahen sieht und nicht aufspringt, um auf die Toilette zu gehen oder zu telefonieren, bekommt den Schwarzen Peter zugeschoben.

Der Mann – auch wenn er nur mal eben an einem Tisch voller Damen stehengeblieben ist, um guten Tag zu sagen – bekommt die Rechnung.

Die letztgenannte Information faszinierte mich. Sonderbar, trotz aller Freiheiten, die wir Frauen durchgesetzt haben – es ist uns doch immer noch wohler bei der Regelung »Bitte jede für sich«.

Irgendwann im Leben war jede Frau einmal in einem Restaurant, in dem der Ober, ohne Rücksicht auf die flehenden Bitten, getrennt abzurechnen, alles auf eine Rechnung setzt. Diese legt er wie eine Handgranate in die Mitte des Tisches und weicht zurück, damit sie hin- und hergeworfen wird mit Ausrufen wie: »Also, ich hatte den Eistee und und den gedeckten Apfelkuchen! Kostet die Sahne extra?«

»Wieviel macht bitte die Portion Tee und das Schaumgebäck?«

»Wenn jemand das Trinkgeld übernimmt, bezahl' ich die Parkgebühr.«

»Nein, ich habe nur diesen Zehner, dann schuldest du mir eben 3 Dollar 26.«

»Kommt nicht in Frage – nimm dein Geld zurück.
Ruths Lunch zahle ich. Sie ist gefahren.«

»Also, ich geb' kein dickes Trinkgeld. Als ich nach der
Toilette gefragt habe, hat er nur geknurrt.«

Männer finden so was kleinlich. Neulich führte mein
Mann mich zum Essen aus, und als die Rechnung kam,
streckte ich instinktiv die Hand danach aus – eine
natürliche Reaktion, wenn man drei Teenager großge-
zogen hat. »Was denkst du dir eigentlich?« rief er.
»Solange du mit mir ißt, darf ich ja wohl noch die
Rechnung zahlen. Ich empfinde es offengestanden
immer noch als Anschlag auf mein Selbstbewußtsein,
wenn eine Frau die Rechnung verlangt. Sitz gefälligst
still, sei weiblich und dafür dankbar, wenn ich so
nobel und gastfrei bin. Übrigens: Hast du zwei Dollar
für's Trinkgeld?«

So was finde nun *ich* kleinlich.

WIE LERNE ICH FLIESSEND KIND-ISCH?

Als eines Abends alles Geschirr abgeräumt war, saß mein Sohn am Küchentisch und kritzelte fieberhaft in ein Ringbuch.
»Was machst du da?« fragte ich.
»Meinen Hausaufsatz«, sagte er. »›Was mich meine Mutter alles lehrte.‹«
Ich schlug die Augen nieder und versuchte, bescheiden auszusehen.
»Darf ich ihn lesen, wenn du fertig bist?«
Er schüttelte den Kopf.
Eine Stunde später setzte ich mich hin und las, was er geschrieben hatte.

WAS MICH MEINE MUTTER ALLES LEHRTE

Logik
Wenn du vom Rad fällst und dir das Genick brichst, kannst du nicht mit mir einkaufen fahren.

Medizinisches
Wenn du nicht aufhörst zu schielen, bleiben deine Augen stehen. Es gibt bis jetzt noch kein Medikament, keine Kur, keinen Fernsehkurs und kein wissenschaftliches Forschungsprogramm gegen erstarrte Augen.

Besonderes
Zieh dir sofort eine Wolljacke über! Meinst du, ich weiß nicht, wann *dir* kalt ist?

Unmögliche Befehle
Wo ist deine Schwester, sprich nicht mit vollem Mund, antworte mir gefälligst!

Freude
Du wirst dieses Jahr deine Ferien genießen, und wenn ich dir jeden Knochen einzeln brechen muß.

Humor
Wenn dir die Rasenmähmaschine sämtliche Zehen abschneidet, komm damit ja nicht zu mir gerannt.

Ich werde Kinder nie verstehen. Ich habe übrigens nie behauptet, es zu können. Überall treffe ich Mütter, die gute Vorsätze fassen: »Ich werde meinen Kindern gegenüber mehr Geduld an den Tag legen. Ich werde mein Äußerstes tun, um ihnen zu zeigen, daß ich mich für sie und ihr Tun interessiere. Ich will meine Kinder *verstehen*!« Das Ende vom Lied war noch immer, daß diese Frauen Stoffreste zu Flickenteppichen zerschneiden – mit stumpfen Scheren!
Ich bin fest davon überzeugt, daß Kinder unser Verständnis gar nicht wollen. Unser Vertrauen – ja, unser Mitgefühl, blinde Zuneigung und die Wagenschlüssel – ja. Aber wer sie verstehen will, kommt in des Teufels Küche.

Für mich werden sie auch weiterhin zu den Welträtseln gehören.

So habe ich zum Beispiel nie verstanden, wie ein Kind aufs Dach klettern, die Fernsehantenne erklimmen und die Katze retten, aber nicht den Korridor entlanggehen kann, ohne sich mit schmuddeligen Händen an beiden Wänden abzustützen.

Oder aber wie ein Kind schmutzigen Schnee fressen, den Hund auf die Schnauze küssen, einen im Aschenbecher gefundenen Kaugummi kauen, das erdverschmierte Ende des Gartenschlauchs in den Mund nehmen kann und sich weigert, aus einem Glas zu trinken, das sein Bruder benutzt hat.

Wieso kann ein Junge mit dem einen Fuß hinter der Startlinie balancieren und dabei den Baseball mit den Fingerspitzen vom Boden aufheben, nie aber ein Stück Seife, bevor es im Abfluß zerläuft?

Ich habe Kinder acht Stunden hintereinander radeln, rennen, hopsen, Ball spielen, Zelte aufschlagen, schaukeln, Krieg spielen, schwimmen, um die Wette laufen sehen – aber der Gang zum Mülleimer ist ihnen zu weit. Ich stehe vor einem Rätsel, wie ein Kind aus drei Kilometern Entfernung einen Schokoladen-Riegel erkennen kann, aber nicht sieht, daß es einen 4 mal 6 m großen Teppich faltig getrampelt und durch zwei Zimmer mit sich geschleppt hat.

Wissen *Sie* vielleicht, warum ein Kind zu Hause ein Wiener Würstchen mit Senf und Semmel ablehnt, nur um wenige Stunden später an einem Stand, wo sie 50 Cent das Stück kosten, sechs davon zu essen?

Haben Sie sich schon einmal gefragt, wie es kommt, daß man unter der Spüle, im Bad, auf der Veranda, unterm Kaffeetisch, im Sandkasten, im Wagen, im Wäschekorb und vor der Waschmaschine über Kinderschuhe stolpert, aber nie auch nur einer zu finden ist, wenn der Rasen gemäht werden müßte?

Ließe sich die Aufzucht von Kinder in einem einzigen modernen Wort zusammenfassen, so lautete dieses eine Wort: FRUST. Denn sooft man meint, man liefe bereits auf der Zielgeraden, muß man feststellen, daß man immer noch beim Start ist. Nicht daß man für seine Leistungen wunder was erwartet – aber doch wenigstens ein dürftiges kleines Entgelt.

Nur ein Beispiel: die Geschichte mit dem Wagen neulich. Meine Älteste brachte vorige Woche ihr Vehikel zur Reparatur in die Werkstatt und benutzte in dieser Zeit mein Auto.

Drei Tage lang saß ich ohne meine vier Räder zu Hause, und das ist etwa so, als ob man zu Zsa Zsa Gabor sagt, sie bekäme nie wieder Hochzeitskuchen.

Als sie ihren Wagen wiederkriegte, brachte sie mir meine Schlüssel zurück und sagte: »Mami, du schuldest mir drei Dollar für Benzin, das ich in deinen Tank habe füllen lassen.«

Ich traute meinen Ohren nicht. Diese Worte äußerte ein Kind, in das ich Vitamine im Wert von 887 Dollar eingefüllt hatte. Dem ich insgesamt 154 Dollar für ausgefallene Milchzähne unters Kopfkissen gelegt hatte. Dem ich für 2000 Dollar Spielzeug gekauft hatte (die Batterien nicht mitgerechnet). Dem ich Schecks für 186 verschiedene Gesichtswasser ausgestellt hatte, damit es ein einziges Pickelchen loswurde. Das ich ins Ferienlager geschickt habe. Für das ich den Ausgußsiphon auseinandergeschraubt habe, um den verlorenen Freundschaftsring wiederzufinden. Um dessentwillen ich mich halbtot geängstigt habe, als es über das Thema »Die Sexualität des Menschen« einen Einser schrieb.

Plötzlich fiel mir ein Leserbrief ein, den mir ein Teenager geschrieben hatte. Vielleicht würde der meiner Tochter zu denken geben.

»Hör dir das mal an«, sagte ich:

Liebe Mrs. Bombeck!
Eltern sagen ihr Leben lang zu ihren Kindern: Da habe ich mir nun die Hände für dich wundgearbeitet, jede Menge Opfer gebracht – und was habe ich davon?
Wollen Sie wirklich eine Antwort, liebe Mrs. Bombeck? Eltern haben davon unordentliche Zimmer, schmutzige Wäsche, struppige Haare, schwarze Fingernägel, geplünderte Eisschränke. Aber noch was kriegen sie: jemanden, der sie lieb hat, sich aber nie die Zeit nimmt, ihnen das mit Worten zu sagen. Jemanden, der sie bei jeder Gelegenheit verteidigt, auch wenn Mütterchen Stützstrümpfe trägt und gern Schnulzen hört, täglich die Wäsche wechselt und ihre Kinder in Gegenwart Dritter küßt.
Stimmt, die Eltern haben manchmal zu viel geredet, sich manchmal zu früh abgewandt. Aber dafür haben sie mit uns gelacht und geweint, und gerade ihr

*Schmerz über die Kontaktschwierigkeiten, Enttäu-
schungen und Ängste haben uns trotz unseres Dranges
nach Freiheit, Unabhängigkeit und Eigenständigkeit
deutlich gemacht, wie sehr sie an uns hängen.
Wenn wir von daheim fort sind, wird es immer ein
bißchen an unserem Herzen zerren, weil wir sie vermissen, sie und unser Zuhause und alles, was wir aber
am meisten vermissen werden, wird die immer neue
Bestätigung dafür sein, wie lieb sie uns gehabt haben.«*
Meine Tochter blickte auf. Tränen waren in ihre Augen
getreten. »Bedeutet das, daß ich die drei Piepen nicht
wiederkriege?« fragte sie aufschluchzend.
In gewisser Hinsicht mache ich die Fachleute verantwortlich für die Bredouille, in der wir Eltern heute
stecken. Sie haben uns einen tonnenschweren Schuldkomplex aufgeladen, und wir bezweifeln die Richtig-
keit all unserer Handlungen.
Bei einem Psychologen las ich den Aufruf: »Schlage
nie dein Kind im Zorn.«
Ja, wann denn sonst? Wenn es mir gerade einen
Geburtstagskuß gibt? Wenn es sich von den Masern
erholt? Soll ich ihm etwa an Sonntagen mit einem
Klaps die Bibel aus der Hand schlagen?
Ein anderer Fachmann mahnt: »Gehen Sie bei Bestra-
fung Ihrer Kinder mit größter Behutsamkeit vor, Sie
könnten seinem *Es* bleibenden Schaden zufügen.«
Bleibenden Schaden? Ich wußte ja nicht einmal, was
das *Es* ist! Würde man davon später unfruchtbar, oder
kriegte man nur Kopfschuppen? Einmal kam mir ein
Verdacht, was es sein könnte, und ich zog dem Kind

daraufhin vier Windeln übereinander an, um nur ja abgesichert zu sein.

Und die Kameradschaftstheorie, die bei unseren Eltern so hoch im Kurs stand? Eines Abends kam mein Sohn mit hängenden Schultern in die Küche geschlurrt, warf die Schulsachen aufs Büfett und sagte: »Das war ja wohl der widerlichste Tag meines Lebens – und alles wegen dir.«

»Wieso das denn?« wollte ich wissen.

»Weil du mich wieder auf mein Zimmer geschickt hast, damit ich alle Lichter ausknipse, ehe ich zur Schule gehe, habe ich den Schulbus verpaßt. Und weil du ewig an mir rumnörgelst, ich soll mein Zimmer aufräumen, konnte ich mein Turnzeug nicht finden und habe dafür 15 Strafpunkte gekriegt.«

»Deine Turnsachen liegen zusammengefaltet im untersten Schubfach.«

»Aha. Welcher Trottel soll sie denn da finden?«

»Überleg mal.«

»Na, hoffentlich bist du jetzt glücklich«, murrte er.

»Außerdem habe ich noch Englisch verhauen.«

»Ist das auch meine Schuld?«

»Genau. Dabei hab' ich dir gesagt, daß ich die Arbeit noch vormittags fertighaben muß, und trotzdem hast du mir gestern abend die Lampe ausgedreht.«

»Es war halb zwei Uhr früh.«

»Na ja, der Zug ist jedenfalls abgefahren. Zu Mittag gegessen habe ich deinetwegen auch nicht!«

»Und was habe ich damit zu tun?«

»Wer wollte mir denn keinen Vorschuß aufs Taschengeld von nächster Woche geben? Und noch was Nettes. Erinnerst du dich an die Lederjacke, die du mir voriges Jahr zum Geburtstag geschenkt hast? Die ist weg.«

»Und das ist meine Schuld?«

»Gut, daß du es gleich zugibst. Zu Hause höre ich ja immer nur: Häng deinen Mantel auf, häng deinen Schlafanzug auf, häng deinen Pullover auf. Wenn ich dann deinen Rat befolge und die Lederjacke an einen Haken in der Kantine hänge, nimmt sie ein anderer mit. Wenn ich sie neben meine Füße auf den Boden hätte fallen lassen, hätte ich sie jetzt noch.«

»Heute war ja wohl wirklich ein Pechtag.«

»Ist noch nicht alles«, sagte er. »Hast du nicht vielleicht was vergessen?«

»Was könnte das wohl sein?« fragte ich.

»Solltest du mich nicht erinnern, daß wir heute nach der Schule Baseballtraining haben?«

»Ich habe dir doch einen Zettel auf den Schreibtisch gelegt!«

»Wie soll ich unter all dem Mist einen Zettel finden? Wenn ich jetzt aus der Mannschaft fliege, geschieht es dir ganz recht. O Mann, ich hab' mich mit ein paar Kumpels unterhalten, und alle haben gesagt, Eltern können ihre Kinder wirklich fertigmachen.«

Ich lächelte. »Wir tun unser Bestes.«

Wenn man das Problem des Verständnisses für die eigenen Kinder analysiert, scheint es unvermeidlich, daß in diesem Lande bald eine große Kindertauschzentrale gegründet werden wird.

Ich habe noch kein Kind kennengelernt, das sich nicht

verleumdet und überfordert fühlt und dem es nicht
viel besser ginge, wenn es Mrs. Jones zur Mutter hätte,
die Unordnung *liebt* und öfters auswärts ißt. Andererseits habe ich noch nie Eltern getroffen, die sich nicht
verfolgt und ausgenutzt fühlen und denen es nicht viel
besser ginge, hätten sie Rodney Phipps zum Kinde, der
nie mit vollem Mund spricht und seiner Mami zum
Muttertag einen Haartrockner schenkt.

Ich schlage daher vor, daß auf einem großen Waren-
hausparkplatz – der ja an Samstagnachmittagen leer
ist – Eltern und ihre Sprößlinge sich treffen, prüfen,
vergleichen und eventuell tauschen können. Als ich
das in meinem Bridgeclub erwähnte, kamen die
Damen vor Aufregung beinahe ins Zittern.

»Immer schon«, sagte Peg, »habe ich mich ›höhertau-
schen‹ wollen, bis zu einem Kind, das seine Handtücher selbst aufhebt.«

»Das tut meine Tochter zwar«, meinte Dorothy, »aber
dafür brilliert sie als Ausgußverstopferin. Wenn
irgendwas nicht von selbst runtergeht, hebt sie das
Beckensieb heraus und schiebt nach.«

»Das fände ich nicht schlimm«, tröstete Evelyn. »Mir
wäre eine Ausgußverstopferin lieber als eine Dusch-
süchtige. Meine verbraucht dreimal täglich den Inhalt
eines 150-Liter-Tanks.«

»Hinterher ist sie wenigstens sauber«, meinte June.

»Ich tausche einen langhaarigen Brummler, die Gattung ist sehr gefährdet. Eines Tages wird er hinter all
dem Haar verlorengehen und nie mehr herausfinden.«

»Du, hör mal«, begann Peg zu feilschen, »ich mache dir

ein Angebot, dem du schwerlich widerstehen wirst. Ich biete dir meinen Handtuchwerfer gegen einen Jungen, der nie gelernt hat, ein Telefon zu benutzen, und als Dreingabe bekommst du noch einen Vorrat an Unterhosen für drei Wochen.«

»Da weiß ich was noch Tolleres«, versuchte ich sie zu überbieten. »Ich tausche oder verkaufe einen ruhigen Jungen, der sich zu keiner Mahlzeit verspätet, der kommt, wenn man ihn ruft, bei Tisch gerade sitzt, soeben zwei Jahre Zahnregulierung hinter sich hat, leicht zu lenken ist und seine Stereo-Anlage nie auf Brüllstärke einstellt.«

Die ganze Bridgerunde legte die Karten auf den Tisch und neigte sich vornüber. Schließlich fragte June dann noch: »Und was hat er für 'ne Macke?«

»Keine. Aber er hat einen Wortschatz von nur drei Wörtchen: »Weißt du, wo...?«

Später gingen alle heim und behielten, was sie hatten, aber nun war ihnen wohler dabei.

Und wann endet die Elternschaft?

Das kommt darauf an, als was Sie Ihre Kinder sehen. Als Haushaltsgeräte, die man abstößt, wenn die Garantiezeit abgelaufen ist und sie anfangen Geld zu kosten? Als Versicherung für den Erlebensfall: Man zahlt achtzehn oder zwanzig Jahre lang ein und hofft auf die Rendite im vorgerückten Alter?

Oder als vergoldeten Spiegel, der seinen Besitzer in allen Einzelheiten widerspiegelt? Und wenn Sie eines Tages einen blinden Fleck darin bemerken, eine Verzerrung oder ein Ideechen, das sich nicht mit Ihrer

großen Idee deckt, werfen Sie ihn hinaus und halten sich für einen Versager?

Neulich abends sagte ich zu meinem Mann: »Ich sehe unsere Kinder als Papierdrachen. Man verbringt sein Leben damit, sie vom Boden hochzukriegen. Man rennt mit ihnen, bis beide Eltern außer Atem sind, sie fallen runter – man gibt ihnen mehr Leine... sie streifen das Dach... man klaubt sie aus der Regenrinne... man flickt und tröstet, lehrt und schlichtet. Man sieht, wie der Wind sie anhebt, und versichert ihnen, daß sie eines Tages fliegen können. Schließlich sind sie in der Luft, aber sie brauchen noch mehr Schnur, und bei jeder Knäuelwindung dringt ein wenig Trauer in die Freude, denn der Drachen entfernt sich weiter und weiter, und irgendwie weiß man, daß es nicht mehr lange dauert, bis diese schönen Geschöpfe entschwinden. Hoch oben werden sie schweben, wie sie schweben sollen: frei und allein.«

»Das hast du schön gesagt«, lobte mein Mann. »Ist es zu Ende?«

»Ich glaube ja. Warum?«

»Weil einer deiner Drachen gerade mit dem Wagen gegen das Garagentor gebrummt ist, ein zweiter läuft soeben ein, mit drei Surfboards und den dazugehörigen Freunden. Der dritte schreibt, daß er mittellos in seinem College festhängt und dringend mehr Schnur benötigt, um zu den Festtagen heimzukommen.«

ALLE MÜTTER DIESER WELT

DIE MUTTER ALLER ANDEREN

Die Mutter aller anderen. Sie hat keinen Namen.
Im Telefonbuch steht sie nicht. Aber es gibt sie im Kopf eines jeden Kindes, das jemals versucht hat, seinen Willen durchzusetzen, als allerletzten Ausweg.
Die Mutter aller anderen entstammt den Seiten der griechischen Mythologie – sie ist geheimnisvoll, rätselhaft und von Legenden umrankt.
Sie ist der Wunschtraum jedes Kindes.
Herkömmliche Mutter: »Wenn du den Wagen nicht um elf heimbringst, kriegst du ihn den ganzen Monat nicht mehr.«
Die Mutter aller anderen: »Komm heim, wann immer dir danach ist.«
Herkömmliche Mutter: »Wenn ich dich diesen Bikini überhaupt anziehen lasse, dann nur unter einem Mantel.«
Die Mutter aller anderen: »Ja, zieh ihn nur an. Man ist nur einmal jung.«
Herkömmliche Mutter: »Du gehst in den Ferienkurs und damit basta.«
Die Mutter aller anderen: »Ich laß Harold ein Floß bauen und damit den Ohio hinunterschippern. Dabei lernt er schließlich auch was.«

Einige wenige Mütter haben den Versuch unternommen, herauszukriegen, wo denn diese geheimnisumwitterte Mutter wohnt und welche Ausbildung ihr zu ihrer Sachkenntnis bei der Kinderaufzucht verholfen hat. Sie wollten es genau wissen. Alles, was sie an Informationen erhalten konnten, trugen sie zusammen, und heraus kam folgendes:

»Soweit nachprüfbar, ist *die Mutter aller anderen* eine Kreuzung aus Belle Watling und Peter Pan. Sie liebt Schlangen als Haustiere, gemischts Eis *vor* dem Essen und ungemachte Betten. Sie trägt *nie* Handschuhe an kalten Tagen und ist nie daheim. Sie geht niemals zum Zahnarzt, findet Hausaufgaben widerlich, räumt ihre Einkäufe nie in den Schrank, schläft morgens lange, raucht und tritt die Kippen mit dem Absatz in den Teppich. Sie ißt Cremehütchen zum Frühstück, trinkt Milch grundsätzlich aus der Packung, trägt, wenn sie in die Kirche geht, Turnschuhe, weil sie so schön bequem sind, wäscht nie ihren Wagen und besitzt keinen Regenschirm.

Die Mutter aller anderen ist sehr viel unterwegs, scheint sogar an verschiedenen Stellen gleichzeitig sein zu können. Wenn man meint, sie sei aus der Gegend weggezogen, taucht sie wieder auf. Sie urteilt rasch und hat mehr Entscheidungen getroffen als der Oberste Bundesgerichtshof in den letzten 200 Jahren. Sie hat nur ein Kind, das ein ›wahrer Schatz‹ von einer Freundin für sie auf die Welt gebracht hat. Sie hat noch nie das Wort *Nein* benutzt.

Erschiene diese *Mutter aller anderen* bei einer Elternversammlung und gäbe sich zu erkennen – sie würde gelyncht.

Von Zeit zu Zeit wird die Existenz der *Mutter aller anderen* bezweifelt. Bei ihr handelt es sich vermutlich um ein Produkt von Wunschdenken. Gibt es sie wirklich?«

O ja, Virginia, es gibt sie tatsächlich. Sie lebt im Herzen der Kinder in aller Welt, die glauben möchten, daß ein Erwachsener ihre Partei ergreift. Jemand, der sich daran erinnert, wie gern man irgendwann im Leben zu einer Gruppe gehören möchte, die das Verbotene nur deshalb tut, weil es verboten ist!

Daß man sie nie gesehen hat, beweist nicht, daß es sie nicht gibt. Gibt es nicht auch die Ungeheuer, die man in bösen Träumen sieht, und die Tiger, die in der Dunkelheit aufs Bett kriechen und verschwinden, wenn Licht gemacht wird?

Die *Mutter aller anderen* ist ganz real und ein paar Jahre lang eine fürchterliche Gegnerin für alle Mütter. Und eines Tages verschwindet sie. An ihre Stelle treten 90 Pfund (mehr oder minder) Rebellion und Unabhängigkeitsstreben, die sich auf Wortgefechte einlassen und selber sagen, was früher die *Mutter aller anderen* für sie gesagt hat.

Das nennt man Pubertät. Und in dieser Zeit gibt es nichts, was einen nicht mit Sehnsucht an die *Mutter aller anderen* denken läßt. Denn eigentlich war sie gar nicht so schlimm.

SHARON, DIE VOLLKOMMENE MUTTER

Alle sagten, Sharon sei eine phantastische Mutter.

Ihre Nachbarinnen sagten es.

Sie malte die Innenseite der Müiltonne mit Emailfarbe an, zog ihr eigenes Gemüse, mähte jede Woche selbst den Rasen, machte aus Stoffresten Wintermäntel für die ganze Familie, spendete Blut und fand Zeit, jeder Bekannten eine Geburtstagstorte zu backen.

Ihre Mutter sagte es.

Sharon fuhr sie zum Arzt, wenn sie hinbestellt war, ordnete die Kleider ihrer Kinder nach Farben und legte sie in beschriftete Schubladen, wusch die Backfolie ab und benutzte sie ein zweites Mal, plante Familienzusammenkünfte, schrieb an ihren Kongreßabgeordneten, schnitt allen die Haare und wußte ihre Mitgliedsnummer bei der Krankenkasse auswendig.

Die Lehrerin ihrer Kinder sagte es.

Sie half ihren Kindern jeden Abend bei den Hausaufgaben, trug, wenn es regnete, für ihren Sohn die Zeitungen aus, packte Lunchkörbc mit nahrhaften Sandwiches und malte kleine Gesichter auf das Butterbrotpapier, war Aufsichtsperson im Pausenzimmer der Schule, gehörte zu den fünf Fahrbereitschaften und blies einmal ganz allein für einen Kotillon der 7. Klasse 234 Luftballons auf.

Ihr Ehemann sagte es.

Sharon putzte den Wagen, wenn es geregnet hatte, hob das Frostschutzmittel von einem Jahr zum anderen auf, zahlte sämtliche Rechnungen, hielt Ordnung im privaten Terminkalender, sprühte den Garten gegen Ungeziefer, legte im Sommer den Gartenschlauch immer wieder um, drehte die Kinder nachts auf den Rücken, damit ganz sicher keines auf dem Gesicht schlief, und fand einmal heraus, daß sich die Steuer geirrt hatte und ihnen noch 12 Dollar schuldete.

Ihre beste Freundin sagte es.

Sharon konstruierte ein Bettgestell aus den Holzabfällen, die vom Patio übrig waren, häkelte zur Weihnachtszeit einen wollenen Nikolaus für die Ersatztoilettenpapierrolle, wusch alles Obst, ehe ihre Kinder es aßen, lernte Harfe spielen, erhielt den Boston-Farn ein volles Jahr am Leben, und wenn die Damen miteinander essen gingen, behielt sie immer im Kopf, wieviel jede zu zahlen hatte.

Ihr Geistlicher sagte es.

Sharon fand Zeit, alle unanständigen Bücher zu lesen und eine Kampagne gegen sie einzuleiten. Beim Abendgottesdienst spielte sie Gitarre. Sie korrespondierte mit einer armen Familie in Guatemala – auf spanisch. Sie stellte ein Kochbuch zusammen, um Geld für eine neue Kaffeemaschine in der Sakristei zusammenzukriegen. Sie sammelte an den Türen für alle Gesundheitsorganisationen.

Sharon war eine jener Frauen, die man als geborene Organisatoren bezeichnen kann. Sie plante eine Party für den Geburtstag ihres Hundes, machte ihren Kindern phantasievolle Faschingskostüme aus alten Tragtüten, und wenn mal jemandem der Schnürsenkel riß, hielten ihre Knoten am besten.

Sie zog Setzlinge in leeren Toilettenpapierrollen und isolierte das Haus mit leeren Eierkartons, die jeder andere wegwarf.

Sharons Tagesprogramm hätte jede andere Frau in die Knie gezwungen. Brauchte man 25 Frauen als Anstandsdamen für eine Party? Gebt Sharon die Liste. Brauchte man eine Mutter, die in der Schulbibliothek alles auf Dezimalsystem umstellt? Ruft Sharon an. Braucht man jemand, der ein Stadtteilfest, einen Flohmarkt oder ein Schulfest organisisert? Holt Sharon.

Sharon war die Super-Mutter schlechthin.

Ihr Gynäkologe sagte es.

Ihr Fleischer sagte es.

Ihr Tennispartner sagte es.

Ihre Kinder – ihre Kinder sagten es nie.

Aber sie gingen oft hinüber zu Ricks Mutter, die immer zu Hause war, Plätzchen direkt aus der Packung aß und mit ihnen Poker spielte.

VOM AMATEUR ZUM PROFI:
LOUISE UND ESTELLE

Was außer heißer Hühnerbrühe und Vitamin C in der amerikanischen Zivilisation am meisten überschätzt werde – fand Louise –, sei das Frühstück mit den eigenen Kindern.

Was denn so großartig daran sei, mit zwei mürrischen Gören zu Tisch zu sitzen, die sich um fünfzehn noch ungeöffnete Packungen Frühstücksflocken stritten?

Einmal im Jahr ließ sie sich erweichen. Sie nannte es das ›Weihnachtsfrühstück mit Mami‹, mit allerlei kleinen Geschenken und Lutschern. Den Rest des Jahres machte Louise alle Anstrengungen, ihren Kindern aus dem Weg zu gehen.

Sie hatte früh herausgefunden, daß sie nicht so war wie alle anderen Mütter. Daß es ihr widerlich war, mit den Zähnen Knoten aus Schuhbändern zu lösen, auf die das Kind den ganzen Tag gepinkelt hatte. Daß es sie halbtot langweilte, herumzusitzen und ›Hotels an der Hauptstraße‹ zu kaufen und mit Spielgeld zu bezahlen. Daß es sie nicht befriedigte, mit einer Handtasche voll gebrauchter Tempotaschentücher herumzulaufen, die ihr Kind ihr zum Wegwerfen gegeben hatte.

Mit der Hausarbeit hatte sie es auch nicht sehr. Und mit den Frauen, die darüber sprachen, ebensowenig. Sie lehnte es ab, sich davon aus dem Sessel reißen zu lassen, daß irgend jemand ein Spezialmittel zum Entfernen von Spaghettiflecken aus Plastikdecken erfunden hatte. Als eines Tages das Kränzchen über Heloises 87 Verwendungsmöglichkeiten für Nylonnetze sprach, schnauzte Louise plötzlich: »Warum machen wir nicht einfach Schmetterlingsnetze daraus, werfen sie über uns und melden uns in einer Anstalt?«

Ihr Lebensziel war es, eine Frau zu engagieren, die kam und auf ihre Kinder aufpaßte, während sie zur Arbeit ging.

Ihr Mann wollte davon nichts hören. »Was hättest du denn für einen Grund?« beharrte er.

»Ich langweile mich«, sagte Louise.

»Das ist nicht der wahre Grund«, sagte er. »Das ist ein Symptom. Du solltest dir etwas zu tun machen.«

Vielleicht hätte er es lieber gesehen, daß sie log wie Elsie Waggoner, die behauptete, sie habe sich eine Halbtagsstellung nur deswegen gesucht, weil sie eine Garderobe für die Barbie- und Ken-Puppen ihrer Tochter kaufen müsse.

In ihrer Verzweiflung tat Louise das Nächstbeste: Sie wurde kreativ tätig.

Es dauerte nicht lange, da war ringsum bekannt, daß Louise ›einfach alles‹ machte. Sie übernahm den Vorsitz bei was auch immer. Sie rettete Tiere, von deren Existenz sie noch nie gehört hatte, sie sammelte Geld für die Bekämpfung von Krankheiten, die sie nicht einmal aussprechen konnte, und durchsaß Sitzungen, bei denen als einzige Entscheidung nur herauskam, wo die nächste Sitzung stattfinden sollte.

Anno 1973 hielt sie den Rekord: Sie hatte mehr Stunden im Jahr freiwillige Hilfe geleistet als jede andere Frau der Gemeinde.

Sie hatte noch einen anderen Rekord inne – den aber inoffiziell. Louise stellte mehr Babysitter im Jahr ein und warf sie wieder hinaus als jede andere Frau in der Geschichte der Frauenbefreiung.

Louise verlangte eine Frau, die ihren Kindern vorlas und mit ihnen Spiele spielte, wenn sie sich langweilten.

Sie verlangte eine Frau, die einfach da war und den Tag mit ihnen verbrachte.

Sie verlangte eine Frau, die ihnen Plätzchen backte, ihre zerbrochenen Spielsachen reparierte, sie auf ein aufgeschürftes Knie küßte und Heile-Heile-Segen machte.

Sie verlangte eine Mary Poppins, die am Regenschirm hängend herumflog – und das für einen Dollar die Stunde.

Eine Aufstellung der Frauen, die für Louise Concell gearbeitet haben, würde ein Buch füllen.

Da gab es Mrs. Crandel. Sie war süchtig nach Musicals, und zwischen 12 und 2 Uhr mittags hörte die Welt außerhalb des Fernsehers für sie auf zu existieren.

Da gab es Mrs. Sanchez, die Eiswürfel aus Gin herstellte und der man erst auf die Sprünge kam, als sich eines der Kinder einen Limostand einrichtete und alle Kinder der Nachbarschaft drei Mahlzeiten hintereinander verschliefen.

Die Studentin Carol blieb nur eine Woche, weil da die Kinder so grauenhafte Schlager sangen, daß Louises sämtliche Zähne stumpf wurden.

Im Herbst 1979 erlagen Louise und ihr Mann der Versuchung: Louise suchte und fand einen bezahlten Job, der alle ihre Kräfte und ihre gesamte Zeit beanspruchen würde. Sie wurde nämlich zur Chefin des Tinkerbell-Kinderfürsorge-Centers gewählt. Louise war im siebten Himmel. Dort würde sie mehr Verantwortung übernehmen, als sie je gehabt hatte, und zum ersten Mal den eigenen Wert auf einem Preisschild bestätigt sehen. Sie begann ernstlich nach einer erstklassigen Ersatzmutter zu suchen.

Dabei stieß sie auf Estelle. Estelle schien fast zu gut, um wahr zu sein. Sie war jung, hatte selbst zwei Kinder und wußte genau, wie man sie beschäftigt, ernährt und durch liebevolle Fertigkeit zum Gehorsam anhält. Außerdem konnte sie Auto fahren. Estelle war zwei Jahre lang Alleinerziehende gewesen und hatte außerdem einer Reihe von öffentlichen und privaten Organisationen angehört, das Alphabet einmal herauf und herunter. Im Moment war sie Mitglied eines PSSF (Programm für Sozialbewußtsein Schwarzer Frauen) und tagte jeden Mittwoch im Gemeindesaal. Sie ließ ihre Kinder in einem Kindergarten im Nachbarhaus und nahm an einem langen Tisch Platz. Es galt ›Handwerkliches‹ auszuüben.

Das heutige Projekt war ganz einfach. Dabei brauchte sie nur eine Zigarrenkiste anzumalen und trocknen zu lassen. Dann Stücke Makkaroni in Leim zu tauchen und obendrauf zu legen, Wenn alles bedeckt war, bestreute sie das Ganze mit Pailletten und – voilà – ein Schmuckkasten.

Das Dumme war nur, sie besaß keinen Schmuck.

Estelle spielte gedankenvoll mit den Makkaroni und überdachte ihr Leben. Was war eigentlich bei den zwei Jahren PSSF herausgekommen? Ein Macramé-Topf. Ein gehäkelter mexikanischer Hut, der über eine Flasche Tabasco-Sauce paßte, das Bild eines englischen Landhauses aus Kronenkorken und ein Sparschwein aus einer Plastikflasche, die einmal Wäschebleiche enthalten hatte. Und jetzt das Teigwarenexperiment.

Über sich selbst böse, packte sie die Tüte Makkaroni,

nahm sie mit nach Hause, kochte sie und schwor sich, einen Job zu suchen.

Estelle liebte ihre Kinder und wollte nicht, daß sie unter ihrer Unrast litten. Über das Tinkerbell-Kinderfürsorge-Center hatte sie viel Gutes gehört.

»Haben Sie besondere Fragen, die uns betreffen?« fragte Louise Concell. »Schließlich bin ich dazu da, sie zu beantworten.«

»Beschäftigen Sie die Kinder richtig?« wollte Estelle wissen. »Ich meine, ich möchte kein Heim, wo sie den ganzen Tag nur schlafengelegt werden.«

»Ich glaube, sie werden unser Beschäftigungsprogramm einfach fabelhaft finden«, sagte Louise.

»Was ist mit den Lehrkräften? Meine Kinder waren noch nie länger von mir getrennt.«

»Die lieben sie wie ihre eigenen Kinder, das dürfen Sie mir glauben«, meinte Louise lächelnd.

»Ich will jemand bei meinen Kindern haben, der es nicht nur als Job betrachtet, sondern wirklich gern mit ihnen zusammen ist.«

»Ich verstehe vollkommen«, flötete Louise. »Wir schließen um 18 Uhr 15. Paßt das?«

»Eigentlich habe ich noch keinen Job«, sagte Estelle. »Ich wollte das für meine Kinder hier nur mal ausprobieren, während ich anfange, mir einen zu suchen.«

Louise schob ihre Brille auf die Stirn. »Haben Sie schon mal an Kinderbetreuung gedacht?«

Estelle schüttelte den Kopf.

»Wissen Sie, ich habe nämlich zwei kleine Kinder zu

Hause und suche jemand, der als Babysitter zu ihnen kommt. Darf ich Ihnen ein paar Fragen stellen?«

»Aber dazu bin ich ja hier«, sagte Estelle.

»Ich wünsche mir gezielte Beschäftigung für die Kinder, damit sie nicht den ganzen Tag vorm Fernseher hocken. Sie haben so wenig, was sie interessiert. Verstehen Sie, sie sollen etwas Richtiges tun.«

»Darin habe ich in den letzten Jahren viele Erfahrungen gesammelt«, schmeichelte Estelle.

»Meine Kinder müssen Sie mögen. Wissen Sie, ich war immer eine Mutter, die den ganzen Tag zu Hause war. Sie sind Fremde nicht gewöhnt.«

»Mit Kindern habe ich immer gut umgehen können, das dürfen Sie mir glauben.«

»Es ist nicht einfach zu erklären«, sagte Louise, »aber meine Kinder waren mir immer besonders wichtig, und ich möchte niemanden, der nur wegen des Geldes bei ihnen bleibt, sondern jemanden, der sie wirklich liebhat und gern mit ihnen zusammen ist.«

»Sie sprechen mir aus der Seele«, sagte Estelle.

So geschah es, daß im September 1984 sowohl Louise als Estelle »Berufsmütter« wurden, Profis, für geringes Entgelt.

Beide wischten Nasen, wechselten Windeln, wiegten Babys in den Schlaf, summten Wiegenlieder und küßten auf blutende Finger Heile-Heile-Segen.

Keine von beiden konnte erklären, warum es einen solchen Unterschied machte, daß sie dafür bezahlt wurden.

MEIN FERIENJOB (VON LAURA PARSONS, 11)

Ich habe im Sommer das gleiche getan wie
was ich im Winter getan habe. Ich bin eine
Mini-Mami. Wenn meine Mami in der
Arbeit ist, vorsorge ich meinen kleinen Bruder und drei Schwestern. Der Job von einer
Mini-Mami ist langweilig.
Ich bring meinen Bruder und meine Schwestern auf die Toilette, wenn sie gar nicht
hinwollen.
Ich wasche ihnen das Gesicht, trotzdem daß
sie den Kopf wegdrehen.
Ich wische ihnen die Triefnasen, wenn sie
sie gar nicht gewischt haben wollen.
Ich steck sie ins Bett, wenn sie noch gar
nicht müde sind.
Und wenn sie hinter ihrer echten Mutter
her wollen, pack ich sie beim Hals und
halte sie ganz fest, bis sie rot im Gesicht sind.

DIE SPEZIALMUTTER

Die meisten Frauen werden durch Zufall Mutter, manche freiwillig, einige unter gesellschaftlichem Druck und ein paar aus reiner Gewohnheit.

Dieses Jahr werden 100000 Frauen Mütter behinderter Kinder werden.

Haben Sie sich schon einmal Gedanken darüber gemacht, nach welchen Gesichtspunkten die Mütter behinderter Kinder auserwählt werden?

Ich stelle mir Gott vor, wie er über der Erde schwebt und sich die Werkzeuge der Arterhaltung mit größter Sorgfalt und Überlegenheit aussucht. Er beobachtet genau und diktiert dann seinen Engeln Anweisungen ins riesige Hauptbuch.

»Armstrong, Beth: Sohn. Schutzheiliger: Matthias.

Forest, Marjorie: Tochter. Schutzheilige: Cäcilie.

Rutledge, Carrie: Zwillinge. Schutzheiliger? Gebt ihr Gerard, der ist es gewohnt, daß geflucht wird.«

Schließlich nennt er einem Engel einen Namen und sagt lächelnd: »Der gebe ich ein behindertes Kind.«

Der Engel wird neugierig: »Warum gerade ihr, o Herr? Sie ist doch so glücklich.«

»Eben deswegen«, sagt Gott lächelnd. »Kann ich einem behinderten Kind eine Mutter geben, die das Lachen nicht kennt? Das wäre grausam.«

»Aber hat sie denn die nötige Geduld?« fragt der Engel.

»Ich will nicht, daß sie zu viel Geduld hat, sonst ertrinkt sie in einem Meer von Selbstmitleid und Verzweiflung. Wenn der anfängliche Schock und Zorn erst abgeklungen sind, wird sie es tadellos schaffen. Ich habe sie heute beobachtet. Sie hat den Sinn für Selbständigkeit und Unabhängigkeit, die bei Müttern so selten und so nötig sind. Verstehst du: das Kind, das ich ihr schenken werde, wird in seiner eigenen Welt leben. Und sie muß es zwingen, in der ihren zu leben, das wird nicht leicht werden.«

»Aber, Herr, soviel ich weiß, glaubt sie nicht einmal an dich.«

Gott lächelt. »Das macht nichts, das bringe ich schon in Ordnung,. Nein, sie ist hervorragend geeignet. Sie hat genügend Egoismus.«

Der Engel ringt nach Luft. »Egoismus? Ist das denn eine Tugend?«

Gott nickt. »Wenn sie sich nicht gelegentlich von dem Kind trennen kann, wird sie das alles nicht überstehen. Diese Frau ist es, die ich mit einem nicht ganz vollkommenen Kind beschenken werde. Sie weiß es zwar noch nicht, aber sie ist zu beneiden. Nie wird sie ein gesprochenes Wort als etwas Selbstverständliches hinnehmen. Nie einen Schritt als etwas Alltägliches. Wenn ihr Kind zum ersten Mal Mama sagt, wird ihr klar sein, daß sie ein Wunder erlebt. Wenn sie ihrem blinden Kind einen Baum, einen Sonnenuntergang schildert, wird sie ihn so sehen, wie nur wenige Menschen meine Schöpfung jemals sehen.

Ich werde ihr erlauben, alles deutlich zu erkennen, was auch ich erkenne – Unwissenheit, Grausamkeit, Vorurteile –, und ich werde ihr erlauben, sich darüber zu erheben. Sie wird niemals allein sein. Ich werde bei ihr

sein, jeden Tag ihres Lebens, jede einzelne Minute,
weil sie meine Arbeit ebenso sicher tut, als sei sie hier
neben mir.«
»Und was bekommt sie für einen Schutzheiligen?«
fragt der Engel mit gezückter Feder.
Da lächelt Gott. »Ein Spiegel wird genügen.«

DOTTIE: GLEICHES RECHT FÜR ALLE

Dottie Fedstrom war eine ganz und gar sachliche Mut-
ter und erzog ihre Kinder nach den althergebrachten
Regeln.
Sie war die geborene Mutter. Sie hatte Hände wie
Thermometer, zwei Paar Augen, die durch Türen
schauen konnten und auf den ersten Blick erkannten,
ob ein Kind an Verstopfung litt oder log. Sie hatte eine
Nase, die riechen konnte, ob ein Kind Pfefferminz-
schokolade gegessen hatte, auch wenn es im Nachbarstaat den Kopf ins Kissen vergrub.
Dottie hatte sechs Töchter. Sie nannte sie »die Horde«.
Sie kaufte ihnen weiße Socken (passend für alle Größen) und braune Halbschuhe, die eine Schwester der
anderen weitervererbte. Einmal kaufte sie zwei Ballen
blauen Cord, nähte daraus Jacken für alle, und dann
blieb ihr noch genug für Vorhänge und Tagesdecken in
den Schlafzimmern. (Wie eine ihrer Töchter richtig
bemerkte, war nicht zu erkennen, ob sie im Zimmer
war oder nicht, solange sie nicht lächelte.)
Wenn eine Tochter Haferbrei zum Frühstück wollte,

bekamen alle Haferbrei. Wenn eine die Masern kriegte, sorgte Dottie dafür, daß alle sich ansteckten. Wenn die erste, der man eine Uhr schenkte, sie verlor, wurde auch keiner der anderen mehr eine anvertraut.

Ob sie zwanzig oder zwei Jahre alt waren: Sie mußten alle um die gleiche Zeit zu Hause sein, bekamen das gleiche Taschengeld, die gleiche Puppe, die gleiche Strickjacke, die gleichen Grammophonplatten und die gleichen Haartrockner zu Weihnachten. Dottie duldete keine Günstlingswirtschaft.

Niemand war überrascht, daß die Mädchen jung heirateten. Sie waren so berechenbar wie ihre Mutter. Zum Schluß hatte Dottie nur noch eine Tochter, Nicky.

Drei Jahre lang mußte Nicky hören:

»Ich kann nicht begreifen, wieso du dir nicht die Haare wachsen läßt wie deine Schwester Leslie. Damit sähst du viel hübscher aus, nicht wie ein zwölfjähriger Bengel.

Als Pammie noch dein Zimmer bewohnte, hatte sie immer diese wirklich hübsche rosa Tagesdecke. Sie muß noch irgendwo sein. Ich werde sie für dich heraussuchen.

Weiß deine Lehrerin, daß du Wendys Schwester bist? Sie hätte doch das Kleid erkennen müssen. Es war Wendys Lieblingskleid.

Du bist genau wie deine Schwester Leah. Die konnte auch nie mit Geld umgehen. Jede Woche wollte sie einen Vorschuß auf ihr Taschengeld.

Du und Alice, ihr habt Menschen nie gut beurteilen können.

Nun hör mal zu! Deine fünf Schwestern waren sämtlich schon vor ihrem 21. Geburtstag verheiratet!«

Es war Nicky nicht bestimmt, in ihrem Leben etwas Originelles zu tun. Sie war das Produkt einer Xerox-Maschine, die man auf sechs Kopien eingestellt hatte. Auch ihre Hochzeit war genau wie erwartet – eine Kopie der Feier ihrer Schwestern. Ihr Kleid war vom gleichen Schnitt, das Blumenbukett vom gleichen Floristen, das Essen vom gleichen Lieferanten, der Hochzeitskuchen vom gleichen Bäcker. Sie bekam von ihren Eltern die gleichen Geschenke, die auch ihre Schwestern bekommen hatten: einen Grillherd und zwei Kopfkissen, gefüllt mit Gänsedaunen.

Als sie im kleinen Nebenraum der Kirche darauf wartete, neben ihrem Vater zum Altar zu schreiten, erschien ihre Mutter mit dem gleichen tränenüberströmten Gesicht wie bei den Hochzeiten ihrer Schwestern. Sie nahm Nickys Gesicht in beide Hände und flüsterte ihr den letzten mütterlichen Rat zu (den sie auch ihren Vorgängerinnen gegeben hatte): »Sei immer ganz du selbst, sonst wirst du nie glücklich werden.«

ALS DER LIEBE GOTT DIE MUTTER SCHUF

Als der liebe Gott die Mutter schuf, machte er bereits den sechsten Tag Überstunden. Da erschien der Engel und sagte: »Herr, Ihr bastelt aber lange an dieser Figur.«

Der liebe Gott sprach: »Hast du die speziellen Wünsche auf der Bestellung gelesen?

– Sie soll vollwaschbar, darf aber nicht aus Plastik sein;

– sie soll 160 bewegliche austauschbare Teile haben;

– sie soll von Essensresten und schwarzem Kaffee leben können;

– sie soll einen Schoß haben, den man nicht mehr sieht, wenn sie aufsteht;

– ihr Kuß soll alles heilen, vom Beinbruch bis zum Liebeskummer;

– sie soll sechs Paar Hände haben.«

Da schüttelte der Engel verwundert den Kopf und sagte: »Sechs Paar Hände? Das wird kaum zu machen sein, oder?«

»Die Hände machen mir kein Kopfzerbrechen«, sagte der liebe Gott. »Aber die drei Paar Augen, die eine Mutter haben muß!« »Gehören die denn zum Standardmodell?« fragte der Engel.

Der liebe Gott nickte. »Ein Paar, das durch geschlossene Türen blickt, während sie fragt: ›Was macht ihr Gören denn da drin?‹, obwohl sie es längst weiß. Ein zweites Paar im Hinterkopf, mit dem sie sieht, was sie nicht sehen soll, aber wissen muß. Und natürlich noch dieses Paar Augen hier vorn, aus denen sie ein Kind ansehen kann, das sich unmöglich benimmt, und die sagen: ›Ich verstehe dich und habe dich sehr lieb‹, ohne daß es ein einziges Wort spricht.«

»O Herr«, sagte der Engel und zupfte ihn leise am Ärmel. »Geht schlafen. Macht morgen weiter.«

»Ich kann nicht«, sprach der liebe Gott, »denn ich bin nahe daran, etwas zu schaffen, das mir einigermaßen ähnelt. Ich habe bereits geschafft, daß sie sich selber heilt, wenn sie krank ist, daß sie eine sechsköpfige Familie mit einem Pfund Gehacktem satt bekommt und einen Neunjährigen dazu bewegen kann, sich unter die Dusche zu stellen.«

Der Engel ging langsam um das Modell der Mutter herum. »Zu weich«, seufzte er.

»Aber zäh«, sagte der liebe Gott energisch. »Du glaubst gar nicht, was diese Mutter alles leisten und aushalten kann.«

»Kann sie denken?«

»Nicht nur denken, sondern sogar urteilen und Kompromisse schließen«, sagte der Schöpfer.

Schließlich beugte sich der Engel vor und fuhr mit einem Finger über die Wange des Modells. »Da ist ein Leck«, sagte er. »Ich habe Euch ja gesagt, Ihr versucht, zu viel in dieses Modell hineinzupacken.«

»Das ist kein Leck«, sagte der liebe Gott, »das ist eine Träne.«

»Wofür ist die?«

»Die fließt bei Freude, Trauer, Enttäuschung, Schmerz, Verlassenheit und Stolz.«

»Ihr seid ein Genie«, sagte der Engel.

Da blickte der liebe Gott traurig. »Die Träne«, sagte er, »ist nicht von mir.«

FÜNF KLASSISCHE MÜTTER-ANSPRACHEN

Text, Choreographie und Bühneneinrichtung für Laientheater

1. »*Warum du keine Schlange als Haustier halten darfst.*«
2. »*Du willst dir also die Ohrläppchen durchstechen lassen?*«
3. »*Weißt du überhaupt, wie spät es ist?*«
4. »*Mein WAS willst du borgen?*«
5. »*Tu nicht so, als wüßtest du nicht, worum es geht. Du weißt es ganz genau!*«

1. »*Warum du keine Schlange als Haustier halten darfst.*«

Szene: Am Küchentisch, ein Berg Plätzchen auf einem Teller, daneben ein Krug kalte Milch. Mutter verströmt während des ganzen Monologs Liebe. *Mutter:* Liebling, du weißt, Mami und Papi haben dich sehr lieb. Wir würden dir bestimmt nie verbieten, eine Schlange zu halten. Schließlich haben wir Tiere ebensogern wie du. Wir müssen aber erst einmal miteinander darüber reden. Magst du nicht ein Plätzchen? Zuallererst müssen wir natürlich an die Schlange denken. Du weißt ja, daß man ihr überall mit Unwissenheit und Vorurteil begegnet. Möchtest du gern mit deinem kleinen Freund in ein überfülltes Zimmer kommen und sehen, wie es sich binnen drei Sekunden leert? Natürlich nicht, es bräche dir das Herz.

Und dann ist so eine Schlange so klein. Was wäre, wenn jemand ihr aus versehen mit der Harke eins überzieht oder einen Stein auf sie fallen läßt? Das Tierchen hätte doch keine Chance, nicht wahr? Man hat auch schon erlebt, daß sich eine Mami vor so einer Schlange erschreckt. Weißt du noch, die im Garten voriges Jahr? Zehn Meter lang, Zähne, von denen Menschenblut troff, erwartete Junge und konnte mit einem Nachschlüssel Türen öffnen.

Du hast sie vielleicht kleiner in Erinnerung, aber Mami vergißt solche Sachen nicht. Nimm doch noch ein Plätzchen!

Es würde auch schwer sein, das Tierchen so weit zu kriegen, daß es sein Geschäft auf Zeitungspapier macht, es kann ja nicht bellen, wenn es hinaus will, und nicht im Supermarkt an der Leine gehen. Es könnte nicht einmal hinter einem Ball herlaufen und japsen.

Liebling, wir möchten eine Schlange ebensogern haben wie du, aber was wären wir für Menschen, wenn wir ihr ein normales Leben vorenthalten, wenn du verstehst, was ich meine. Was glaubst du, wie gern die Schlange Rendezvous hätte und eine Familie gründen würde und all das, was man in einem hermetisch verschlossenen Einmachglas eben nicht kann!

Nimm so viele Plätzchen, wie du nur willst, Liebling!

Ich wollte, Schlangen hätten einen besseren Ruf. Du und ich, wir wissen, daß sie genausoviel Angst vor uns haben wie wir vor ihnen. Ich meine, nur weil wir nie erlebt haben, daß eine Schlange wegen eines Menschen im Gras Angstzustände kriegt, bedeutet das ja noch nicht, daß sie keine Gefühle hat.

Gut, dann ist das also geklärt. Und du, sag dem ... (hier folgt der Name des Spielkameraden), daß es sehr nett von ihm ist, an dich zu denken und dir seine Schlange schenken zu wollen, aber eine Schlange braucht die Geborgenheit einer Familiengemeinschaft. Ich weiß, Liebling, für dich sieht es vielleicht so aus, als seien wir eine, aber du kannst ihm sagen, daß deine Mutter, wenn eine Schlange ins Haus kommt, wegläuft und nie wiederkommt.

2. *»Du willst dir also die Ohrläppchen durchstechen lassen?«*

Szene: Mutter sitzt in der Bühnenmitte, mit etwas Häuslichem beschäftigt, liest etwa im *Amerikanischen Journal des Zahnverfalls* und macht sich Notizen am Rand.

Auftritt: Tochter von links.

Tochter: Wie würdest du es finden, wenn ich dir erzähle, daß ich mir die Ohrläppchen durchstechen lasse?

Mutter (legt Buch beiseite und macht ein Bleistiftzeichen auf der Seite): Ich bin der Ansicht, dein Körper gehört dir, und wenn ein Mädchen sich mit dem Zahnstocher Löcher in die Ohren bohren will, ist das ausschließlich seine Sache. Schließlich und endlich, Liebling, wir leben nicht mehr im viktorianischen Zeitalter. Wir schreiben ... (hier Jahr einsetzen!). Auch eine Frau hat Menschenrechte und kann eigene Entschlüsse fassen, aber wenn du daran denkst, dir die Ohrläppchen durchstechen zu lassen, dann nur über meine Leiche. Ich habe dich nicht voll Vitamine gepumpt und dir Schuheinlagen machen lassen, damit irgendein ungeschickter Metzger an meiner einzigen Tochter herumoperiert.

Ich nehme an, ... (hier Namen der besten Freundin einsetzen) will es sich machen lassen. Ich weiß, sie ist deine beste Freundin, und du bist mir sicher furchtbar böse, wenn ich das sage, aber... (Name der besten Freundin) scheint dich regelrecht behext zu haben. Versteh mich nicht falsch, sie ist ein nettes Mädchen, aber mir gefällt der Gedanke nicht, daß du mit einem Mädchen unters Messer gehst, das den Kaugummi wieder aus dem Mund nimmt und sich nicht die Hände wäscht, wenn es mit dem Hund gespielt hat. Als nächstes wird sie dich dazu bringen, dir Schmetterlinge aufs Schulterblatt tätowieren zu lassen.

Ich wollte dir eigentlich nicht erzählen, wie es... (folgt der Name einer Person, die sie nicht kennt) ergangen ist. Sie hat sich die Ohrläppchen durchstechen lassen und eine Gehirnerschütterung davongetragen! Sie wird nie wieder normal! Sie hat es in einer Abteilung von... (hier Name eines großen Kaufhauses) machen lassen, wurde ohnmächtig und schlug mit dem Kopf auf einem Probierstuhl in der Abteilung ›Sportschuhe‹ auf.

Mach was du willst, meinen Segen hast du. Warum auch nicht? Ich bin ja sowieso bald tot!

3. *»Weißt du überhaupt, wie spät es ist?«*

Szene: Die Mutter allein auf der Bühne. Auf dem Fernsehschirm flimmert das Testbild. Eine Uhr mit großem Zifferblatt steht auf dem Tisch neben ihr. Sie blickt zur Tür, als Sohn (oder Tochter) eintritt.

Mutter: Ich will gar nicht wissen, wo du gewesen bist, was du getan hast oder mit wem. Es ist schon spät, und wir sprechen morgen früh darüber. (Schaltet erst das Fernsehgerät ab, dann alle Lampen bis auf eine.)

Glaubst du im Ernst, daß es aus der Welt ist, indem man nicht darüber spricht? (Sohn öffnet den Mund und will etwas sagen.)

Lüg mich nicht an. Mir wär's lieber, du gingst ins Bett und sagtest gar nichts, als dich hinzustellen und mir vorzuflunkern, dir sei das Benzin ausgegangen oder du hättest eine Panne gehabt. Ich will heute abend nicht darüber reden, sonst sage ich vielleicht etwas, was mir leid tut. Geh ins Bett. (Zerrt den Sohn zum Treppenabsatz oder Korridor und verstellt ihm dabei den Weg.)

Hast du überhaupt eine Ahnung, wie das ist, als Mutter halb verrückt vor Angst sieben Stunden dazusitzen und sich vorzustellen, daß du bei einem Unfall das Gedächtnis verloren hattest, und dann, als der Krankenwagen mit dir an unserem Haus vorbeikam, deinen Hund bellen hörtest und dadurch dein Erinnerungsvermögen wiederkam? Ich kann nicht glauben, daß du es wagst, ohne einen Kratzer hier hereinzukommen, und ich soll das dann verstehen!

Bitte kein weiteres Wort! Ich bin völlig fertig. (Knipst auch das letzte Licht noch aus und folgt ihm.)

Weißt du, was am wehsten tut? Sieben Stunden lang sitze ich da und sorge mich krank, und du hast nicht einmal so viel Anstand, anzurufen und zu sagen: »Bei mir ist alles in Ordnung. Geh ins Bett.« Wenn du keine Lust hattest, mich zu sprechen, hättest du jemand anders beauftragen können. Nur zu, sprich es aus: Du hast nicht verlangt, daß ich aufbleibe. Ich habe darauf gewartet, daß du damit anfängst. Ich soll wohl einen kleinen Schalter haben, den man an- und ausknipst. An, wenn es Freude macht, Mutter zu sein, aus, wenn es fünf Uhr morgens ist?

(Tür zum Badezimmer knallt zu, sie bleibt davor stehen.)

Also ich weiß nicht, wie es bei dir ist, aber ich gehe jetzt ins Bett. Der Arzt hat gesagt, ich brauche mindestens acht Stunden Schlaf. Der hat leicht reden. Der hat keinen undankbaren Sohn. Hat nie sieben Stunden lang dagesessen und sich versucht auszumalen, was zwei Leute früh um fünf tun können! (Badezimmertür öffnet sich, Sohn geht ins Schlafzimmer und macht die Tür hinter sich zu.) Ich weiß, du möchtest, daß ich deine Geschichte anhöre, falls du eine parat hast. Ich könnte mir vorstellen, daß wir morgen früh ein bißchen vernünftiger sind. Wenn du dich entschuldigen willst – ich könnte die Chili aufwärmen ...

4. *»Mein WAS willst du borgen?«*
Szene: Mutter hat zu tun, Kind lungert in der Nähe herum, sichtlich unentschlossen. Mutter ist entschieden im Vorteil und beherrscht die Lage.

Mutter: Den Blick kenne ich. Du stehst da herum, weil du etwas borgen willst. Wenn es mein Fön ist, hast du ihn bereits, außer es sind ihm Beine gewachsen und er ist zu Fuß ins Badezimmer zurückgewandert. Ich bin wirklich kein Egoist, das weißt du. Es macht mir nichts aus, wenn du dir etwas ausleihst, solange du es im gleichen Zustand wieder zurückgibst.

Nimm zum Beispiel meinen Koffer. Was du ja schon getan hast! Was hast du darin transportiert? Eisenteile? Der ganze Rahmen ist verbogen. Und meinen Fotoapparat kriegt man auch nie mehr hin, seit du ihn hast in den Sand fallen lassen. Alle Bilder, die wir entwickeln lassen, sehen aus wie ein Puzzlespiel.

Erinnerst du dich an den Tennisschläger, den du vor drei Jahren geborgt hattest? Du hast die eine Saite nie ersetzt, die du kaputtgemacht hast. Zum Glück ist es die in der Mitte, und dort treffe ich den Ball nie.

(*Refrain:* Ich bin wirklich kein Egoist...)

Ich würde dir gern meine Sachen leihen, wenn du dich ein bißchen in acht nehmen würdest. Ich brauche dich wohl nicht an meine beste weiße Bluse zu erinnern? Du hattest versprochen, sie nicht zu verschwitzen und hast es doch getan. Jetzt kann ich sie nur noch auf Beerdigungen anziehen, weil ich dabei nicht den Arm zu heben brauche.

Das Schlimme bei euch Kindern ist, daß ihr den Wert des Geborgten nicht kennt und es daher nicht achtet.

Weißt du noch, wie du mir das letzte Mal den Wagen zurückgebracht hast? Die Rücksitze waren voller Abfälle, die Reifen verdreckt, auf dem Lenkrad war

Tomatenketchup, und – obwohl ich es nicht beweisen kann – jemand hatte die Kupplung geschunden.

Mein WAS willst du diesmal borgen? Setz dich! Ich will dir erklären, warum ich nein sage.

5. *»Tu nicht so, als wüßtest du nicht, worum es geht. Du weißt es ganz genau!«*
   (Rede für fortgeschrittene Mütter nach jahrelangen Erfahrungen)

Szene: (Irgendwo. Mutters Gesicht ist eine Maske, die nichts verrät und auf nichts reagiert. Dies ist unerläßlich, damit das Kind nicht weiß, worüber sie redet. Hinweise recht breit bringen. Das Interesse wird wachgehalten durch Türenknallen, Teller-auf-den-Tisch-fallen-Lassen, einen Tritt nach dem Hund.)

Mutter: Na, nun wirst du ja hoffentlich zufrieden sein. Du hast es wieder mal geschafft. Tu nur nicht, als ob du nicht wüßtest, worum es geht. Du weißt es ganz genau! Wie lange soll ich noch warten, bis du mir alles sagst? Tu nur nicht so unschuldig. Du weißt genau, was ich meine. Es ist ja nicht das erste Mal, daß du mich so enttäuschst, und ich bin überzeugt, auch nicht das letzte Mal. Wenn du darüber reden möchtest, bitte sehr, ich höre dir zu. Wenn nicht – Pech gehabt! Man sollte meinen, du würdest jetzt versprechen, daß es nicht wieder vorkommt, aber das tust du ja doch nicht, also vergiß es. Was, ich soll deutlicher werden? Ein Witz! Willst du damit sagen, daß du dastehst und nicht die entfernteste Ahnung hast, worüber ich so böse bin? Also, das ist doch die Höhe, also wirklich die Höhe!

Okay. Meinetwegen, ich spiele dein Spielchen mit. Dienstag! Genügt das als Hinweis? Du solltest Schauspieler(in) werden, im Ernst! Was du hier zeigst, ist eine preiswürdige Aufführung. Du kannst die Augen soweit aufreißen, wie du willst, du wirst mich nicht davon überzeugen, daß du nicht weißt, was ich meine.

Ich sag' das einmal und nie wieder. Wenn du das noch mal machst, wirst du dich vor sehr viel mehr Leuten verantworten müssen als nur vor mir.

Willst du etwas dazu sagen? Hast du eine Entschuldigung parat? Oder ein Versprechen?

Weißt du was? Ich werde dich nie verstehen!

VERSCHREIBEN SIE MIR EIN SOFA!

Wenn sich ›Women's Lib‹ für gleiche Rechte bei Schnupfen einsetzt, trete ich bei.

Es hat mir nie etwas ausgemacht, beim Tanzen rückwärts zu gehen, auch nicht, daß die Knöpfe an meiner Bluse an der falschen Seite sitzen. Aber ich möchte einmal erleben, daß ein weiblicher Schnupfen ebenso respektvoll behandelt wird wie ein männlicher.

Als vor einigen Wochen mein Mann herumschniefte, legte er sich ins Bett, zog drei ärztliche Kapazitäten zu Rate, bestand darauf, daß die Kinder in einen anderen Bundesstaat verschickt wurden, und installierte einen stummen Diener (mich) in seinem Schlafzimmer.

Vor zwei Tagen wachte ich unter Schmerzen auf. Ich hatte aufgesprungene Lippen. Meine Kehle war trokken. In meinem Kopf hämmerte es. Übel war mir auch. Jeder Knochen tat mir einzeln weh.

»Ich fühle mich nicht gut«, sagte ich zu meinem Mann. »Ich will es ja nicht dramatisieren, aber ich fürchte, ich muß sterben.«

»Soll das heißen, daß du nicht aufstehst?« fragte er ungeduldig und sah auf die Uhr.

»Du verstehst mich nicht«, sagte ich. »Jeder Atemzug ist eine Qual. Der Kopf schmerzt. Meine Augen fühlen sich an wie runde Rasierklingen. Es kann sich nur noch um Minuten handeln, dann stehe ich vor Petrus.«

»So ist mir auch immer, wenn ich morgens zu lange geschlafen habe«, sagte er.

»Aber es ist doch erst halb sieben«, krächzte ich heiser.

»Iß ein bißchen Speck, ein paar gehackte Koteletts mit Ketchup drüber – he, wo willst du denn hin?«

Ihr Schwestern, ihr habt es gehört. Was nur könnte man tun? Ich schlage die Einführung eines Gesetzes vor, demzufolge weibliche Schnupfen in allen fünfzig Bundesstaaten geschützt sind. Es sollte heißen: das Bombeck-Schnupfengleichheitsgesetz.

Darin müßte verankert sein, daß einer Frau mehr als 14 Minuten zugestanden werden, um einen sogenannten 24-Stunden-Virus zu überwinden.

Unter diesem Bombeck-Schnupfengleichheitsgesetz wäre sie berechtigt, im Bett zu bleiben, wäre dispensiert von Schulkindertransporten, Küchendienst, Wäschewaschen, Kegeln und Krankenbesuchen.

Jeder Ehemann, der den Schnupfen seiner Frau verharmlost und Scherze macht wie: »Vielleicht hast du gestern zu viel gegessen« oder: »Wenn er bis zum Frühjahr nicht weg ist, solltest du einen Arzt aufsuchen« oder: »Steh sofort auf, du ängstigst die Kinder«, müßte Strafe zahlen. Der Ehemann, der einer Sterbenden von Speck und Ketchup spricht, bekäme fünfzig Jahre Haft ohne Gerichtsverfahren.

Ferner sähe ich die Frauen gern gegen ihre wohlmeinende Familie geschützt, wenn sie flachliegt, etwa in einer Klinik. Es gibt nichts Schlimmeres auf der Welt, als hilflos dazuliegen und erleben zu müssen, wie die Familie es auch ohne sie schafft.

Da sagt etwa die Oma: »Ich habe dein Haus noch nie so fleckenlos sauber gesehen. Die Kinder machen ihre Sache fabelhaft. Wenn du wieder zu Hause bist, solltest du dich wirklich nach einer Hilfe umsehen.« (Es bedeutet genau das, was Sie schon erraten haben!)

Oder der Ehemann sagt: »Du brauchst dir überhaupt keine Sorgen zu machen. Deine Tochter ist eine phantastische Köchin. Ich weiß gar nicht, von wem sie das hat. Gestern abend gab es Steaks, Kartoffeln und grüne Bohnen. Und heute abend will sie mich mit etwas überraschen.«

Oder die Tochter piepst: »Der Haushalt macht mir irren Spaß. Ich hab' heute in einer Stunde die ganze Wäsche gewaschen. Und ich sorge schon dafür, daß die Jungen ihr Zimmer selber aufräumen. Die braucht man nämlich nur ins Kreuz zu treten.«

Oder der Sohn berichtet lächelnd: »War das vielleicht heute eine Wucht. Ich hab' die ganze Bande zu uns eingeladen. Wir brauchten ja nicht leise zu sein, wie sonst, wenn du daheim bist und schreibst. Es war einfach eine Wolke, kann ich dir sagen. Wir haben Papi geholfen, die Küchenschränke aufzuräumen.«

Doch gerade, wenn man meint, man sei durch ein Tonband zu ersetzen, flüstert der Jüngste einem zu: »Du, Mami, der Hund hat im Schlafzimmer auf den Teppich gemacht, der Hamster ist eingangen, wir haben rote Beete über den Eisschrank geschüttet, uns den ganzen Montag gestritten, und die grünen Bohnen waren so zäh, daß wir sie an die Mehlwürmer verfüttert haben.«

Wissen Sie was? Zu diesem Kind werde ich ziehen, wenn ich alt bin.

SPEZIALISTEN UND HELFER

Das klang ja eben, als verließe ich mich felsenfest darauf, überhaupt alt zu werden. So war es nicht gemeint. Bei dem Ärztemangel jetzt bekommt man sowieso fast nie einen Termin, besonders dann nicht, wenn man erst kürzlich zugezogen ist.

»Hallo«, sagte ich am Telefon. »Ich bin gerade erst hierhergezogen und wollte nur fragen, ob der Herr Doktor vielleicht...«

»Tut mir leid«, unterbrach mich die Sprechstunden- hilfe, »aber der Herr Doktor nimmt keine neuen Patienten mehr an.«

»Na, so neu bin ich auch wieder nicht«, kicherte ich, »ich bin immerhin 44. Bei mir hat man schon Schwie- rigkeiten mit der Ersatzteilbeschaffung.«

»Sie haben mich mißverstanden«, sagte sie in freudlo- sem Ton. »Der Herr Doktor nimmt überhaupt keine Patienten mehr an.«

Ich rief die Gesundheitsbehörde an, und die gab mir eine Anzahl Namen durch. Als ich sie der Reihe nach anklingelte, stellte ich fest, daß Dr. Frisby am Wochenende nicht praktizierte und auch nicht am vorausgehenden Freitag. Dr. Kalteisen stand nicht im Telefonbuch, er hatte wohl eine Geheimnummer. Dr. Shuxley konnte mir erst für 2 Tage nach Pfingsten einen Termin geben, es sei denn, ich hätte unerträgliche Schmerzen, dann würde er mich ausnahmsweise vor dem 10. April drannehmen. Dr. Daux laborierte selbst an einer Erkältung, die er anscheinend 6 Wochen lang nicht loszuwerden gedachte.

Die Telefoniererei reizte meinen Kampfgeist. Mein Wunsch, einen Arzt zu erreichen, wurde zur Besessenheit – oder auch zu einer Art Sport, wenn Sie so wollen.

»Hallo«, sagte ich mit tiefer, kehliger Stimme zu einem Arzt, »hier spricht Greta Garbo. Ich habe einen Katarrh der Luftwege...« (Klick, wurde eingehängt.)

»Guten Tag. Ich fühle mich so schlecht, und da dachte ich, Sie könnten mich vielleicht drannehmen, wenn ich Ihnen einen Hausbesuch mache.« (Klick!)

»Hallo. Ich bin eine reiche alte Frau und möchte mein Vermögen jemandem hinterlassen, dem ich zu Dank verpflichtet bin...« (Klick.)

»Herr Doktor, guten Tag. Tragen Sie im Moment Ihr Stethoskop um den Hals? Fein. Sie sind hiermit, wie Sie gehen und stehen, zu einer Party eingeladen.« (Klick.)

Ärzte arbeiten 60 Stunden die Woche. Daß sie jeden Mittwoch Golf spielen, ist eine Legende. Sie gehen unter in Papierkram – und hypochondrischen Patienten. Nur wenige wollen, daß ihre Söhne einmal ihren Beruf ergreifen.

Und doch bleibt es Tatsache, daß ich nur durch eine Lüge einen Arzt dazu brachte, mich zu untersuchen.

Ich erzählte ihm, mir ginge es ausgezeichnet, aber ich

brauchte eine Kontrolluntersuchung fürs Sportlager. Als ich mich mit einem Arzt über den Ärztemangel unterhielt, sagte er, dem Mangel sei möglicherweise dadurch abzuhelfen, daß man Medizinstudenten auf die Allgemeinheit losließe. Der wirkliche Engpaß aber entstehe dadurch, daß zu viele Ärzte sich spezialisierten, dadurch verringere sich die Zahl der praktischen Ärzte. Dies fand ich bestätigt, als ich vorige Woche mit einer Erkältung zu Dr. Wiesel kam.

»Sommer- oder Wintererkältung?« wollte er wissen.

»Sommererkältung!«

»Dann müssen Sie zu meinem Kollegen Dr. Stamp gehen. Dritter Stock.«

Dr. Stamps Sprechstundenhilfe holte ein Formular heraus und fragte: »Wo genau sitzt Ihre Sommererkältung? Nase, Kopf oder Brustraum?«

»Hauptsächlich in der Nase. Ich kann nicht atmen.«

»Dafür ist Dr. Alvenaz zuständig, achter Stock.«

»In welchem Nasenloch?« fragte die Sprechstundenhilfe von Dr. Alvenaz.

»Hauptsächlich im linken.«

»Schade«, sagte sie. »Dr. Flack ist verreist. Aber sein Vertreter, Dr. Riggs, ist ein erfahrener Rechtsnasenloch-Spezialist. Fünfter Stock.«

Dr. Riggs sah sich mein linkes Nasenloch an und sagte: »Müssen Sie viel niesen?«

»O ja«, sagte ich.

»Das dachte ich mir. Wir haben in diesem Gebäude einen guten Nies-Spezialisten. Er hat sich eben mit einem Fieberblasen-Spezialisten zusammengetan und

praktiziert im Parterre, gleich hinter der Eingangs-
halle. Der wird Ihnen bestimmt helfen können.«

Dr. Hack zeigte anfangs keine große Bereitwilligkeit,
sich in Dr. Flacks linkes Nasenloch einzumischen, sagte
dann aber, er könne mir eine Packung Papiertaschentü-
cher, Aspirin und Bettruhe verschreiben.

»Welche Art Bett?« fragte ich. »Doppelbett, Auszieh-
bett, Einzelbett, französisches Bett, Etagenbett oder
Couch?«

Er rückte nervös an seiner Brille. »Das ist nicht so
wichtig.«

»Und die Matratze«, fuhr ich fort. »Fest, hart, halbhart,
daunenweich oder orthopädisch.«

»Ich glaube, das...«

»Und die Bettwäsche? Baumwolle? Perkal? Satin?
Spannbettuch? Geblümt, gemustert, pastell oder weiß?
Wenn ich schon einmal hier bin, sollten wir auch von
den Kissen reden: Daunen, Federn von Gänsen, Schwä-
nen, verendeten Hühnern oder sonst was?«

»Wirklich, gnädige Frau«, sagte er, »ich bin nur Nies-
arzt. Bringen Sie mich nicht in Verlegenheit.«

Wie ausfallend darf man denn werden zu einem Arzt,
dessen Hörrohr noch aus dem Lego-Baukasten stammt?

Doch ach, die Erlebnisse in Sprechzimmern sind nur
kleine Fische, verglichen mit den echten Dramen,
denen man im Krankenhaus ausgesetzt ist.

Nach einem Klinikaufenthalt entwickelt sich bei mir
ein Bohren, ein wüstes Kribbeln, das mir den Rücken
hinauf- und wieder hinunterrutscht.

Ich könnte mir vorstellen, daß es nur noch eine Frage der Zeit ist, bis Krankenhäuser so geführt werden wie Zoos: Alle Besucher werden eingesperrt, Patienten, d. h. wilde Tiere, laufen frei herum.

Dabei gehe ich von der Erfahrung aus, die ich kürzlich in einem Krankenhaus machte: Es waren mehr Leute in meinem Zimmer als Touristen während der Osterwoche in Rom.

Nur der Ordnung halber notierte ich mir diejenigen, die mich versorgten. Es waren dies:

Ein noch nicht flügger Pfleger, der immer wieder eine Spritze in eine Orange stieß und vor sich hin murmelte: »Ich glaube, jetzt hab' ich's bald raus!«

Eine weitsichtige Schwesternschülerin in rosa-weiß gestreifter Tracht, die zwei Rosenknospen in ein Reagenzglas stellte.

Ein Geistlicher, der mich besuchte, um mit mir zu beten.

Ein Diätspezialist, der sich mit mir auf ein tiefschürfendes Gespräch darüber einließ, warum ich meine Tomaten nicht gegessen hatte.

Drei Nachbarn, die hitzig darüber diskutierten, wer juristisch dafür zu belangen sei, wenn ich aus dem Bett fiele und tot sei.

Ein junger Praktikant, der sich verlaufen hatte.

Und eine Masse verschiedenartiger Spezialisten auf jeweils ihrem Gebiet: Fensterbrettabwischer, Untermbettkehrer, Leintuchglattzieher, Postablieferer, Kissenaufschüttler, Kopfendehochleierer, Wasserträger, Zeitungsjungen, Milch- und Keks-Zuträger und Puls- und Temperaturkontrolleure.

Eine solche Atmosphäre verzögert nicht nur die Heilung des Patienten, sie bewirkt bei ihm sogar eine tiefgehende Persönlichkeitsumwandlung. Ich habe scheue, introvertierte Frauen gesehen, die bei ihrer Einlieferung zu verlegen waren, um das Wort ›schwanger‹ auszusprechen (obwohl es auf sie zutraf) und die nach zwei Wochen die Korridore entlang sausten wie die Waldnymphen, nur mit einem Identitätsarmband und einer Serviette bekleidet. (Sogar ich habe mich einmal hinreißen lassen, gewisse Regelwidrigkeiten mit einem Fernsehreparateur zu besprechen, den ich nie vorher gesehen hatte.)

Die Vorstellung, Hilfkräfte und Besucher einzusperren und die Patienten das Krankenhaus selber führen zu lassen, reizt meine Phantasie. Ich bin ganz begeistert bei dem Gedanken, vor einem vergitterten Käfig zu stehen, in welchem beispielsweise die Nachtschwester Mrs. Needles steckt.

Ich würde warten, bis sie ruhig und gleichmäßig atmet. Dann würde ich energisch am Gitter rütteln. Wenn das sie nicht weckt, würde ich ihr mit der Taschenlampe ins Gesicht leuchten, den Arm zwischen den Gitterstäben durchschieben, sie an der Kehle packen und ihr ins Ohr brüllen: »Mrs. Needles! Mrs. Needles – brauchen Sie vielleicht heute nacht etwas zum Schlafen?« In meinen Wunschträumen sehe ich auch eine ganze Voliere, in die Besucher eingesperrt werden. Ich kenne eine Menge sonderbarster Vögel, denen ich bei der Gelegenheit gern einen Gegenbesuch abstatten würde.

Da wäre als erstes:

DER KATASTROPHENSÄNGER

Ein weiblicher Vogel, sitzt gern an Krankenbetten und singt dir vor, daß deine Kinder – während du hilflos daliegst, von der Wohlfahrt genauer unter die Lupe genommen werden, daß der Hund weggelaufen, vermutlich schon überfahren ist, daß sie deinen Wagen, seit er neulich vors Haus geschleppt wurde, nicht mehr gesehen hat und daß dein Mann sich mit einer Person tröstet, die blendend aussieht.

DIE LANGATMIGE DROSSEL

Ein weiblicher Vogel, der es nicht schafft, in eigener Person im Krankenhaus aufzutauchen, deshalb anruft und am Telefon zwitschert, zwitschert, zwitschert. Man kriegt ihn einfach nicht mehr aus der Leitung. Er kommt vom Hölzchen aufs Stöckchen: »Erst neulich sage ich zu Frank, Frank, sage ich...«
»Dolores«, werfe ich ein, »ich habe die Wehen im Abstand von drei Minuten, ich muß jetzt einhängen.«
»Noch einen kleinen Moment«, sagt sie, »hab' ich dir schon erzählt, was Leroy aus dem Ferienlager mitgebracht hat? Das zieht dir die Schuhe aus...«
»Dolores, eben ist der Arzt gekommen, er will...«
»Bleib mal einen Augenblick am Apparat«, sagt sie gereizt und hält die Muschel zu. Später kommt sie

wieder und sagt: »Dieser Leroy macht mich noch wahnsinnig, jetzt will er schon wieder Limo. Bestimmt kriegt er faule Zähne von all dem Zucker.«

»Kann ich dich zurückrufen, Dolores?« frage ich mit schwacher Stimme, »ich glaube, ich werde ohnmächtig...«

»Nein!« befiehlt sie, »ich MUSS dir noch erzählen, wie es bei Bernices Garagenflohmarkt zugegangen ist.«

DIE PFUSCH-AMSEL

Ich kann erwarten, diesen seltenen Vogel in einem sicheren Gewahrsam zu besichtigen. Sie ist das Stück Malheur, das nie etwas *richtig* macht.

Nie kommt sie mit leeren Händen zu einem ihrer vielen Krankenbesuche. Dem Zahnlosen bringt sie eine Tüte Bonbons, dem Diabetiker eine Dose Plätzchen, dem Gallenpatienten eine Pizza, dem Allergiker einen Rosenstrauß und der jungen Mutter ein Buch über Eishockey.

DIE MEDIZIN-LERCHE

Woran auch immer man leidet, die Medizin-Lerche kennt jemanden, meist beim Theater, der das kurz vor einer Premiere gekriegt hat, und deswegen mußte das ganze Stück umgeschrieben werden, weil er nie wieder ins Ensemble zurückgekehrt ist. Ihre medizinischen Vorkenntnisse sind zwar gering, doch in den Krankenhausbetrieb ist sie regelrecht verliebt. Sie sitzt stundenlang am Bett, um den Puls zu zählen oder Gebrauchsanweisungen auf Aspirinpackungen laut vorzulesen.

DER TRÖDEL-FALKE

Ein an Krankenbetten häufig vorkommender Vogel. Erscheint zur Zeit des ersten Frühstücks im Krankenhaus und findet nicht mehr nach Hause. Meist jemand, den man knapp zwei Wochen kennt. Hat man erst von ihm erfahren, daß man wie eine Leiche aussieht, darf man sich mit ihm über atembeklemmende Themen unterhalten, etwa, welche Farbe für das nächste Scheckbuch hübsch wäre, ob Tom Jones Plateauschuhe trägt, um größer auszusehen, und ob die Regierung den freien Verkauf von Feuerwerkskörpern unterbinden sollte.

DER FLINKE STOSSVOGEL

Eine Gattung, die in – gelinde gesagt – ungünstigen Augenblicken durch offene Türen auf einen herabstößt. Wenn man zum Beispiel auf dem Rücken liegt, ohne von einem Leintuch bedeckt zu sein, und eben versucht, das Nachthemd über die Hüften herunterzuziehen: Bautz da geht die Tür auf, und herein stürzt der flinke Stoßvogel.

Wenn man gerade mit dem Puderdosenspiegel auf dem verlängerten Rücken nachkontrolliert, ob die letzte Spritze ein Loch auf der Haut zurückgelassen hat, entsteht plötzlich ein Luftzug: Der flinke Stoßvogel ist da.

DER BLAUE GLÜCKSVOGEL

Aus naheliegenden Gründen habe ich mir den Besuch bei meinem behandelnden Arzt als sonderbarem Vogel bis zuletzt aufgehoben, da es hierbei auf den genauen Zeitpunkt ankommt.

Meinen behandelnden Arzt würde ich genau dann aufsuchen, wenn er eben in seinem Vogelnäpfchen ein Bad nimmt, Seife und Waschlappen in der einen, mit der anderen Hand ein nasses Laken an sich drückend, um seine Blöße zu bedecken.

Dann würde ich über seinem Frühstückstablett flattern, mit entsetztem Blick auf seine Fieberkurve zeigen und atemlos hervorstoßen: »Und was ist *das*?« Dann würde ich mich durch die Menschenmassen, die das Bett umdrängen, entfernen und ihm zum Abschied über die Schulter eine humorvolle Bemerkung zuwerfen, so was wie: »Sie brauchen vor allem Ruhe!«

BRÜDERLEIN UND SCHWESTERLEIN

Die Vokabel ›Geschwisterneid‹ hat zu Beginn der zwanziger Jahre ein Psychoanalytiker namens Alfred Adler erfunden. Bis dahin drückten Eltern sich anders aus. »Die bringen sich noch gegenseitig um«, sagten sie, oder: »Um Gottes willen, Harry, laß sie bloß nicht aus den Augen!«

Adler sagte außerdem, es sei dies eine Phase, die alle Kinder durchliefen, und daraufhin wurde den Eltern etwas wohler. Schließlich läßt jeder Krieg sich ertragen, wenn man weiß, daß er in sieben, acht Jahren vorbei ist.

Meine Schwester und ich kannten keinen Geschwisterneid. Anfangs glaubten wir, wir seien zu arm, um einander um irgend etwas zu beneiden, doch dann stellten wir Vergleiche mit anderen Kindern an und fanden heraus, daß Geschwisterneid etwas ist, was Eltern durch Bevorzugung eines Kindes auslösen.

Ein einziges Mal wäre es beinahe zu dem erwähnten Phänomen gekommen, als mich meine Mutter eines Tages zu sich rief, mich auf den Schoß nahm und mir zuflüsterte: »Hier hab' ich ein Stück Schokolade für dich, aber sag deiner Schwester nichts.« Ich war sehr geschmeichelt. Mom hatte also mich am liebsten.

Kurz darauf sah ich dann meine Schwester auf Mutters Schoß: Auch sie bekam eine Stück Schokolade.

Daß es Abführschokolade war, stellten wir erst später fest. Unsere Blicke kreuzten sich. Keine von uns sagte ein Wort. Und doch waren wir uns von diesem Tag an einig. Die Parole hieß: »›Wir‹ gegen ›die‹«. Diese Devise hat sich offensichtlich vererbt. Denn als ich selber Kinder hatte, verschwor sich schon das erste gegen mich und meinen Mann. Als es einen Bruder hatte, bildeten die beiden eine entschlossene Koalition gegen uns Eltern. Als dann das dritte Kind kam, erfuhren wir zum ersten Mal, welche Bedeutung der Ausdruck ›unmoralische Mehrheit‹ hat.

Als Eltern waren wir in keiner Situation mehr Herren der Lage. Wurde über etwas abgestimmt – wir wurden überstimmt. Wurde eine Diskussion mit größerem Stimmaufwand geführt – wir wurden niedergebrüllt. Wurden einigermaßen tragbare Kompromisse vorgeschlagen – wir konnten uns nicht leisten, sie abzulehnen.

Dicht aneinandergeschmiegt kauerten die Kinder hinter der Tür und raunten sich Geheimnisse zu. Sie wechselten vielsagende Blicke, wenn einer von ihnen am Telefon verlangt wurde. Sie logen füreinander, sie verteidigten einander. Um das Gesicht zu wahren, tat ich so, als herrsche auch zwischen *meinen* Kindern Geschwisterneid. Meine Freundinnen durften nicht erfahren, daß ihre Kinder sich gegenseitig mit Bauklötzen bewarfen, die meinigen aber nicht.

Noch immer wird Tiefschürfendes über den Geschwisterneid geschrieben. Manches davon ist hochinteressant. Man hat jetzt herausgekriegt, daß Geschwister

untereinander stärkere Bindungen haben als zu ihren Eltern oder Stiefeltern. Und daß dies die dauerhaftesten und engsten aller menschlichen Bindungen sind.

Ich weiß nur das eine: Wenn meine Kinder *noch* fester zusammengehalten hätten, ich hätte nachts meine Tür verriegeln müssen.

DIE FAMILIE – EINE VERSCHWORENE GEMEINSCHAFT

Es gibt ein neues Buch – ich habe es zwar noch nicht gelesen, aber schon davon gehört. Es heißt: »Wie bekomme ich meine Kinder dazu, im Haushalt zu helfen. 400 Vorschläge«.

Auf Anhieb fallen mir nur zwei Möglichkeiten ein: fortgesetzte Grausamkeit oder ein Privatkonto für die Kinder in der Schweiz.

Die meisten Mütter, die außerhalb ihrer vier Wände arbeiten gehen, sind naiv. Allabendlich wanken sie heim, zwischen den Zähnen die eingegangene Post, über dem Arm die Sachen aus der Reinigung, ein auftauendes Hammelkotelett in jeder Achselhöhle, balancieren zwischen den Knien ca. acht Liter Milch und warten darauf, daß eines der Kinder die Tür aufhält.

O ihr Mütter! Erwachet und lernet! Kinder lehnen es ab, auch nur ein- und auszuatmen, wenn sie nicht tarifgerecht bezahlt werden. Ihr Argument heißt: »Warum gehst du arbeiten? Ist es unsere Schuld, daß dich einlaufende Jeans und hartnäckige Flecken nicht befriedigen?«

Erwähnte ich es nicht schon einmal? Ursprünglich bin ich 1965 nur deswegen wieder arbeiten gegangen, um einer Barbie-Puppe eine neue Garderobe kaufen zu können. Barbie sollte in einem Spielzeugauto mit Ken zu einem Fußball-Länderspiel fahren. Ein Jahr später ging es mir gegen den Strich, daß eine unterm Bett verstaubende Puppe besser angezogen war als ich. Also arbeitete ich weitere Jahre, um mir selber auch mal was kaufen zu können. Das übrige ist Historie.

Wie Sie sich denken können, versuchte ich die Kinder mit jedem denkbaren Trick dazu zu bringen, daß sie daheim mit anfaßten. Vor lauter Brüllen bekam ich Krampfadern am Hals. Sonst geschah nichts. Dann spielte ich noch die Nummern ›giftige Blicke‹ und ›Märtyrerin‹ durch, doch es half ebensowenig.

Schließlich glaubte ich, ein Mittel gefunden zu haben: Ich steckte mir die Fernbedienung des Fernsehers in die Tasche – nichts lief mehr, wie beim Auto ohne Verteiler. Wenn sie brav mittaten, konnten sie fernsehen. Wenn nicht, mußten sie mit den schauderhaftesten Entzugserscheinungen rechnen. Bald aber kamen sie mir auf die Schliche: Sie gingen einfach zum Nachbarn.

Ich probierte auch das Belohnungssystem aus. Sein Versagen führte mir deutlich vor Augen, daß ich in einer Woche gar nicht so viel verdienen konnte, um jemanden für etwas zu bezahlen, was ich zwanzig Jahre lang gratis getan hatte.

Zu guter Letzt lernte ich um und begann, nach ihren Maßstäben zu leben. Ich merkte, daß man in schlampig gemachten Betten ebensogut schläft wie auf Laken, die so straff gezogen sind, daß man ein Geldstück darauf hüpfen lassen kann. Die Kinder verbrauchten weniger Kosmetiktücher, wenn man sie nicht mehr einfach von der Rolle reißen konnte. Auch Mütter, die formlose, mit dem Messer geschnittene, statt ausgestochene Plätzchen backten, bekamen Karten zum Muttertag.

Nur die zerknüllte Badematte, die sich jedesmal, wenn man die Tür öffnete, zusammenschob, ging mir nach wie vor schwer auf die Nerven.

NICHTS ALS DIE WAHRHEIT...

Jede Mutter möchte in dem Glauben leben, ihr Kind habe keinen Grund zu lügen.

Glaubt doch auch jede Mutter, daß Schwangerschaftsstreifen mitbräunen und eines Tages verschwunden sein werden.

Offengestanden habe ich nie diejenigen Mütter begriffen, die da verkünden: Mein Kind lügt nicht, dazu hat es keinen Grund! In Wirklichkeit hat es ungefähr sechs- bis siebenhundert Gründe – oder glaubt doch sie zu haben. Alle entspringen der Angst, etwas Verbotenes getan zu haben und dafür gestraft zu werden. Wenige Eltern aber haben den richtigen Blick für verräterische Anzeichen.

Wenn Sie Ihrem Kind verboten haben, ohne Ihre Begleitung schwimmen zu gehen, weil Sie arbeiten müssen, und Sie finden den Burschen beim Heimkommen mit chlorgeröteten Augen, nassen Haaren, roter Brust und verschrumpelten Fingerspitzen vom stundenlangen Wasserplanschen vor, und er behauptet, er habe »Einführung in die mathematischen Gleichungen« gelesen, so besteht die hohe Wahrscheinlichkeit, daß er lügt.

Wenn Sie feststellen, daß Ihr Kind in der Garage ein Fahrrad mit einem alten Bettuch zudeckt, Sie Polizeisirenen in der Nähe hören, es fragen, woher es das Rad hat, und es erwidert: »Gefunden«, würde ich ihm lieber noch ein paar Fragen mehr stellen.

Ich habe festgestellt, daß ein Kind jedesmal Stein und Bein lügt, wenn es auf die Frage »Was machst du da?« »Nichts!« erwidert. Selbstverständlich gibt es gewisse naheliegende Lügen, etwa auf »Hast du dir das Gesicht gewaschen?« Sie hören »Ja!« und sehen quer über Gesicht und Brust eine Nässespur wie von einer Hundezunge.

Manches Kind ist nur deshalb ungehorsam, weil die Vorschrift für den Umgang mit der Wahrheit so dehnbar ist. Beispiel: Man darf kein Plätzchen nehmen und hinterher behaupten, man habe es nicht getan. Das nennt man eine Lüge.

Schmeckt jedoch ein Plätzchen wie der Boden des Hamsterkäfigs, darf man nicht die Wahrheit sagen. Man muß sagen, es schmeckt fabelhaft. Das nennt man Takt.

Einige der phantastischsten Wahrheitsverdrehungen, auf die ich gestoßen bin, stammen aus dem Mund meiner Kinder. Jetzt, da sie älter geworden sind, kommt einiges ans Licht, wovon ich keine Ahnung hatte. Etwa, daß sie einander mit einem Tranchiermesser im Hof herumgejagt haben und daß einer unserer Babysitter an Sylvester einen Liter Gin ausgetrunken hat.

So ungern ich das öffentlich zugebe, ich weiß den Takt meiner Kinder zu schätzen. Ich glaube, die Wahrheit hätte mich seinerzeit überfordert.

DEIN KIND, DAS UNBEKANNTE WESEN

Die Frage, die mir meine Leser am häufigsten stellen, lautet »Wie viele Kinder haben Sie denn nun wirklich?« Die Antwort lautet: sechs.

Drei davon sind noch zu Hause. Ihretwegen habe ich Krampfadern im Hals, weil ich andauernd brüllen muß: »Sitz gerade! Man sagt ›danke‹! Iß deinen Teller leer! Nimm die Füße vom Tisch! Knall nicht mit den Türen! Mach das Licht aus! Geh ins Bett! Sprich nicht mit vollem Mund! Hör auf zu telefonieren! Benutze die Serviette! Bind dir die Schuhbänder zu. Wasch dir die Hände! Paß auf, ich sag' dir das nicht zum zweiten Mal!«

Dann habe ich noch drei, die nicht mehr zu Hause sind, und von denen ich gerüchteweise erfahre, daß sie abdecken helfen, Türen aufhalten, einkaufen gehen, jemandem Komplimente über selbstgebackene Plätzchen machen, schwere Taschen zum Wagen tragen und begeistert alle Gemüsesorten essen, die sie daheim nicht anrühren würden. Als ich zum ersten Mal von diesem Phänomen hörte, wollte ich es nicht glauben. Mein Sohn war übers Wochenende bei Eltern eines Schulkameraden eingeladen. Ich rechnete damit, daß sie ihn abends gegen zehn Uhr heimschicken würden, im festen Glauben, er sei von einem Tornado gezeugt und unter Werwölfen groß geworden.

Der Morgen dämmerte: noch immer kein verzweifelter Anruf. Gegen Mittag klingelte das Telefon. Eine freudig bewegte Stimme bat, mein Sohn möge doch noch zum Abendessen bleiben dürfen.

»Wer spricht denn da?« rief ich. »Soll das ein schlechter Witz sein?«

Die Stimme sagte, es sei ein Vergnügen, meinen Sohn zu Gast zu haben und sich mit ihm unterhalten zu können. Außerdem sei er ein leuchtendes Beispiel für ihren eigenen Sohn, denn er putze nach dem Baden die Wanne, hänge seine Handtücher auf, mache sein Bett selbst und sei eben dabei, den Rasen zu mähen.

»Beschreiben Sie das Kind mal«, verlangte ich.

»Der Junge ist sieben, hat blondes Haar, ein gewinnendes Lächeln und tadellose Tischmanieren.«

»Schicken Sie ihn mir an den Apparat«, sagte ich mißtrauisch.

Der nächste Ton, den ich hörte, war ein übellauniges Greinen. »Was willste denn? Ich soll womöglich

219

schnell heimkommen und mein Zimmer aufräumen oder deine Brille suchen oder sonst für dich schuften, was?«

Es stimmte, er war es.

Nur andere Mütter verstehen dieses Wunder: Das Kind, das daheim abgelegten Kaugummi anderer Leute aus dem Aschenbecher nimmt und weiterkaut, im Café aber einen zu Boden gefallenen Löffel dem Ober zurückgibt. Das Kind, das daheim Kokosnußplätzchen sofort erbricht, aber die von Mrs. Miller beim Pfadfindertreffen fabelhaft findet. Das Kind, das so krank ist, daß es daheim unmöglich zu Tisch kommen kann, sich aber über irgendeinen Witz im Sprechzimmer des Doktors halb kaputtlacht.

Vorige Woche kam ein Teenager zu uns zu Besuch, und als er mich begrüßte, fragte er: »Habe ich Sie nicht vor acht Tagen auf dem Titelblatt einer Illustrierten gesehen?«

Wozu seine Mutter anrufen? Es würde sie nur deprimieren.

WER IST SCHWERER AUFZUZIEHEN: EIN JUNGE ODER EIN MÄDCHEN?

Wenn Sie gern in ein Hornissennest stechen, fragen Sie eine Mutter: »Wer ist schwerer aufzuziehen: ein Junge oder ein Mädchen?«

Die Antwort wird davon abhängen, ob diese Mutter mehr Jungen oder Mädchen aufzuziehen hat. Ich habe beides gehabt und will deshalb dem Streit ein für allemal ein Ende machen. Mädchen!

Mit Jungen weiß man immer, woran man ist, nämlich in der Bahn eines Tornados. Es ist alles inbegriffen: die vielen Fliegen über ihrem Abfalleimer, der Hamster, der versucht, in reinere Luft zu entkommen, und die Schlafzimmer, die da eingerichtet sind im Stil ›Frühes Autobahnklo‹.

Bei Mädchen sieht äußerlich alles fabelhaft aus. Aber nehmen Sie sich in acht vor den Schubladen, die sich nicht aufziehen lassen. Sie enthalten die schmutzige Wäsche von drei Monaten, getragene Strumpfhosen und Gummibänder mit Haarbüscheln drin. Sie tun gut daran, stutzig zu werden, wenn Sie in das Schlafzimmer einer Tochter kommen, um ihr Bett zu machen, und alle ihre Puppen haben einen angstvoll-ungläubigen Blick in den Augen.

Einmal hat mir eine Mutter geschrieben und mir beigepflichtet. Sie schrieb: »Ich habe drei Jungens geboren. Beim vierten Versuch bekam ich endlich ein Mädel. Anfangs tat die Kleine all das Niedliche, nach dem ich mich gesehnt hatte. Sie spielte die Kokette, schlug beim Lachen beide Händchen vors Gesicht und klimperte mit den Wimpern wie einer der Muppets.

Dann wurde sie vierzehn Monate alt und überfiel uns wie ein Orkan. Als sie merkte, daß mir vor Entsetzen nicht mehr die Haare zu Berge standen, wenn sie das Treppengeländer herunterrutschte, fing sie an zu streunen. Ich zog ihr ganz süße Sachen an und ging das Frühstücksgeschirr spülen. Ich hatte noch kein

Glas sauber, da hatte sie schon wieder alles ausgezogen, die Tür aufgeschlossen und wanderte nackt in der Nachbarschaft umher. Als eines Tages jemand von der chemischen Reinigung etwas abzugeben hatte, sagte er: ›Du meine Güte, in Kleidern habe ich Stacy kaum erkannt!‹ Als sie älter wurde, öffnete sie mit einem Dosenöffner den Kopf ihres Bruders, weil er ihr die Puppen weggenommen hatte, und sagte dem Direktor ihrer Schule glatt ins Gesicht er sei ein Macho.

Jetzt bin ich wieder schwanger. Ich schlafe jede Nacht mit einem Fußball unterm Kopfkissen, um einen Jungen zu kriegen.«

Eine andere Mutter, die ich kannte, sagte: »Jungens sind so aufrichtig. Brüllt man die Treppe rauf: ›Was ist da oben für ein Krach?‹, bekommt man die ehrliche Antwort: ›Joey hat eben die Katze in den Müllschlukker geworfen. Mann, war das 'ne Wucht!‹

Wenn meine Tochter oben mit Puppen spielt und ich hinaufrufe: ›Was macht ihr Mädels denn?‹ antwortet sie honigsüß: ›Gar nichts‹, und ich muß selber raufgehen, um festzustellen, daß sie aus dem Badesalz und meiner 12-Dollar-Dose Feuchtigkeitscreme Plätzchen backt.

Ein Kinderpsychologe hat mir geraten, es ›nicht zu bemerken‹, wenn sie ihr Lieblingskleid vier Monate hintereinander trägt. Aber wie macht man das, wenn es ein langes Kleid mit heruntergetretenem Volant und Löchern im Ellbogen ist und sie dazu die Papierkrone einer Restaurantkette aufhat? Wie verhält man sich, wenn es im Supermarkt plötzlich aus dem Lautsprecher tönt: ›Achtung! An alle Kunden! In der Abteilung Frischgemüse wurde ein kleines Mädchen aufgefunden, es trägt ein langes, rosa Schleppkleid, eine Florschürze, Glitzerschuhe und hat eine Papierkrone auf dem Kopf.‹

Kürzlich wurde unser drittes Kind geboren. Wieder ein Mädchen. Ich bat die Schwestern, mich gleich an der Entbindungsstation vorbei zur Geriatrie zu fahren. Ich setz' mich zur Ruhe. Es wird ohnehin die erste Ruhe sein, die ich in den letzten sechs Jahren hatte.«

Ob die Mütter es glauben wollen oder nicht: Sie sind natürlich *doch* eifersüchtig auf ihre Töchter. Sie erkennen bei ihnen jeden weiblichen Trick deshalb so deutlich, weil sie ihn selbst angewandt haben. Und es funktioniert heute wie damals, als man ihn selber benutzte. »Papi, *du* glaubst mir, daß ein Baum vors Auto rutschen kann, nicht?«

Mädchen reifen schneller als Jungen, sie kosten mehr, bis sie erwachsen sind, und die Statistiken beweisen, daß der alte Spruch, wonach Mädels nicht mit Geld und Zinsen umgehen können, Legende ist. Mädchen geben noch vor Einsetzen der Pubertät mehr aus als Jungen und folgen dem einmal eingeschlagenen Weg, bis sie sterben oder auf einen unangenehmen Kreditmanager stoßen; je nachdem was zuerst eintritt.

Ein männlicher Säugling wird mit geschlossener Faust geboren. Ein weiblicher hat von dem Augenblick an, wo er zur Welt kommt, die linke Hand so verkrampft, als müßte er eine American-Express-Kreditkarte halten.

Wann immer ein Mädel ein Schild sieht: »Totalausverkauf wegen Geschäftsaufgabe«, läuft ihm das Wasser im Mund zusammen, seine Handflächen werden feucht, und die Hirnanhangdrüse sagt: »Geh! Geh!«

Beim Knaben ist das völlig anders. Er hat eine Drüse, die reicht vom rechten Arm bis unter die Brieftasche. Sie heißt »billig«.

Mädchen können Türen lauter zuknallen, länger betteln, nach Bedarf die Tränendrüsen an- und abstellen wie einen Wasserhahn, und von ihnen stammt der Satz: »Ja, hast du denn kein Vertrauen zu mir?«

Soviel über das berühmte:

Rosig wie die Apfelblüten
sollen kleine Mädchen sein...

SPRECHEN SIE DEUTSCH?

Als mein Sohn in der ersten Klasse war, wollte seine Lehrerin mich sprechen. Sie begann so:

»Er agiert während des Unterrichts verbal, unternimmt zeitweilig Exkursionen durch den Mittelgang, hat keine entwicklungsfähigen Lernziele und anscheinend keine definitive Konzeption seines Rollenverhaltens. Zur Zeit scheint eine gewisse verstärkende Lenkung mittels Konkurrenzdruck ratsam.«

»Wollen Sie damit sagen, mein Sohn blödelt?«

»So volkstümlich würde ich mich nicht ausdrücken, doch ist Ihre Annahme tendenziell stimmig.«

Als er in die dritte Klasse kam, öffnete beim Elternsprechtag eine Lehrerin einen Schnellhefter und sprach: »Um das Problem einmal ganz schlicht zu umreißen: Bei Ihrem Sohn nehmen infolge seiner niedrigen Motivationsschwelle die Unterrichtsgegenstände im Augenblick keine erstrangige Position ein. Für den Lehrkörper stellt er eine ernste Herausforderung dar, sowohl was die Gruppensteuerung betrifft als auch im Hinblick auf unseren didaktischen Erwartungshorizont und unsere Effizienz.«

Ich versuchte zu erraten, was sie meinte, und schloß auf gut Glück, daß mein Sohn blödelt.

In der vierten Klasse blödelte er immer noch, wurde aber folgendermaßen eingestuft: »Ihm fehlt die grundlegende Einsicht in die Kompetenz der Lehrkraft, und er bleibt beim transfer-bestimmten Environment weit zurück, obwohl er seine kognitive Limitation noch keineswegs erreicht hat.«

In der sechsten Klasse hatte ich eine längere Besprechung mit seiner Lehrkraft, die mir sagte:

»Ihr Sohn hat durchaus Potential, ist aber unfähig zu brauchbarem Feedback. Sagen Sie mir doch: Was macht man mit einem Kind, das sich nicht in die soziale Interaktion einfügt, auf die etablierten Konzepte nicht positiv reagiert und bei Störaktionen verharrt? Es tut mir leid, daß ich mich so unumwunden ausdrücken muß, aber Sie begreifen sicherlich die

Insuffizienzen und Desiderata des zeitgenössischen Unterrichts.«

Ich verstand wieder nur Bahnhof.

Als mein Sohn in der achten Klasse war, klingelte eines Abends das Telefon. Mein Mann nahm den Hörer ab und nickte eine ganze Weile zustimmend. Als er aufgelegt hatte, wandte er sich an mich und sagte: »Weißt du schon das Neueste? Unser Sohn wird durch curriculare Innovationen nicht motiviert. Man hat Bedenken, er könnte in einer negativ konsonanten Blockierung stagnieren. Man versucht jetzt, sein Problembewußtsein zu stimulieren. Was glaubst du, heißt das?«

»Ich glaube, es heißt, daß er blödelt.«

In seinem zweiten Oberschuljahr lautete die Diagnose, er habe »Probleme, die eine Behaviour-Modifikation angezeigt sein ließen, vielleicht einen modular-flexiblen Arbeitsplan, bei dem ein aggressiver Monopolizer ihn in angenehmer, nicht strafender, doch zügelnder Weise zwingt, eine weniger dominierende Rolle zu akzeptieren.«

In seinem letzten Jahr an der Oberschule bat mich die Beraterin meines Sohnes in ihr Büro und sagte: »Tja, der Augenblick ist gekommen, wo wir das Rebus irgendwie lösen müssen, nicht wahr?«

Dabei lachte sie so laut, daß ich mitlachte.

»Schwer zu sagen, wo die Gründe für das Fehlen der Motivationen und die Apathie liegen, doch ehe sich die Erfolgsoptionen Ihres Sohnes polarisieren, hielt ich doch ein Gespräch mit Ihnen für angebracht. Wir können ihm Möglichkeiten an die Hand geben, daß er sein Potential realisieren und eine gewisse Zielsetzung erreichen kann. Obwohl jetzt ein Abschluß bevorsteht, wollte ich, wenn er nach beendigtem Studium Erfolg haben soll, doch nochmals nachdrücklich auf die Notwendigkeit einer kompetenzorientierten Motivation hinweisen.«

Auf dem Weg hinaus beugte ich mich zu der Sekretärin hinunter und fragte halblaut: »Sprechen Sie Deutsch?«

Sie nickte.

»Was hat sie eigentlich gesagt?«

»Ihr Sohn blödelt«, sagte sie lakonisch.

Ich weiß nicht, ob mein Sohn von seinem Bildungsgang etwas profitiert hat, mein Sprachschatz jedenfalls hat sich dabei enorm erweitert.

BROOKE UND IHR MUSTERKNABE

Wenn Brooke ihre Schwester besuchte, setzte sie sich nie, ohne mit der Hand über den Sitz gefahren zu sein.

Das ganze Haus glich einem gigantischen Spielställchen, bewohnt von fünf lebhaften Kindern mit klebrigen Händen und Schnullermäulchen, denen aus allen Gesichtsöffnungen irgend etwas tropfte. Im Ernst, das Haus war die reinste Schutthalde! Ein einsamer Goldfisch schwamm in einem antiken Glas, drei lange Eisteelöffel, die Brooke ihrer Schwester passend zum

Tafelsilber am Hochzeitstag geschenkt hatte, staken im Blumenbeet, und sie hätte schwören können, daß über der Windel des Jüngsten ein Regenbogen stand.

Beide Schwestern waren in einer Atmosphäre von feinem Porzellan, Büchern, Orientteppichen und Damastservietten groß geworden. Irgendwann schien ihre Schwester den falschen Weg eingeschlagen zu haben.

In den sechs Jahren ihrer Ehe hatten Brooke und ihr Mann Clay viel darüber nachgedacht, wie ihr Kind erzogen werden sollte. Bei ihnen war alles geplant: jedes einzelne Möbelstück in ihrem Stadthaus aus Weiß und Chrom, ihr Zweisitzer, ihre jeweiligen Berufe, ihre Clubzugehörigkeit – und ihr Baby.

Brooke sollte im Februar schwanger werden, wenn die Feiertage vorbei waren, im Mai schlank genug sein, um so in der Sonne zu bräunen und entbinden, so daß ein Familienbild noch als Weihnachtskarte verschickt werden konnte.

Brooke und Clay machten jedoch einen Fehler.

Sie versprachen einander Dinge, die junge Eltern besser nicht versprechen sollten:

Ihr Baby würde ihr Leben *nicht* beherrschen.

Sie würden sich nie so weit erniedrigen, Plastik zu benutzen.

Sie würden niemals die Bücher unten im Teewagen und die geschliffenen Gläser außer Reichweite ihres Kindes aufbewahren.

Sie würden ihr Kind überallhin mitnehmen können, ohne sich seiner schämen zu müssen.

Dies alles äußerten sie so, daß alle Leute es hörten.

Irgendwo steht, daß Eltern, die anderer Leute Kinder kritisieren und verkünden, sie würden es besser machen, das Schicksal herausfordern.

Zu den Selbstgerechten, die diesem Gesetz zu trotzen suchten, gehören Mia Farrow, die *Rosemary's Baby* gebar, Lee Remick, die Damien in *Das Omen* zur Welt brachte, und die Eltern der Mörderin Lizzie Borden.

Es erstaunte daher niemanden außer Brooke, als bei ihr einen Monat zu früh während eines Kostümfestes die Wehen einsetzten und man sie Hals über Kopf in die Klinik fuhr, wo sie Wesley das Leben schenkte.

Brooke beharrte eigensinnig darauf, Wesley sei kein besonders schlimmer Junge, nur ein sogenanner »Unfäller«. Er begann jeden Tag wie die gewissen batteriebetriebenen kleinen Autos, die man aufzieht und laufen läßt und die erst stehenbleiben, wenn sie gegen etwas prallen. Brooke fand hierfür gern die Formel: »Wesley ist eben ein richtiger Junge.«

Als Wesley sechs Jahre alt war, las sich sein Gesundheitspaß wie die ersten 18 Kapitel eines Handbuchs für Erste Hilfe. Er trank Farbe und pinkelte eine Woche lang veilchenblau. Er riß einen Kaugummiautomaten auf sich herab, fiel aus dem Gitterbett, verschluckte einen Penny, zerschnitt sich die Lippe an einer weggeworfenen Konservendose, verfing sich mit dem Fuß in einem Einkaufswagen und mußte mit dem Schneidbrenner befreit werden, aß eine Plastikbanane und zerbiß ein Rektalthermometer in zwei Teile. Er stieß sich den Finger ins Auge, brach sich beim

Fernsehen den Arm, wurde von einer listigen Schnappschildkröte gebissen, stürzte auf dem Eis und bekam eine riesige Beule am Steißbein, stopfte sich ohne jede Angst einen Golfabschlagbolzen ins Ohr und wettete, er könne einen Kopfsprung in 90 cm tiefes Wasser machen. Er verlor die Wette.

Brooke fuhr so oft ins Krankenhaus, daß man ihr Karten schickte, wenn Wesley einmal ausnahmsweise in heilem Zustand war.

Und doch gab es keine Situation, in der sich Brooke geschlagen gegeben hätte. Andere Kinder ›verblödeten bei der ewigen Fernseherei‹, Wesley aber durfte davorsitzen, denn er war ›neugierig und voller Wissensdurst‹. Wenn andere Kinder jemand aus dem Weg schubsten, waren sie ›aggressiv‹, Wesley aber durfte es und war nur ›durchsetzfreudig‹. Wenn andere Kinder ohne Erlaubnis der Mutter aus deren Portemonnaie Geld nahmen, konnte man es als ›Diebstahl‹ bezeichnen, wenn Wesley es tat, war es eine ›Stärkung des gegenseitigen Vertrauens‹.

Anfang Juni, als ihr der Frauenarzt mit einem leicht bedenklichen Gesichtsausdruck und voller Mitleid mitteilte, daß sie Zwillinge erwarte, konnte Brooke nur stoisch lachen.

Normalerweise hätte eine solche Nachricht eine Mutter nachdenklich machen müssen – nicht aber Brooke.

Sie stieg auf dem Heimweg aus, um frische Blumen für den Eßtisch zu kaufen.

Sie rief ihren Mann an, teilte ihm die große Neuigkeit mit und vermerkte dankbar, daß man das Muster des

Babysilbers ohne Schwierigkeiten nachbestellen könne. Sie rief ihre Schwester an und sagte, das Abonnement für die Oper behalte sie bei, so früh kämen die Babys auch wieder nicht. Sie informierte auch Wesley in aller Ausführlichkeit und schickte ihn dann zum Nachbarn zum Spielen. Dann zog sie sich ohne weiteres Aufsehen mit einer großen Flasche Wodka in ihr Zimmer zurück, und man sah sie erst am nächsten Tag um 4 Uhr nachmittags wieder.

WIR HABEN MASERN –
ES MUSS WEIHNACHTEN SEIN

Neulich klagte Brucie: »Mir tut der Kopf so weh, und ich hab' eine verstopfte Nase.«

»Unsinn«, sagte ich. »Dazu ist es noch zu früh. Weihnachten ist erst in einer Woche.«

Normale Menschen merken immer genau, wenn die Feiertage bevorstehen. Freudige Erregung liegt über allem, der Duft von Tannengrün, Glockenläuten, alte, liebe Weihnachtslieder.

In unserem Haus kommt Weihnachten dann, wenn wir die Masern haben.

Drunten im Waschsalon bin ich bekannt als die Bazillentante.

»Was kriegen Sie heuer zu Weihnachten?« fragt man mich, während ich meine Wäschestücke sortiere.

»Einer war in der Nähe von Windpocken, einer hat die Mumps nur links gehabt, und einer hat bis jetzt nur gestöhnt, um sich interessant zu machen.«

Es ist nie so ernst, daß es einem echt an die Nieren geht, aber was ein richtiges Weihnachten ist, weiß ich schon lange nicht mehr. Neulich habe ich meine Freundin Donna Robust beiseite genommen und sie gebeten: »Ach, erzähl mir doch noch mal, wie ihr bei euch Weihnachten feiert.«

»Also«, begann Donna, »am Weihnachtsmorgen stehe ich als erste auf und...«

»...blätterst im Branchentelefonbuch, ob du nicht eine Apotheke mit Feiertagsdienst findest...«, sagte ich mit leuchtenden Augen.

»Nein, nein«, lachte sie. »Ich knipse alle Lichter am Christbaum an. Dann klingele ich mit dem Schlittenglöckchen und...«

»Ich weiß, ich weiß...«, unterbrach ich aufgeregt, »dann ist Pillenverteilung. Dann gibst du dem einen Kind einen Löffel Hustensaft, dem anderen ein Aspirin und dem Baby ein Zäpfchen gegen Übelkeit.«

Sie schüttelte den Kopf. »Dann versammele ich sie alle um den Christbaum, und sie packen ihre Geschenke aus. Und nach dem Frühstück ziehen wir uns alle schön an...«

»Ach«, seufzte ich, »schon der Gedanke: alle angezogen...«

»...gehen zur Kirche, und nachmittags kommen 15–20 Leute zu uns zum großen Weihnachtsessen.«

»Einmal habe ich meinen Vater zu Weihnachten nur von weitem gesehen! Er hat zwei Batterien für einen Spielzeugroboter unter der Tür durchgeschoben. Wir waren alle ansteckend.«

»Na, das war ja nett«, sagte sie.

»Ach ja, und ein andermal kam der Arzt vorbei. Er trug an den Stiefeln ein bißchen Schnee mit herein, und die Kinder waren wie aus dem Häuschen.«

»Paß mal auf, dieses Jahr wird es ganz anders«, sagte Donna und tätschelte meine Hand.

»Vielleicht«, sagte ich tief aufseufzend. »Aber jetzt

233

erzähl einmal, wie ihr euch alle anzieht und aus-
geht...«

DER GROSSE JAHRESRUNDBRIEF

Der große Sammelbrief mit den Neuigkeiten eines
ganzen Jahres, den man zu Weihnachten von Freun-
den und Verwandten bekommt, erregt in mir ein
Gemisch aus Widerwillen und Neid.
Widerwillen, weil ich Leute noch nie habe ausstehen
können, die so fabelhaft aufmerksam sind, daß sie ein
Jahr lang alles aufschreiben können, was sie tun.
Neid, weil meine Familie nie etwas tut, worüber sich
anläßlich eines christlichen Feiertages berichten ließe.
Seit Jahren werde ich an die Wand gedrückt von Frie-
das und Freds Campingabenteuern, von Marcias und
Willards hochintelligenten Kindern (ihr Dreijähriger
hält einen Mal-Rekord) und von Ginnys und Jesses
traulichen Weihnachtsvorbereitungen am Küchentisch.
Und doch habe ich neulich beim Abendessen gesagt:
»Wißt ihr was, Kinder? Wir sind auch eine interes-
sante Familie. Schreiben wir doch dieses Jahr mal
statt der Weihnachtskarten einen großen Sammelbrief
an Freunde und Verwandte.«
»Ja, aber was soll denn drinstehen?« fragte einer der
Söhne.
»Das gleiche wie bei allen anderen Leuten. Wir
schreiben, was im vergangenen Jahr Interessantes

vorgefallen ist. Ihr Kinder könnt mir zum Beispiel gleich mal erzählen, was es bei euch in der Schule Besonderes gegeben hat.« (Schweigen) »Bescheidenheit ist jetzt ganz verkehrt. Erzählt frei von der Leber weg: Was für Preise oder Anerkennungen habt ihr im Lauf des Schuljahrs bekommen, welche Tests habt ihr bestanden?«

Nach fünf Minuten Nachdenken sagte schließlich einer der Jungen: »Ich habe den Seh-Test bestanden.«

»Na also«, rief ich erfreut, »ich wußte doch, wir brauchen nur ein bißchen nachzudenken. Und zu welchen schönen Ausflugszielen sind wir hingefahren?«

»Damals an dem Sonntag haben wir uns verfahren und die Fabrik nicht gefunden, in der unsere Verwandten die Nummernschilder herstellen.«

»Ach, das interessiert unsere Weihnachtsrunde nicht«, sagte ich. »Wartet mal. Bin *ich* zu irgend etwas Interessantem gefahren?«

»Du warst im Frühjahr mal zu einer Waschmaschinenvorführung.«

»Na seht ihr, euch fällt schon was ein«, jubilierte ich. »Nur weiter. Ist jemand befördert worden? Hat jemand geheiratet? Sich scheiden lassen? Ins Krankenhaus gemußt? Das Pensionsalter erreicht? Ein Kind gekriegt?« (Schweigen)

»Hat jemand an einem Protestmarsch teilgenommen? Aufgehört, Nägel zu kauen? Einen Stuhl im Leseraum der Christlichen Wissenschaft abgebeizt und neu gestrichen? Sich vor zehn Uhr morgens aus dem Bett gehoben?« (Schweigen)

»Hat jemand an einer Briefmarke geleckt? Dem Hund einen Tritt gegeben? Sein Turnzeug gewaschen? Während des Unterrichts gerade in der Bank gesessen? Eine elektrische Birne eingeschraubt? Ein- und ausgeatmet?«

Sie saßen da und ließen schweigend das vergangene Jahr vor ihrem inneren Auge vorüberziehen. Schließlich stand ich auf und holte die Schachtel mit den Weihnachtskarten.

»Was machst du denn? Ich dachte, wir verschicken einen Familienrundbrief?«

»Ach, es hat doch keinen Sinn, die armen Teufel zu vergrämen, die das ganze Jahr dasitzen und nichts erleben.«

O DU FRÖHLICHE

Eben habe ich ein Abkommen mit den Kindern getroffen. Wenn sie am Weihnachtsmorgen bis 3 Uhr 30 schlafen, verspreche ich, daß mir nicht wieder, wie in den letzten Jahren, beim Abendessen der Kopf in die Soße fällt.

Der Weihnachtsmarathon ist eine langjährige Tradition unseres Hauses, schon seit die Kinder laufen lernten. Sie erscheinen zu aberwitzig früher Stunde im Elternschlafzimmer und jodeln: »Maaaami!«

»Was?«

»Es ist Weihnachten!«

»Wasislos?«

»Weihnachtsmorgen. Bist du schon wach?«

»Nein.«

»Soll ich mal Licht machen, damit du siehst, wie spät es schon ist?«

»Untersteh dich, deine Mutter zu blenden, an einem... welcher Tag war doch noch?«

»Weihnachten.«

»Sagt es dem Papi. Der fällt glatt aus dem Bett.«

»Paaapii!«

»Ich hab' schon im Büro was gegeben.«

Minuten später springt er aus dem Bett und schreit: »Müssen die mir um Gottes willen mit einer Taschen-lampe ins Gesicht leuchten und die Haare in meiner Nase zählen?«

Stehen wir erst senkrecht, geben die süßen Kleinen sich Beschäftigungen hin, die wir in unserer Verschla-fenheit als besonders laut empfinden.

Das Bumbum der Pantoffeln auf dem Teppichläufer. Der ohrenzerfetzende Knacks, mit dem die Kinder die elektrischen Christbaumkerzen einschalten.

Das schrille Knistern des Seidenpapiers in eifrigen Händchen.

Das kratzende Geräusch, mit dem sie Pfefferminz-stangen lecken.

Das ohrenbetäubende Scharren des Hundes, der drin-gend hinaus muß.

Das Aufbrüllen des Feuers im Kamin.

Das berstende Knallen der Cornflakes, die in ihren Näpfen explodieren.

Nach einer Weile, die uns wie mehrere Tage vorkommt, fragt mich mein Mann: »Du siehst aus wie das Bildnis des Dorian Gray. Wie spät ist es eigentlich?«

»3 Uhr 15 früh.«

»Wie doch die Zeit vergeht, wenn man sich amüsiert«, sagte er gähnend.

»Beherrsch dich, ja!« sage ich gereizt.

GENAU DAS HABE ICH MIR GEWÜNSCHT...

Voriges Jahr hat der Nikolaus in einem New Yorker Warenhaus nicht nur die Kinder nach ihren Wünschen gefragt, sondern auch die Hausfrauen. Das Ergebnis war interessant. Die Hausfrauen äußerten sich sehr entschieden, nicht so sehr zu den Gegenständen, die sie wollten, als vielmehr zu denen, die sie bestimmt *nicht* wollten. Sie wollten keine Plackerei mit Bändchen drumherum – so wenig wie die Männer sich Leitzordner fürs Büro wünschen.

Unser Image ist durch die Fernsehreklamen so verzerrt, daß die Männer gar nicht mehr recht wissen, was bei uns ankommt und was nicht.

Neulich lag ich im Bad auf den Knien und bemühte mich, ein Bonbon von der ›Brille‹ zu kratzen. (Bitte fragen Sie nicht, wie es dorthin gekommen ist!) Ich trug Hosen, deren Reißverschluß nur mit einer Sicherheitnadel zusammenhielt, und eine Trainingsbluse meiner Tochter. Meine Haare sahen aus wie eine im Preis herabgesetzte Zweitfrisur.

Mein Mann schaute durch die Tür herein, ein Päckchen unterm Arm, und sagte: »Ich wußte nicht recht, was ich dir zu Weihnachten schenken soll. Du hast doch schon alles.«

Sprachlos ging ich in die Hocke. Er machte das gleiche Gesicht wie damals an unserem ersten gemeinsamen Weihnachten, als er mir einen Begräbnisplatz gekauft und erläuternd gesagt hatte: »Dieser Gedanke kam mir blitzartig, als ich gestern deinen Schmorbraten aß.«

Dieselbe Miene trug er auch zur Schau, als er mir zu Weihnachten den Gutschein für eine Lungendurchleuchtung überreichte.

Und auch voriges Jahr wieder, als er mir eine Friseurschere schenkte, damit ich den Jungen im Hof die Haare schneiden und ein paar Dollar einsparen sollte. Als ich sie ausgepackt hatte, lief ich weinend aus dem Zimmer. »Was, zum Donnerwetter, hast du denn erwartet«, sagte er indigniert. »Einen Edelstein für deinen Nabel?«

»Und warum nicht?« schluchzte ich vorwurfsvoll.

»Weil ich deine Größe nicht weiß«, gab er zurück.

»Nur einmal«, sagte ich, »solltest du mich anschauen und mich nicht als Haushaltsroboter sehen mit klebrigem Gelee am Ellbogen, Haferflocken im Haar und einer Windelnadel an der Bluse. Einmal... ach, nur ein einziges Mal... solltest du mich als das sehen, was ich wirklich bin – als Circe!«

Ich kam mir zwar gemein vor, aber ich mußte rauskriegen, was er diesmal für mich in petto hatte. Ich ging rasch an das Fach im Schlafzimmer, in dem er das Päckchen versteckt hatte. Ich betete: Bitte keinen Gartenschlauch, keinen Käsehobel oder einen Karton Aufbügelflicken. Behutsam griff ich in die Schachtel und hob den Inhalt heraus. Es war ein großer Simili-Edelstein mit einem Zettel dran: »Paßt in jeden Nabel, du neugierige Elster!«

MEHRHEITSBESCHLUSS

Seit Jahren sage ich den Schulbehörden, daß sie zur falschen Jahreszeit Erziehungsfragen aufs Wahlprogramm setzen. Wenn sie die Mütter während der Weihnachtsferien wählen ließen, gäbe es im ganzen Land nur eine Meinung. Mit einem Kind und einem Ball acht Tage in ein Haus eingesperrt zu sein, ist ein Zustand, der die Schulbildung unerläßlich erscheinen läßt.

Ich weiß nicht, was schlimmer ist: ein Kind, das nichts zu tun hat, oder ein Kind, das etwas zu tun hat.

Ein Kind, das nichts zu tun hat, möchte sich darüber aussprechen. Für alle Weihnachtsgeschenke im Wert von 200 Dollar benötigt man Batterien Größe 4 C, und die sind nur in einem Abholmarkt in Japan zu bekommen.

Einladen können die Kinder sich niemanden, denn dann wäre eine ganze Horde beisammen, die nichts zu tun hat. Hinaus können sie nicht, denn dann träfen sie bestimmt jemanden, der auch nichts zu tun hat, und dann wäre es doppelt langweilig.

Hausaufgaben brauchen sie nicht zu machen, auch keine Betten, brauchen die Mülleimer nicht auszuleeren und das Geschirr nicht abzutrocknen, weil ja Ferien dafür erfunden sind, einmal gar nichts zu tun.

Sie können sich nicht vor den Fernseher setzen, denn fernsehen ist etwas, was man tut, wenn man sonst nichts zu tun hat.

Das Kind, das etwas zu tun hat, nervt einen ebenso, denn zu allem, was es unternimmt, braucht es die Mutter.

»Wenn du eben mal fahren und Charlie und Tim abholen könntest und auf dem Heimweg ein bißchen Eis und Schokoladensirup mitnehmen würdest, könnten wir ›kochen‹ spielen.«

»Wir warten doch nur darauf, daß du uns den Schlitten vom Speicher runterholst, den der Papi unter den Gartenmöbeln verstaut hat, dann lassen wir dich auch bestimmt in Ruhe!«

»Können wir drei Einkochgläser haben, die Räder vom Staubsauger, eine Schachtel Watte, zwei Stück Alu-Folie und eine Banane? Wir haben nämlich eine tolle Idee.«

Wie ich gestern zu meiner Nachbarin Maxine sagte: »Heutzutage wird die Phantasie des Kindes nicht mehr angeregt. Puppen essen und rülpsen, Spielautos fahren 100 Stundenkilometer, Flugzeuge fliegen wirklich, Raketen heben ab, auf den Puppenherden kann man kochen, ihre sonstigen Spielzeuge haben aufleuchtende Lämpchen, und durchs Fernsehen kommen sie überall in der Welt herum. Sie sind einfach gelangweilt.«

»Da hast du recht«, sagte Maxine. »Was hast du heute vor? Machst du einen schönen Mittagsschlaf?«

»Dafür bin ich schon zu groß«, sagte ich. »Kommst du mit, nach Kleingeld in den Sesselpolstern suchen?«

»Nein, das ist langweilig, das haben wir schon gestern getan. Wir könnten uns vor den Gören verstecken.«

»Ach nööö, ohne die ist ein Nachmittag langweilig.«

SELBSTGEBASTELTE GESCHENKE

Vor den Feiertagen tauchen plötzlich Frauen auf, von denen man nicht glauben sollte, daß es sie überhaupt gibt. Um ehrlich zu sein, diesen kongenialen Nichtwegschmeißerinnen bin ich mein Lebtag aus dem Weg gegangen. Aus heiterem Himmel bitten sie einen: »Ach bitte, wirf doch die gebrauchten Hühneraugenpflaster nicht weg, ja?«

Sie haben es sich zur Lebensaufgabe gemacht, aus nichts etwas zu machen? Oder ist es umgekehrt?

Neulich aß ich harmlos zu Mittag, da umringten mich plötzlich sage und schreibe drei solcher Abfallaufbereiterinnen. Mir war, als sei ich in einem fremden Land. »Brauchst du noch mehr von den Eis-am Stiel-Stäbchen?« fragte Dorothy.

»Nein, aber ich bin etwas knapp an Klaviertasten.«

»Ich hab' noch ein paar im Keller«, sagte Karen, »wenn du nicht lieber meine Tabasco-Flaschen oder die arthritischen Hühnerbeinchen aufbrauchen willst.«

»Wir räumen mal sämtliche Nippes vom Tisch, dann fangen wir an, Glasscherben von den Heckscheiben für unsere Karaffe zusammenzusetzen«, sagte sie stolz. Dann bemerkte sie mich und fragte: »Und was machen Sie zu Weihnachten?«

»Ich mache mich krank.«

»Nein, nein, ich meine, was machen Sie an Kreativem?« Ich dachte kurz nach. »Ich schlage ein Leintuch um den Christbaumfuß, damit man das Holz nicht sieht.«

(Schweigen.)

»Ich nehme einen nassen Schwamm und befeuchte damit die Briefmarken, ehe ich sie auf meine Weihnachtspostkarten klebe.«

(Niemand rührte sich.)

»Ich habe die Birne in der Kellertreppenlampe ausgewechselt.«

Endlich sprach Dorothy. »Willst du damit sagen, daß du keine Eierschalen aufgehoben hast, um Christbaumschmuck daraus zu machen? Und nicht die getrockneten Apfelreste für Duftkissen und nicht die Kartoffelschalen für Tischdekorationen?«

»Doch, das habe ich alles aufgehoben«, sagte ich.

»Und was hast du daraus gemacht?« fragte sie begierig.

»Müll.«

Die Frauen sahen mich mitleidig-ungläubig an. Aus dem Gefühl meiner Minderwertigkeit heraus wurde ich gehässig. Ich wollte sie schockieren.

»Was sagt ihr dazu, daß ich lastwagenweise alte Kleiderbügel wegwerfe?« (Sie schauderten.) »Und das ist noch nicht alles: Ich denke gar nicht daran, alte Milchpackungen und Spülmittelflaschen aufzuheben!« (Sie zogen erschreckt die Luft ein.) »Und zu Weihnachten verkleide ich nicht mein Klopapier mit etwas Rotem und klebe ihm einen Wattebart an. Was haltet ihr davon?« (Sie wandten sich schweigend ab.)

Sie werden mich erst wieder wohlwollend ansehen, wenn sie erfahren, wofür ich beim Weihnachtsbasar 15 Dollar bezahlt habe: für einen termitenzerfressenen, goldenen angepinselten Holzklotz, gefüllt mit Geleebonbons an alten Kleiderbügeln – mit Papierhütchen drauf.

VORSICHT! FAMILIE KANN GESUNDHEITSSCHÄDLICH SEIN!

Es gibt eine Menge Theorien, warum die amerikanische Familie als Institution an Boden verliert.

Einige Leute sagen, es liegt am Wirtschaftssystem, andere, es sei ein Problem der Ökologie, wieder andere, es fülle eben niemanden mehr so recht aus, und manche geben zu bedenken, es gehe dabei um eine Frage der Prioritäten, anders ausgedrückt: Wer will schon ein Kind in die Welt setzen, das später grüne oder bunte Chaoten wählt?

Ich persönlich halte viel von der amerikanischen Familie. Meiner Ansicht nach hat sie noch viele potentielle Möglichkeiten. Davon abgesehen ist die Welt nicht für Zweiergruppen eingerichtet. Auch gefüllte Kekse werden in Zwölferpackungen verkauft, Küchenstühle gibt es immer nur je vier Stück, und Kaugummi kommt in Fünferpackungen auf den Markt.

Wie ich die Sache sehe, hat der Verfall der amerikanischen Familie mit der ›Kommunikation‹ zwischen Eltern und Kindern angefangen. Damit, daß wir ›besondere Bindungen‹ miteinander eingingen, daß ›ventiliert‹ und ›diskutiert‹ wurde, was die Mami nicht wußte und nicht einmal wissen wollte.

Und die Kluft, die sich infolge der neuen Rechenmethode zwischen Eltern und Kindern aufgetan hat, ist auch noch nicht annähernd aufgefüllt. Ehe die Mengenlehre eingeführt wurde, hatte ich so etwas wie eine mystische Aura. Ich sagte zwar nie ein Wort, aber meine Kinder waren überzeugt, ich hätte das Feuer erfunden.

Erst als wir ›Zugang‹ zueinander gefunden hatten, fragte mich·meine Tochter eines Tages: »Mami, was verstehst du unter homogen?«

»Das ist ein kranker Mensch, der sich in der Nähe von Schulhöfen herumtreibt. Wo hast du das Wort her? Hat es mal wieder an einer Klotür gestanden?«

»Nein, in meinem neuen Mathe-Buch«, sagte sie. »Ich hatte gehofft, daß du mir helfen könntest. Ich soll die Mantisse in der Tabellenmenge suchen, um den zugeordneten dekadischen Antilogarithmus zu bestimmen und dann die Charakteristiken als Exponenten der Basis zehn niederschreiben.«

Ich dachte eine volle Minute lang nach. »Seit wann fehlt die Mantisse, die du suchen sollst?« fragte ich.

Da ging sie auf ihr Zimmer, schloß die Tür hinter sich, und ich sah sie erst nach dem Abschlußexamen wieder.

Beim metrischen System war es nicht besser. Wenn ein Kind erst mal weiß, daß ein Quadratmillimeter gleich 0,155 Quadratzoll ist, hat es keinen Respekt mehr vor seiner Mutter, der nach dem Auslegen des neuen Fußbodens im Badezimmer genügend übrigblieb, um ganz New Jersey abzudecken. Und welche Mutter ist heutzutage nicht völlig eingeschüchtert, wenn sie sich mit den Lehrkräften ihres Kindes unterhalten soll?

Für mich ist es jedesmal ein Schreck in der Morgenstunde, wenn eins meiner Kinder plötzlich von seinen Cornflakes aufblickt und beiläufig äußert: »Ich brauch' 'n Entschuldigungszettel für die Lehrerin, daß ich krank war, sonst läßt sie mich nicht wieder in die Schule.«

»Der muß sicher auf Briefpapier geschrieben sein?« frage ich und sinke über meinen Wurstbroten in mich zusammen.

»Den letzten, den du auf Butterbrotpapier geschrieben hast, hat sie nicht lesen können. Aber wenn du heute kein Briefpapier findest, kann ich noch einen Tag zu Hause bleiben.«

Ich reiße ein Stück Tapete von der Wand und befehle: »Hol mir mal einen Bleistift!«

Das mit dem Bleistift ist nicht so einfach. Nach 15 Minuten emsiger Sucherei finden wir schließlich einen Stummel im Flusensieb der Wäscheschleuder.

»Du machst aber auch wirklich ein Theater wegen so einem Entschuldigungszettel«, meine ich seufzend.

»Das verstehst du nicht«, sagt es. »Wenn wir keinen bringen, dürfen wir nicht mehr in die Schule rein.«

Ich beginne zu schreiben. »Ist deine Lehrerin Dr. Fräulein oder Frau?«

»Keine Ahnung«, meint er versonnen. »Sie hat 'n Auto und schleppt ihre Bücher selber.«

»Liebes Fräulein *Dr*. Weems«, schreibe ich.

»Und neulich hat sie die halbe Nacht vorm Fernseher gesessen, um die Wahl der Miss America zu sehen.«

»Liebes *Fräulein* Weems«, schreibe ich.

»Na, es ist ziemlich Wurscht. Wenn sie ihr Kind gekriegt hat, kommt sowieso eine neue Lehrerin.«

»Liebe *Frau* Weems«, schreibe ich. »Bitte entschuldigen Sie, daß Paul gestern nicht zum Unterricht kommen konnte. Beim Aufwachen klagte er über Leibschmerzen und...«

»Streich die Leibschmerzen«, weist er mich an, »schreib bloß, daß ich zu krank war, um fernzusehen.«

»Liebe Frau Weems, Paulchen hatte Durchmarsch und...«

»Was heißt eigentlich Durchmarsch?«

»Leibschmerzen.«

»Schreib das bloß nicht wieder. Beim letzten Mal hat sie mich auf einen Platz ganz nah bei der Tür gesetzt und mich den ganzen Tag nicht aus den Augen gelassen.«

»Das hast du dir sicher nur eingebildet«, sage ich. »Willst du nun einen Entschuldigungszettel oder nicht?«

»Ich hab' dir ja gesagt, ohne darf ich nicht zum Unterricht.«

Er sieht mir über die Schulter.

»Was bedeutet denn D-I-A-R-R-H-O-E?«

»Daß man dich wieder ganz in die Nähe der Tür setzt«, sage ich und lecke den Umschlag zu.

Diesen Entschuldigungszettel zu verfassen, dauert 25 Minuten, also 8 Minuten länger als die Unterzeichnung der Unabhängigkeitserklärung.

Ich hätte nicht noch einmal davon angefangen, aber

als ich gestern eine Jackentasche ausleerte, kam er wieder zum Vorschein, dieser Entschuldigungszettel – nicht benötigt und nicht gelesen.

Die moderne Erziehung ist für mich überhaupt ein Widerspruch in sich. Wie die Sache mit dem Dreijährigen, der auf dem Taschenrechner zwar 10,6 % Zinsen von 11,653 Dollar ausrechnen kann, aber nicht weiß, was größer ist, ein Fünfer oder ein Zehner. Mir kommt das vor wie eine Tochter, die ins College abreist, sämtliche kleineren Haushaltsgeräte, Bettwäsche, Decken, Möbel, Koffer, Fernseher und Wagen mitnimmt und dazu sagt: »Ich muß raus aus eurem seichten Materialismus.«
Meine Kinder reden immer große Töne über Reinhaltung der Umwelt und Ökologie. Und doch dulden sie den Grund Nr. 1 für die Luftverschmutzung in diesem Lande: die Turnanzüge. Ein paar Shorts, ein Hemd und ein Paar Turnschuhe, die sich vor lauter Dreck von selber aufrecht hielten, kamen neulich selbsttätig in die Waschküche gewandert und lehnten sich dort hilfesuchend an die Wand. Ich sah mit eigenen Augen, wie ein Blumenstock in der von ihnen ausgehenden Atmosphäre verwelkte und einging.
Ich versuchte, die Tränen zurückzuhalten, die mir in die Augen schossen, und schrie zu meinem Sohn hinüber: »Wann ist dein Turnzeug zuletzt gewaschen worden?«
»Anfang des Schuljahres!« brüllte er zurück.
»Und welches Schuljahr?«

»1972–73.«

»Dacht' ich mir's doch! Ich versteh' nur nicht, wie euer Turnlehrer das aushält.«

»Er hat gesagt, wir wären gar nicht so schlimm. Bis gestern.«

»Und was war gestern?«

»Da fing es an zu regnen, und wir mußten in die Halle.«

»Gibt es denn keine Waschvorschriften für euer Turnzeug?«

»Doch, doch. Wir sollen es alle vier Monate waschen lassen, egal ob es nötig ist oder nicht.«

Behutsam entfaltete ich die lehmstarrenden Hosen, das brüchige T-shirt und die Socken, die sich bereits im letzten Stadium der *rigor mortis* befanden.

Während ich versuchte, ein Pommes-frites-Stäbchen aus den Senkeln des einen Turnschuhs zu lösen, dachte ich daran, daß dieser Junge in einer keimfreien Umwelt groß geworden war. Als er noch ein Baby war, pflegte ich seine Spielsachen auszukochen und seine Nabelbinden zu sterilisieren. Ich band dem Hund eine Gesichtsmaske um, wenn er im gleichen Zimmer war. Ich wusch mir die Hände *vor* jedem Windelwechsel.

Wo hatte ich versagt?

Unter seinem Bett lagen schmutzige Kleider, in denen sich eine Fauna entwickelte. In seinen Schubladen türmten sich Hosen aus unvordenklichen Zeiten, so alt, daß sie noch Plastikeinlagen hatten. In seinem Schrank befanden sich Overalls und Jeans, die keine

Kleiderbügel mehr brauchten, weil sie von selber standen.

Ich öffnete die Tür der Waschmaschine und tastete nach den Turnsachen, die ich eben gewaschen hatte. Ich fand nur noch einen Schnürsenkel, zwei Namensschildchen und ein sauberes Pommes-frites-Stäbchen.

»Was ist mit meinen Turnsachen passiert?« fragte mein Sohn.

»Als Schweiß und Dreck raus waren, ist nur das hier übriggeblieben.«

Der himmelschreiende Widerspruch zwischen dem, was unsere Sprößlinge zu Hause und was sie in der Schule sind, wird beim jährlichen Sportfest offenbar.

Beobachten Sie einmal bei der nächsten Preisverteilung für athletische Leistungen die verdutzten Gesichter der Mütter, wenn bekanntgegeben wird, was ihre Söhne und Töchter können. Es ist, als sprächen die Lehrer von jemand, der nur zufällig den gleichen Namen hat wie ihr Kind. Wer sich ganz stark konzentriert, kann manchmal die Gedanken der Eltern lesen, während ihr Nachwuchs vom Schultrainer gelobt wird.

»Mark ist wohl einer der besten Sprinter, den ich während meiner Lehrtätigkeit an der hiesigen Oberschule hatte. Mark ist die 100 m – haltet euch fest, Leute – in 9,9 gelaufen!«

(Wahrscheinlich meint er neun Tage und neun Stunden. Ich habe Mark ein einziges Mal gebeten, mit dem Müll hinauszulaufen, und der stand dann unterm

252

Ausguß, bis er sich in eine Buchstütze verwandelt hatte).

»Ich weiß wirklich nicht, was die Baseballmannschaft ohne Charlie täte. Wir haben ja schon oft wortreiche Antreiber hier gehabt, die den Jungens Beine machen, aber Charlie, der kennt wahrhaftig keine Müdigkeit. Es gibt wohl keine Situation, in der ihm nichts einfällt, um die Mannschaft auf Draht zu bringen.«

(Zu mir spricht Charlie pro Woche vier Worte: »Wann fährst du einkaufen?«)

»Diejenigen unter Ihnen, liebe Eltern, die im Sport nicht Bescheid wissen, möchte ich einmal ganz kurz über das Wesen des Kugelstoßens informieren. Eine solche Kugel wiegt 6 Pfund und ist von einem überragenden Athleten unserer Anstalt 33 m weit gestoßen worden, von Wesley Whip.«

(Das ist aber sonderbar. Wesley sieht genauso aus wie der Junge, der die Zeitungen austrägt und die Wochenendausgabe nicht von seinem Fahrrad bis auf meine Veranda wuchten kann!)

»Unser Gus wird für alle Zeiten in die Annalen des Football eingehen. Er ist einer der größten Asse unserer Schule. Im Spiel gegen ›Central‹ schoß Gus das entscheidende Tor mit angebrochenem Knöchel, ausgerenkter Schulter und einer Temperatur von 39,3.«

(Wie erklärt es sich bloß, daß der gleiche Gus jedesmal die Schule versäumt, wenn ihm Zahnstein entfernt worden ist?)

»Ich glaube kaum, daß einer im gesamten Bundesstaat bessere Reflexe zeigt, als unser Tim beim Basketball!

Als der liebe Gott die Koordination verteilte, muß unser Tim bestimmt gleich zweimal HIER gerufen haben.«

(Tim ist siebzehn, und ich kann ihm noch immer nicht mehr eingießen als ein halbes Glas Milch, weil er es mit Sicherheit umschmeißt und nicht aufwischt.)

»Tennis ist ein Spiel für Gentlemen. Dies Jahr geht der Preis für Fairneß auf dem Platz an keinen anderen als den Goodwill-Botschafter dieses Sports, an Stevie Cool.«

(Da muß er sich aber höllisch verändert haben. Vorige Woche hat er seinem Bruder noch ein blaues Auge geschlagen, weil der sich ohne zu fragen sein Plattenalbum ausgeliehen hatte!)

»Das Schwimmteam hätte es niemals geschafft ohne unseren schneidigen kleinen Manager Paul Franswarth. Paul sorgt für alles, hebt die nassen Handtücher auf, hängt die Badehosen zum Trocknen und ist dafür verantwortlich, daß sämtliche Sportgeräte weggeräumt werden...«

(Eduard, laß uns heimgehen, mir wird schlecht!)

Mir scheint, je mehr ich mich mit meinen Kindern unterhalte, desto weniger verstehe ich sie. Nehmen Sie nur einmal das Thema: Koedukation und Schlafsäle.

Von allen Veränderungen, denen sich Eltern anpassen mußten, sind gemischte Schlafsäle vermutlich eine der unbegreiflichsten. Ein paar Studenten- und Schülerheime haben schon Eltern-Schüler-Seminare abgehalten, in denen die Schüler geduldig erläutern: »Wir brauchen eine freiere Atmosphäre, worauf der Vater einer Studentin des ersten Semesters einzuwenden wußte: »Kann man das nicht auch in der Mensa?«

Ich war von Anfang an gegen Gemeinschaftsschlafsäle. Nicht etwa weil ich sie für sexuelle Selbstbediengungsläden hielt, sondern weil ich das Gefühl hatte, kein Mädchen würde meinen Sohn heiraten, sobald es sein Schlafzimmer im Urzustand gesehen hätte. Mittlerweile sind meine schlimmsten Befürchtungen eingetroffen.

In Stanford benutzten Studenten und Studentinnen die gleichen Waschräume, obwohl die Schule das nicht ausdrücklich empfohlen hat. Mein Wort darauf: Wenn man jeden Morgen mit ansieht, wie ein Mannsbild Zahnpasta und ausgekämmte Haare ins Waschbecken schmiert und außerdem gurgelt, daß man meint, es hätte jemand den Stöpsel des Eriesees rausgezogen, dann fliegt die Liebe zum Fenster hinaus.

Ich weiß, ich weiß, junge Leute haben es jetzt mit Offenheit und Ungezwungenheit, aber die voreheliche Schlamperei könnte das Ende der Menschheit bedeuten.

Ihr Männer, merket auf: Könntet ihr eine dauerhafte Bindung mit einem Mädchen eingehen, das einen Angorapulli zum Trocknen in euer letztes Badetuch rollt? Könnt ihr euch rasieren in einem Raum voller Dampf, ohne euch im Spiegel zu sehen, und wenn, dann gerahmt in eine tropfende Strumpfhose? Wollt ihr wirklich so genau wissen, wie oft sie sich die

Beine rasieren muß? Seid ihr einem Mädchen wirklich wichtig, das um euretwillen nicht einmal die Locken-wickler aus den Haaren nimmt? (Ehrenwort: Ich habe einen weiblichen Teenager mit Lockenwicklern heira-ten sehen, und zur Erklärung sagte sie: »Vielleicht gehen wir hinterher noch irgendwohin!«)

Ihr Frauen, könntet ihr je eine ernsthafte Bindung mit einem Jungen eingehen, der im September mit 38 Paar Frotteesocken ins Internat kam und im Mai zum ersten Mal gefragt hat, wo der Waschautomat ist? Könnt ihr euch einen Ehemann leisten, von dem ihr wißt, daß er täglich eine ganze Spraydose Deodorant benötigt? Der schon vor dem Frühstück rülpst und seine Hose unter der Matratze ›bügelt‹?

Als ich noch im College war, verriet mir einmal die Leiterin eines Studentinnenheims: »Der sicherste Trick, das andere Geschlecht anzulocken, ist das Besetztzeichen, eine verschlossene Tür und das Wört-chen NEIN. Wenn du einen Freund brauchst, kauf dir einen Hund!«

Wissen Sie, was die Experten sagen? Wenn wir uns nicht jede Minute des Tages mit unseren Kindern beschäftigen und sie ›genießen‹ würden, säßen wir später, wenn sie erst einmal aus dem Haus sind, war-tend im Lehnstuhl, den Telefonapparat auf dem Schoß. Zeigen Sie mir die Mutter, die nicht lebens-lang das Schrecknis des ›leeren Nests‹ unaufhaltsam näherrücken sieht.

Zugegeben, es dauert eine geraume Weile, bis es so

weit ist. Erst muß das Küken mal aus dem *Bett* und in die Arbeitswelt hinaus.

Kinder sind bekanntlich die gebildetsten, belesensten, besterzogenen Menschenexemplare dieser Welt. Gerade deshalb ist ihre Einstellung zum Arbeitsprozeß so unverständlich. Nächst dem Galeerensklaven, dessen Kapitän sich in den Kopf gesetzt hat, Wasserski zu laufen, ist das bedauernswerteste Wesen dieses Planeten der Teenager, der seinen ersten ganztägigen Job an Land gezogen hat.

Niemand leidet wie er. Niemand wird so wenig anerkannt. Mein Sohn betrachtet sich als ›Menschenopfer auf dem Altar des Establishments‹. Er mußte fünfzehn werden, ehe wir vor ihm das Wort ›Arbeitsplatz‹ gebrauchen durften. Er bekam davon Hautausschlag. Wir durften es nur chiffriert anwenden, etwa A.-Pl.

Am Vorabend seiner Vermählung mit einer Lohntüte erklärte er uns: »Es ist eine Art Gruppenverfolgung. Ihr alle habt es durchgemacht, also muß ich auch beweisen, daß ich eine Achtstundennummer abreißen kann, ehe ich mündig gesprochen werde, stimmt's? Okay, ihr habt gewonnen. Wenn ich wirklich nur dadurch beweisen kann, daß ich jetzt erwachsen bin, nehm' ich meinetwegen diesen blöden Ganztagsjob an, eine S-t-e-l-l-u-n-g.«

Vielleicht kennen einige von Ihnen meinen Sohn oder haben zumindest von ihm gehört.

Er ist der einzige Angestellte, der den ganzen Tag arbeiten muß, ehe er heimkommen und sich selber füttern darf.

Er ist der einzige pflichtbewußte Teenager in ganz Nordamerika, der arbeiten muß, während seine Kumpel sich an einem Mittwochnachmittag in alten Autoreifen den Fluß hinuntertreiben lassen.

Er ist der erste Mensch, dem jemals die Hälfte seines Gehalts für Dienstleistungen einbehalten wurde, die er nicht verlangt hat (Lohnsteuer, Krankenkassenbeiträge, Rentenversicherung etc.). Wie drückte er sich neulich aus? »Doch nicht mit mir!«

Er ist der einzige Arbeitende, den ein seniler Chef (ein Tattergreis von 35 Jahren) schikaniert, indem er brutal darauf besteht, daß er morgens und nach der Mittagspause pünktlich im Büro erscheint.

Er ist der einzige Arbeiter im Lande, der sich durch seinen Beitrag auf dem Arbeitsmarkt bei Familie und Freunden nicht gebührenden Respekt verschafft hat.

Vorigen Sonnabend klopfte ich ihm mit den Worten auf die Schulter: »He, Mister Murmeltier! Heraus aus den Federn! Der Mittag bricht an!«

Mein Sohn rollte sich auf die andere Seite. »Man faßt es nicht, wie ihr mit einem Werktätigen umgeht«, sagte er. »Ich arbeite die ganze Woche fünf Tage lang acht Stunden – und was kriege ich dafür?«

»Du kriegst dafür deine sämtlichen Mahlzeiten serviert wie ein Pascha, dein Schlafzimmer wird saubergehalten, deine Sachen werden gewaschen und gebügelt, und rund um die Uhr hast du ein Familienfaktotum – mich.«

Eine innere Stimme sagt mir, daß mein Kind der erste Arbeitnehmer sein wird, der noch vor Ablauf der Probezeit in den wohlverdienten Ruhestand tritt.

Und doch: Hat der Sprößling die Stellung erst einmal gefunden und angetreten, so ist die Hausfrau ›endlich allein‹, zum ersten Mal in ihrem Leben. Nie wieder wird das Familiengefüge werden, was es einmal war. Da hat man nun allen Stürmen getrotzt: wackelnden Milchzähnen, gestohlenen Fahrrädern, Schichtunterricht, Etagenbetten, Ballettstunden, Liebeskummer, Fahrstunden, verlorenen Brieftaschen, Examensarbeiten am Sonntagabend, Rockgruppen. Und jetzt kommt die Sache mit dem Lehnstuhl und dem Telefon, das Stichwort ist ja vorhin schon gefallen. Das Syndrom ›leeres Nest‹ beginnt.

Als ich das verlassene Zimmer meines Sohnes betrat, war es plötzlich zum Heiligtum geworden.

Alles blieb unverändert, genau so, wie er es hinterlassen hatte. Ich streichelte die Glasschälchen mit versteinertem Pudding, die er als Reserve unter dem Bett aufbewahrt hatte, fuhr liebevoll über die Öltropfen auf dem Teppich und umrundete auf Zehenspitzen, leise weinend, die Haufen schmutziger Wäsche, aus denen er herausgewachsen war.

Ich machte Pläne, wie ich dieses Zimmer in eine Gedenkstätte verwandeln könnte, wohin ich mich aus dem Alltagstrubel zurückziehen würde, um meinen Erinnerungen nachzuhängen.

Da bemerkte ich eines Tages, als ich dort meditierte, mir gegenüber eine leere Wand. Ich schob die Heimorgel aus der Diele in das Schlafzimmer meines Sohnes und stellte sie dorthin. Als ich bemerkte, daß dieses Zimmer besonders gutes Licht hat, kam mir die Idee, seine Trommeln herauszunehmen und in der so gewonnenen Ecke meine Nähmaschine unterzubringen.

Noch während dieser Änderungen äußerte mein Mann, hier stehe ja ein ganzer Schrank leer, ob er vielleicht seine Sachen hineinhängen könne?

Als wir fünf Jahrgänge ›Sportillustrierte‹ fortgeschafft hatten, fanden wir auch Platz für den Christbaumschmuck und den Karton mit den alten Bankauszügen. Mehr und mehr Familienmitglieder begannen, den ›Tempel‹ aufzusuchen. Er wurde zum Asyl für Campingzubehör und ungerahmte Bilder. Die sommerlichen Gartenmöbel wurden hier gelagert und die gebündelten alten Zeitungen, die irgendwann mal jemand abholen sollte. Die Tennispokale im Regal machten leeren Plastikflaschen Platz, die das Kirchenkränzchen für eine Sammlung brauchte, die Kommode flog hinaus, und mein Heim-Trainer kam an ihre Stelle. Sogar das Bett entfernten wir und ersetzten es durch einen Schaukelstuhl und einen Fernseher.

Für ein solches Zimmer waren die Wände natürlich viel zu männlich, daher malten wir sie dottergelb und nähten dem Schaukelstuhl leuchtend rosa und orangefarbene Bezüge.

Kurz vor Weihnachten klopfte es an die Tür. Es war unser Sohn, der uns besuchen kam.

»Tach, lang nicht gesehen«, sagte mein Mann. »Bleibst du länger, mein Alter? Na, phantastisch. Wir haben immer noch das alte Sofa im Hobbyraum, darauf kannst du kampieren, so lange du willst.«

Heute morgen fragt mich mein Mann: »Wie lange will dein Verwandter eigentlich bleiben?«

»Mein Verwandter?« sage ich achselzuckend. »Ich dachte, es sei *deiner*.«

WISSEN IST MACHT

Neulich habe ich mir an einem Vormittag hintereinander fünf Quizsendungen im Fernsehen angeschaut.
Ich hätte wirklich gerne abgeschaltet, aber ich war
wie hypnotisiert von den Kandidatinnen.

Die erste war ein schmächtiges Frauchen, bezeichnete
sich als »ganz gewöhnliche Durchschnittshausfrau«
und gewann doch tatsächlich einen Toaströster, weil sie
die Nationalhymne von Bangladesch summen konnte.

Die zweite sagte, sie hätte sieben Kinder, und dann
wußte sie die Treibsatz-Formel von Sojus II auswendig
und spuckte sie aus, ohne zu stottern.

Die dritte, auch eine »typische Bewohnerin eines Rei-
henhäuschens«, gewann einen Jahresvorrat Tulpen-
zwiebeln, weil sie wußte, daß der 6. Kreuzzug im Jahre
1228 von Friedrich II. unternommen wurde. Ich hätte
gedacht, im Jahre 1965 von Billy Graham.

Als ich den Fernseher abgeschaltet hatte, blieb ich
noch eine volle Minute im Sessel sitzen. Ich war wie
betäubt. Ich wußte nicht einmal mehr, was ich vor drei
Stunden gefrühstückt hatte. Es wurde mir schlagartig
klar, daß ich mich geistig total hatte verrotten lassen.

Da schwatze ich auf Cocktailparties über Jacqueline
Onassis, die mit vier seidenen Bettüchern reist, und
über einen neuen Fall von Vampyrismus in unserem
ehemaligen College.

Mein Wortschatz enthält überhaupt nur mehr drei einigermaßen gebildete Ausdrücke. Der eine ist ›perennieren‹ (ich las ihn einmal an einer Pflanze im Gartenzentrum, benutze ihn aber seit Jahren nicht mehr, weil er so unanständig klingt), außerdem ›toxisch‹ (mein Zehnjähriger benutzte das Wort, um sich über einen Auflauf zu beschweren, doch hat es meines Wissens die Bedeutung von ›rezeptfrei‹) und dann ›ödematös‹, was man aber nur sagen darf, wenn einer wirklich stinklangweilig ist.

Neulich beim Bridge in unserem Club schnitt ich das Thema an. »Wie um alles in der Welt schaffen es die Frauen, die man bei den Quizsendungen sieht?«

»Alles Schwindel«, meinte Gloria. »Das kann doch jeder, sich in fünf Tagen ein neues Image zulegen. Ein einziger intellektueller Schnellkurs, und die Sache ist geritzt.«

»Zum Beispiel?« fragte ich.

»Als erstes, legst du mal ein paar Nummern des ›Encounter‹ aufs Örtchen. Als Status-Symbol. Und wenn du zur Kosmetikerin gehst, nimmst du einen Stoß Bücher mit und fährst mit den Fingern, so schnell du kannst die Zeilen entlang. Dann denkt jeder, du hast mit Erfolg einen Schnellkurs absolviert. Und wenn es irgendwo gesteckt voll mit Leuten ist, schau erstaunt in die Gegend und frage beiläufig, aber laut: »Archie Bunker? Wer verlegt denn DEN? Erzähl der Klatschtante deines Viertels unter dem Siegel der Verschwiegenheit, daß du dir eine Mappe angeschafft hast, um die Sonntagsausgabe der ›New York Times‹

immer zur Hand zu haben. Etwa: ›Ist es nicht unglaub-
lich, da sind nun 57 Millionen 93tausend US-Dollar im
Umlauf, und ich kann morgens die 35 Cents fürs
Schulfrühstück nicht finden.‹«

»Ich versteh's nicht recht, Gloria«, sagte ich. »Mir ist
immer noch schleierhaft, wie die kleine Hausfrau das
mit Friedrich II. im Jahre 1228 wissen konnte.«

»Sie hat einfach geraten und Glück gehabt«, meinte
Gloria.

Jackie warf ihre Karten auf den Tisch und sagte: »Darf
ich dir mal einen Rat geben? Laß die Finger von Quizsendungen. Man wird süchtig davon. Ich habe mir mal
eine ganze Woche lang täglich Ratespiele angesehen,
gleich nach dem Frühstück mit ›Was ist denn das?‹
angefangen und abends um halb acht mit ›Frag mich
noch was!‹ aufgehört. Es hat meine ganze Persönlichkeit umgekrempelt. Ich sah nur noch Quizmaster. Ich
wünschte mir ein fünfteiliges Geschirr als Belohnung,
wenn ich meinen eigenen Namen wußte. In meiner
Phantasie drückte ich ständig auf irgendwelche Sum-
mertasten und rief unaufgefordert ›1984‹. Ich konnte
auch kein Abendessen mehr machen. Ich wußte nicht
mehr, ob ich Tür 1 (Backrohr), Tür 2 (Tiefkühlfach)
oder Tür 3 (Schrank) öffnen mußte.

Außerdem konnte ich nicht mehr zuhören, wenn
jemand sprach. Ich konnte mich überhaupt nicht mehr
konzentrieren. Ich lächelte immer nur und murmelte
vor mich hin: ›Ich setze 500 Dollar‹. Eines von den
Ratespielen hat mich besonders fasziniert. Es heißt
›Wie du mir, so ich dir‹. Es ist ein Spiel, wißt ihr, bei

dem die Ehefrau versucht, die Fragen so zu beantworten, wie sie glaubt, daß ihr Mann sie beantworten würde – und umgekehrt. Im Grunde ein Abkürzungsweg zum dritten Weltkrieg. Als mein Mann heimkam, wollte ich's dann wissen: ›Was war, deiner Meinung nach, der peinlichste Moment bei unserer Hochzeit?‹

›Als unsere Kinder auftauchten.‹

›Das sieht dir ähnlich, witzig sein wollen, wenn es für die richtige Antwort ein Herren- bzw. Damenrad gibt!‹, beschimpfte ich ihn.

›Du wolltest also eine ehrliche Antwort? Der peinlichste Moment war, als deine Mutter schwarzverschleiert und im Leichenwagen zur Hochzeitsgesellschaft stieß.‹

›Das war mir neu. Stimmt das? Dann sollten wir ganz offen darüber sprechen.‹

›Ja, vielleicht hätte ich dir von Anfang an mehr *Spiel*-Raum geben sollen.‹«

»Aber das klingt ja schrecklich«, unterbrach ich sie.

»Überhaupt nicht, es ist sogar nützlich«, gab sie zurück.

»Nächste Woche treten wir zusammen in einer neuen Sendung auf. Sie heißt ›Scheidungsversuch‹.«

Trotz dieser Aufklärung durch Gloria und Jackie kann ich die Mitspieler von Quizsendungen nur bewundern. Von Woche zu Woche werden die Spiele komplizierter, die Preise phantastischer und die Kandidaten aufgeregter.

Ich habe miterlebt, wie die armen Hausfrauen, die sich zu einer solchen Sendung gemeldet hatten, alle Stadien durchliefen, von hysterisch zu frenetisch und wieder zurück. Ich frage mich allen Ernstes, wie lange sie einem derartigen Streß überhaupt noch standhalten können. Vorige Woche habe ich mir eine ganz neue Sendung angesehen. Sie hieß kurz und prägnant: INFARKT. Ihr zu folgen, war relativ leicht.

Eine Teilnehmerin wurde gebeten, eine Zahl zu wählen, die zu einem Ballon gehört. Wenn sie dann den Ballon platzen ließ, fiel ein Kärtchen heraus, auf dem stand GEWINN. Danach spielte sich folgendes ab:

»Na, Frau Schlau«, sagte der Moderator strahlend, »wissen Sie auch, was Sie da gewonnen haben?«

Frau Schlau schüttelte wie benommen den Kopf.

»Sie haben soeben 25 Tausender gewonnen.«

Die Kapelle stimmte ›Das kann doch einen Seemann nicht erschüttern‹ an. Frau Schlau tat einen Luftsprung von circa 3 m lichter Höhe und umarmte den Moderator, wobei sie hemmungslos zu schluchzen begann.

Der Moderator hob die Hand und gebot Ruhe. »Italienische Lire. Wissen Sie, wieviel das in amerikanischem Geld ist? Ungefähr 48 Dollar und 12 Cent. Schade, liebe Frau Schlau, sehr schade. Aber noch einen Moment Geduld. Sie dürfen sich diese Lire bei einer italienischen Bank abholen. Sie haben nämlich zusätzlich einen dreiwöchigen Aufenthalt in Rom gewonnen.«

Frau Schlau griff sich mit beiden Händen ans Herz und tat ein paar taumelnde Schritte, während die Kapelle erneut spielte. Frau Schlau packte den Moderator am Ärmel.

»Natürlich ist Rom im Staate New York gemeint«, grinste dieser.

Frau Schlau sank wieder etwas in sich zusammen, emotional erschlafft.

»Warten Sie! Einen Moment! Sehen Sie sich erst mal an, was Sie zur Reise tragen werden!«

Der Vorhang öffnete sich, und man sah einen Nerzmantel im Wert von mindestens 4000 Dollar. Der Moderator half ihr hinein. Frau Schlau schaffte ein zittriges Lächeln und ein kleines Winken ins Publikum.

»Schade! Nicht Ihre Größe. Zu dumm! Liebe Frau Schlau, hätte der Mantel Ihnen gepaßt, wären Sie in einem Nerz für mindestens 4000 Dollar nach Hause gegangen, in dessen Tasche ein Bankbuch der Schweizer Kreditanstalt über 100000 Franken steckt.«

Frau Schlau sank ohnmächtig zu Boden. Der Moderator beugte sich über sie. »Sie sind leider nicht bei Bewußtsein geblieben, liebe Frau Schlau. Und das wird in den Spielregeln nun einmal verlangt. Aber weil Sie so nett mitgemacht haben... Keiner soll uns mit leeren Händen verlassen. Als Trostpreis überreiche ich Ihnen einen Herzschrittmacher mit Ihrem Monogramm. Applaus für unsere Kandidatin Frau Schlau!«

So wie ich die Sache sehe, ist es nur eine Frage der Zeit, bis als Teilnehmer bei solchen Ratereien nur noch echte Profis zugelassen sein werden. Diese haben sich selbstverständlich vorher einer gründlichen ärztlichen Untersuchung zu unterziehen. Und eines fernen Tages werden wohl alle Teilnehmer den Lehrgang ›Jubel und

Frohlocken‹ absolvieren müssen, der bis dahin überall im Lande abgehalten wird. Der Prospekt eines solchen Trainingslagers dürfte sich etwa folgendermaßen lesen:

JO CARTERS LEHRGANG
FÜR JUBEL UND FROHLOCKEN

Zielgruppe unseres Lehrgangs:
Alle Personen über 18, die härtesten körperlichen Anforderungen gewachsen sind und die
a) höher springen können als der längste Quizmaster,
b) die Symptome eines nahenden Herzanfalls ignorieren können, wenn sie eine Reise nach Athen gewonnen haben und sich herausstellt, daß Athen in Georgia gemeint ist und nicht Athen in Griechenland,
c) vier Stunden lang im Sperrfeuer blendender Scheinwerfer warten können, aufgetakelt wie ein Kriegsschiff, und die, wenn sie schließlich von einem unserer großen Plauderer aufgerufen werden, *immer noch* gleichzeitig lachen und weinen können.
Sonderkurse (jeweils mit Abschlußzeugnis)
Bibbern und Wimmern (3 Unterrichtsstunden)
Pflichtfach für alle Kandidaten. Härtetraining für den Zeitraum zwischen Beantwortung der Fragen und Nennung des Gewinns. Umfaßt unter anderem: Lippen blutig beißen, Hände ringen, Anzüglichkeiten aus dem Publikum anhören, Augen verdrehen, bis man nur noch das Weiße sieht, etc.

Was tun, wenn man das Auto, also den 1. Preis, gewinnt? (3 Unterrichtsstunden)

Ein grundlegender Kurs in Hysterie, geleitet vom Gewinner eines Quiz, der die Frage, wer Max und Moritz waren, beantworten konnte und dadurch einen Chevrolet Baujahr 1953 gewann. *Umarmen und Küssen des Moderators vor der Kamera braucht nicht tödlich auszugehen* (3 Unterrichtsstunden)

Die gefährdeten Stellen am Hals des ›Gastgebers‹ der Show werden aufgezeigt, es wird demonstriert, wie leicht man ihm bei dankbaren Umarmungen die Atemwege abklammern und Erstickungsanfälle auslösen kann, ferner wird erläutert, warum man den Moderator nicht vom Boden hochheben darf.

Was tun, wenn man Schmerzen in der Brust kriegt?

Erkundigen Sie sich, welche Shows Sauerstoffapparate bereithalten und wo von Ihnen erwartet wird, daß Sie einen Infarkt elegant überspielen. Bedenken Sie: Wenn Sie in Ohnmacht fallen, gibt es Trubel, aber keinen Jubel. Lernen Sie aufrecht stehenbleiben.

Wie man der Steuerbehörde gegenüber den Verlierer spielt

Ein paar praktische Tips, wie man mit einem Beutel voller Geld an Einkommensteuerprüfern vorbeiwankt und trotzdem amerikanischer Bürger bleibt.

Immer daran denken:

Die Beteiligung an Fernsehquiz-Sendungen kann gesundheitsschädlich sein! Werden Sie vorher Profi!

Schade, für Frau Schlau kommt mein Vorschlag wohl zu spät.

WIE ERZIEHE ICH MEINE ELTERN

Das Schlimme bei meinen Kindern ist, sie lesen zu viele kluge Bücher über Elternpsychologie. Sie haben immer geglaubt, alles Nötige zu wissen, und kannten dabei nicht einmal mich. Sie verbesserten meine Ausdrucksweise in Gegenwart meiner Freundinnen. Sie fanden meine Kleider zu jugendlich, sie frotzelten mich wegen meiner kurzen Haare und gaben sich nie Mühe, meine Probleme auch nur zur Kenntnis zu nehmen.

Und davon hatte ich weiß Gott genug. Ich war nicht beliebt, ich gehörte nicht zu der Gruppe, die *in* ist. Die In-Gruppe meiner Nachbarschaft bestand aus Frauen in meinem Alter, die wieder ins Berufsleben zurückgekehrt waren. Jeden Morgen blickte ich ihnen durchs Fenster nach, wenn sie zu ihren Wagen stöckelten, nach der neuesten Mode gekleidet, auf hohen Absätzen, einen Tag auf Teppichböden vor sich.

In meiner Phantasie sah ich sie, wie sie Telefonhörer abhoben, die nicht klebten, in einem schicken Lokal mit grünenden Zimmerpflanzen zu Mittag aßen und sich mit Wesen unterhielten, die mehr zu antworten wußten als nur das immer gleiche ›Mensch, Klasse‹.

Der Höhepunkt *meiner* Woche war die Einladung zu einer Modevorführung, bei der ich fünf bis sechs Mini-Fläschchen Parfum klaute, die aber nur fünf bis sechs Minuten wirkten. Dann war der Alkohol verdunstet.

Die Freundinnen, die ich gern mochte, fanden nicht den Beifall meiner Kinder. Ivonne gefiel ihnen nicht,

weil sie geschieden war und mit dem Zahnarzt aus-
ging, der ihnen früher die Zähne reguliert hatte. Sie
fanden, sie habe einen schlechten Einfluß auf mich.
Gloria mochten sie nicht, weil sie kein eigenes
Zuhause zu haben schien: Sie kam immer zur Essens-
zeit und hing bei uns herum, während wir bei Tisch
saßen. Judy mochten sie nicht, weil sie nie bei sich
aufräumte und in angeschmuddelten Kleidern, mit fet-
tigen Haaren daherschlampte. (Sie behaupteten, sie
noch nie sauber und ordentlich erlebt zu haben, und
das sei ein schlechtes Beispiel für mich.)
Manchmal wußte ich wahrhaftig nicht, was die Gören
von mir erwarteten. Brauchte ich sie, waren sie nicht
zu Hause. Waren sie zu Hause, trieben sie mich mit
ihrer neuesten Methode der Elternpsychologie auf die
Palme. Ich merkte immer gleich, wenn sie neue Metho-
den an mir ausprobierten. Dann nämlich genoß ich
ihre ungeteilte Aufmerksamkeit. Und sie probierten
jede aus, die ihnen in den Weg kam: aktives Zuhören,
Effizienz-Training und transaktionelle Analyse.
Es überraschte mich daher nicht, das von Mrs. Lutz
erwähnte Handbuch WIE ERZIEHE ICH MEINE
ELTERN unter einem Stoß Zeitschriften im Badezimmer zu entdecken.
Auf dem Titelblatt sah man einen Teenager verlogen
lächeln. Er ließ soeben die Zeitung sinken und
betrachtete aufmerksam, was seine Mutter ihm zeigte.
Rasch durchblätterte ich das Kapitel: *Wie sage ich
nein zu meinen Eltern*. Das WIE wußte ich ja. Nur
leider nicht das WARUM! Da fiel mein Blick auf eine

Überschrift: »Das Mittel-Syndrom bei Eltern. Welche Stellung innerhalb der Familie nehmen Sie ein?«

Das war es, genau! Ein Mittel-Kind war ich nicht gewesen, aber ein Mittel-Elternteil war ich und damit weder das älteste, noch das jüngste Familienmitglied. Ich stak in der Zwielichtregion, in der einer nie etwas zum erstenmal tut, nie etwas wirklich Originelles sagt, nie etwas Neues zum Anziehen bekommt, nie reizende, allgemein belachte Aussprüche tut.

Schon meine Stellung innerhalb der Familienkutsche bestätigte es. Als Jungverheiratete schmiegte ich mich so eng an meinen Mann, daß es aussah, als sei er allein am Steuer. Als das erste Baby kam, zog ich ganz hinüber an die Tür, damit das Baby zwischen uns Platz hatte. Als wir dann zwei Kinder hatten, hing ich chronisch über der Rücklehne, um ganz sicherzugehen, daß keines auf den Boden gerutscht war, und traf überall mit dem Po voraus ein. Vom dritten Kind an gab ich den Beifahrersitz vollkommen auf und wurde zum festen Bestandteil der Rücksitze, damit jedes Kind sein eigenes Fenster zum Hinausschauen hatte.

Als die Car-Pools zu einem Teil meines Lebens wurden, kehrte ich zwar nach vorne zurück, aber als Dauerchauffeur. Nie mehr sprach jemand mit mir oder nahm sonst irgendwie von mir Notiz.

Als die Kinder dann selbst anfingen zu fahren, wanderte ich zurück auf den Beifahrersitz. Und in letzter Zeit wurde ich wieder in den Fond abgeschoben – sofern für mich überhaupt ein Sitzplatz vorgesehen war.

Ich war jetzt auf heißer Spur, das wußte ich, fieberhaft blätterte ich weiter bis zu dem Kapitel *Selbständig-werden*. Dort hieß es, erst wenn wir allein zu stehen imstande seien, allein, ohne uns auf die Kinder zu stützen, hätten wir das Alter des Erwachsenseins erreicht.

Verwirrend blieb die Geschichte trotzdem. Ich wußte nämlich nicht, was ich wollte. Manchmal wollte ich nur eines: allein sein. Zum Beispiel, wenn Freundinnen zu Besuch kamen. Damals, als Ivonne vorbeikam, um mir über Elaines Totaloperation zu berichten. Ehe sie ins Detail gehen konnte, pflanzte sich mein Jüngster zwischen unsere Kaffeetassen und äußerte: »Hündinnen werden nach so einer Operation immer fett. Hoffentlich kommt die arme Elaine drum herum.«

Bei anderen Gelegenheiten wiederum wünschte ich, gebraucht zu werden, anderen eine Stütze zu sein. Ich schlug das Buch zu. Dieser Tag war für all so etwas ungeeignet. Draußen in der Küche standen 35 angebrauchte Gläser auf der Spüle. Und ich besaß gar keine 35 Gläser.

Seit zwei Jahren ging die Haustür nicht mehr zu. In der Einfahrt standen sechs Wagen. Nur einer davon war fahrbereit.

Das Backpulver, das ich in den Kühlschrank gestellt hatte, damit er weniger roch, war zur Hälfte aufgegessen. An der Backofentür sah man schwarze Fußabdrücke.

Der Hund sah zu fett aus.

Außerdem hieß es Abschied nehmen von dem reinen,

natürlichen Kräutershampoo, das ohne Verschluß im Waschtisch lag und in den Abfluß sickerte. Abschied nehmen auch von der Verandaleuchte, deren Birnen alle sechs Wochen erneuert werden mußten. Und von den verschimmelten Frottiertüchern, leeren Eiswürfeltabletts und allen Etiketten, auf denen stand: für lauwarme Handwäsche, und dem Frühstücksfleisch, das sich zu trockenen Locken ringelte, weil keiner es je wieder einpackte.

Meine sämtlichen Freundinnen hatten die Abhängigkeit von ihren Kindern hinter sich, sie waren auf Kreuzfahrt um die Welt. Ich wußte es genau, weil kein Tag verging, an dem mir nicht eine von ihnen schrieb.

Und ich? Ich sortierte immer noch Socken, fischte Krümel aus dem Trinkwasserkrug im Kühlschrank und spielte am Muttertag die Hocherfreute über einen Käsehobel. Als nun eines Tages mein älterer Sohn seine Brille suchte, um mein Portemonnaie besser finden zu können, und der jüngere mein Autoradio auf einen Rock-Sender einstellte, wußte ich mit einem Schlag, was ich zu tun hatte.

Ich nahm ihn beiseite und sagte: »Hör mal, für ein Kind, das eigentlich gar keine Eltern gewollt hat, hast du doch Glück gehabt. Ich weiß, ich habe auch viel verkehrt gemacht...«

»Wenn es wegen dem Cashmere-Pullover ist, den du hast in der Wäsche so eingehen lassen, vergiß es«, sagte er.

»Nein, es ist wegen des mangelnden Kontaktes zwischen uns. Wir können kaum je ein Gespräch führen, ohne uns gegenseitig anzubrüllen.«

»Nicht doch, Mom«, sagte er. »Jetzt sind doch die besten Jahre deines Lebens.«

Ich fing an zu weinen. »So was sagen Kinder immer. Worauf ich hinauswill: Warum kannst du mich nicht als das akzeptieren, was ich *bin*, warum muß ich perfekt sein? Nie darf ich etwas, was alle anderen Mütter dürfen. Jetzt wird es Zeit, daß ich mich losreiße und der Mensch werde, als der ich angelegt bin. Ich finde, du solltest ausziehen und dir eine eigene Wohnung nehmen.«

Als ich ihn stehenließ, murmelte er: »Was habe ich nur falsch gemacht?«

Als am nächsten Abend Gloria zum Abendessen angelatscht kam und sich auf den nächsten Stuhl fallen ließ, machte ich ihr Mitteilung von meinem Ultimatum.

»Du bist eine vorbildliche Mutter«, sagte sie »Hoffentlich bist du bei TEENAGER-APARTMENT versichert.«

»Was ist denn das?«

»Das ist eine neuartige Police für die Eltern junger Leute, die ausziehen und sich eine eigene Wohnung nehmen. Die Prämien sind extrem hoch, aber sie decken den Verlust an Möbeln bis zu 5 000 Dollar, Kraftfahrzeugschäden beim Wegtransport von Hauseigentum und das Auffüllen des Kühlschranks.«

»Ist das dein Ernst?«

»Mein voller Ernst. Du hast ein schlechtes Gedächtnis«, sagte sie. »Hast du vergessen wie es war, als deine Tochter ins College reiste? Das einzige, was sie zurückließ, war ein Echo.«

Mein Sohn muß meine Befürchtungen gekannt haben, denn als er ein paar Wochen später sagte: »Ich hab' 'ne Wohnung«, fügte er unaufgefordert hinzu: »Mach dir keinen Kummer, sie ist möbliert.«

Meine Erleichterung dauerte nur so lange, bis wir sie besichtigt hatten. Ich habe schon Aufwachräume in Kliniken gesehen, die üppiger möbliert waren.

»Brauchst du eine Bratpfanne?«

»Wozu?« zwitscherte er. »Ich ess' ja nur einmal am Tag zu Hause.«

Ein Instinkt sagte ihm stets rechtzeitig, wann es bei uns Braten gab. Er landete wie nach Radar. Gelegentlich rief er an solchen Abenden aus dem Nebenzimmer: »Brauchst du das hier?«

»Was ist es denn?«

»Der Fernseher.«

»Selbstverständlich brauchen wir den.«

»Du kriegst dafür auch die grüne Lampe wieder.«

»Hör mal, hier ist kein Tauschmarkt.«

Zum Schluß hatte er alles – die Knüpfteppiche, die Mutter mir gemacht hatte, die Teller, die er für eine Party geborgt und nie zurückgebracht hatte, die Schreibmaschine, den Ventilator fürs Fenster, den großen Kochtopf für Spaghetti, die Badetücher, den Vierradantrieb, das Fahrrad, »das bloß dasteht und eines Tages gestohlen wird, dann siehst du es nie wieder.«

Es tat weh, daß wir keinen Pfennig Teenager-Apartment-Versicherung hatten, um unseren Verlust zu lindern.

Als er weggezogen war, wurde dann alles etwas leichter, wir hatten nur noch ein Kind in der High-School, aber wie in einer eigenen Wohnung war es trotzdem nicht.

Gloria war zufällig an dem Nachmittag bei mir, als er so böse auf mich wurde, weil kein Benzin in meinem Wagen war.

»Warum läßt du dir das alles gefallen?« fragte Gloria.

»Weil es leichter ist, als zu streiten. Außerdem würde er mich nicht anbrüllen, wenn er mich nicht lieb hätte.«

»Selbstachtung ist bei dir ein Fremdwort, was?«

»Ich habe natürlich davon gehört. Du willst mir doch nicht einreden, ich hätte keine?«

»Wenn du welche hättest, solltest du sie gelinde gesagt mehr anwenden! Du hast eben den Sprachfehler, nicht NEIN sagen zu können. Und weißt du, warum?«

Ich schüttelte den Kopf, aber mit schlechtem Gewissen. »Weil du total unsicher bist. Du willst geliebt werden und riskierst nicht, dir einen Menschen zu entfremden.«

»Da irrst du dich«, lachte ich.

»Schön. Dann tu mir den Gefallen, geh ins Wohnzimmer und sage laut: Dies ist mein Haus. Schließlich und endlich bin ich auch wer. Ich werde jetzt ab sofort selbstbewußter.«

Eine Sekunde lang überlegte ich. Dann fand ich, ich

müßte Gloria zeigen, was eine Harke ist. Ich ging ins Wohnzimmer, in dem mein Mann und mein Sohn vor dem Fernseher saßen.

»Dies ist mein Haus. Schließlich und endlich bin ich auch wer. Ab sofort werde ich selbstbewußter.«

Mein Mann sah auf. »Ich kann nicht Lippenlesen, was murmelst du da? Sprich lauter!«

Ich räusperte mich und fing noch mal an: »Dies ist mein Haus. Schließlich bin ich auch wer. Ich werde ab sofort selbstbewußter werden.«

»Junge«, sagte mein Mann ungeduldig, »dreh mal den Ton leiser. Deine Mutter versucht etwas zu sagen. Aber beeil dich. Die schießen jeden Moment ein Tor.«

»Dies ist mein Haus. Ich bin auch wer. Ab jetzt werde ich selbstbewußter, wenn es euch recht...«

BRING ORDNUNG IN DEIN LEBEN!

Zum Abendkurs BRING ORDNUNG IN DEIN LEBEN kam ich etwas zu spät. Ich konnte aber nichts dafür. Erst war der Braten innen noch gefroren, als ich ihn ins Rohr schob, und dann gab es im ganzen Haus keine Uhr, deren Zeitangabe zu der anderen paßte, und an den Kreuzungen erwischte ich zweimal Rotlicht.

Zum Glück fand der Kurs in der Nähe statt. Ich glitt in einen Klappsitz unweit der Tür und sah mich um. Es waren ungefähr ein Dutzend Erwachsene, die da zusammengekommen waren, um Ordnung in ihr Leben zu bringen. Die Frau auf der anderen Seite des Mittelgangs lächelte und flüsterte mir zu: »Ich heiße Ruth.« Sie hatte zwei verschiedene Socken an. Ein Mann hinter mir fragte, ob er meinen Bleistift borgen dürfte. Ein anderer Mann verließ mit einer Entschuldigung den Raum: Er habe die Scheinwerfer brennen lassen.

Es war vollkommen klar, daß ich nicht hierher gehörte. Das waren doch lauter Hoffnungslose, die ohne irgendeine Reihenfolge, ein System mit ihrem Leben nicht mehr zurechtkamen.

Ich wühlte in meiner Handtasche und mußte schießlich versuchen, ohne Brille zu lesen, was die Lehrerin, Mrs. Sonntag, an die Tafel geschrieben hatte. Es war ein Quiz-Fragebogen, wie systematisch wir denn nun wirklich seien. Die eine Reihe Fragen war für die Männer, die andere für die Frauen. Pro Antwort gab es zwischen einem und zwölf Punkte.

1. Sind Wachskerzen in Ihrem Haus ein Hauch Romantik oder die hauptsächliche Lichtquelle, weil Sie vergessen haben, die Stromrechnung zu zahlen?

2. Leben Sie immer noch aus Packkisten, obwohl Ihr Umzug (Zutreffendes bitte ankreuzen) fünf Jahre (□), zehn Jahre (□), fünfzehn Jahre (□) zurückliegt?

3. Haben Sie die Weihnachtskarten, die Sie im Januar zum halben Preis gekauft haben, jederzeit griffbereit?

4. Hat eingehende Post bei Ihnen einen festen Platz auf dem Schreibtisch, oder benutzen Sie sie als Schäufelchen beim Auffegen des Küchenbodens?

5. Räumen Sie nach jeder Einkaufsfahrt die Lebensmittel in die Schränke ein, oder benutzen Sie sie gleich vom Wagen aus?

6. Verlegen Sie oft Dinge des täglichen Gebrauchs wie Schlüssel, Handtaschen, Brille, Kinder?

7. Vergessen Sie wichtige Daten wie Geburtstage, Termine beim Zahnarzt, Tollwutimpfungen für den Hund oder Weihnachten?

8. Können Sie eine Schranktür öffnen, ohne sich dabei zu verletzen?

9. Wäre es Ihnen peinlich, wenn Gäste ohne Ihre Begleitung im Haus herumwanderten?

10. Erledigen Sie das Notwendigste an einem bestimmten Tag, oder überlegen Sie immer: Was haben wir denn heute für einen Tag?

Ich beugte mich zu Ruth hinüber und borgte mir ihre

Brille (sie war mit einer Büroklammer notdürftig repariert) und beantwortete die Fragen so gut ich konnte. Meine Punktzahl war kläglich. Doch das bewies gar nichts. Ich konnte mich schon irgendwie durchmogeln. Schließlich war ich fünfzehn Jahre lang Schriftstellerin gewesen und hatte keinen Redaktionsschluß versäumt. Diese strenge Schule hatte selbstverständlich auch mein Privatleben stark beeinträchtigt. Kein Wunder, daß an meiner Tür das Schild hing: HAUS AUSSER BETRIEB.

Mrs. Sonntag sagte, nächste Woche sollten wir einmal versuchen, uns ein bestimmtes Gebiet unserer täglichen Haushaltspflichten vorzunehmen und es durchzuorganisieren. Mit anderen Worten: Ordnung sei das halbe Leben. Ruth und ich gingen zusammen weg, sie wollte mich bis zu meinem Parkplatz mitnehmen (Auch sie war zu spät gekommen und hatte ihren Wagen irgendwo im Halteverbot stehen, dort, wo es hieß: ›Wagen werden kostenpflichtig abgeschleppt‹). Wir sprachen über unsere Schwächen. »Das Schlimmste bei mir ist, ich bin Perfektionist«, sagte Ruth. »Haben Sie einen Kleiderbügel mit?«

»Wozu denn?«

»Ich habe meine Schlüssel im Wagen eingesperrt. Ich bin ein Mensch, der sich nicht mit Mittelmäßigem zufriedengibt«, erklärte sie, nahm die Halskette ab und mache daraus eine Schlinge, um den Türknopf hochzuziehen. »Achtung. Jetzt! Ich hab' ihn«, triumphierte sie.« Wissen Sie, früher habe ich sogar die Windeln gebügelt. Der einzige Grund, warum ich in diesen Kurs gehe, ist der: Ich muß lernen, Kompromisse zu schließen. Sonst werde ich noch wahnsinnig. Und was ist Ihr Problem?«

»Meine Mutter«, sagte ich. »Sie meint, ich müsse systematischer werden. Sie selbst ist so systematisch, daß sie ihre nächsten Kopfschmerzen vorausplant.«

Ruth nickte. »Den Typ kenne ich.«

»Bei ihr stehen die Gewürze in alphabetischer Reihenfolge. Nach jedesmaligem Gebrauch des Herdes putzt sie die Spritzer ab. Und sie räumt jedes Jahr ihren Kleiderschrank um: von Winter auf Sommer und umgekehrt.«

»Im Ernst?«

»Ja, im Ernst. Ich habe meine Mutter noch nie im Sommer mit Wildlederhandtasche gesehen. Außerdem hortet sie Schachteln. Ich habe Schals von ihr in Briefpapierkartons geschenkt bekommen, eine Bluse in einem Schuhkarton und einmal zum Geburtstag einen Anhänger in einer Schachtel mit der Aufschrift: Fieberthermometer. Zu Weihnachten kriege ich von Mutter jedesmal etwas in einer Tiffany-Schachtel. Dabei hat Mutter nie einen Fuß zu Tiffany hineingesetzt. – Saubere Schächtelchen, sauber gestapelt, in sauberen Schränkchen«, schwärmte ich weiter, »Schachteln, um Kuchen darin zu transportieren, lebende Hamster, Wäsche und Proviant für Picknicks. Versandschachteln, Aufbewahrschachteln, Schachteln, um das Feuer im Kamin in Schwung zu bringen, Schachteln für schlafende Hunde, für Fotos, für Andenken. Schachteln zum Kramen an einem Regentag. Schachteln für

Überschuhe neben der Tür. Schachteln, um die gebackenen Bohnen hineinzustellen, damit sie im Kofferraum nicht überschwappen. Schachteln, um ein Geburtstagsgeschenk für ein Kind darin zu verpacken, Schachteln in allen Größen...«

»Also dann«, sagte Ruth, »es hat mich gefreut, Sie kennenzulernen. Ich seh' Sie dann nächste Woche beim Kurs.«

»Vielleicht«, sagte ich zurückhaltend.

»Das Wichtigste beim Organisieren«, meinte Ruth lächelnd, »ist der Terminkalender, den man immer bei sich hat.« Sie zog ein grünes, ledergebundenes Büchlein mit dem Aufdruck *Kalender* heraus und blätterte das Datum auf. »Wollen mal sehen«, sagte sie. »Nächsen Dienstag, das wäre der 16., und der Kurs beginnt um sieben Uhr. Wie ich schon sagte: Ich bin Perfektionist.« Damit schlug sie das Büchlein zu. In goldener Prägung stand darauf: 1964.

Beim zweiten Kursabend von BRING ORDNUNG IN DEIN LEBEN hielt ich Ausschau nach Ruth, doch sie erschien nicht. Das war schade, denn diesmal ging es um etwas, was mir lange unbegreiflich geblieben war: darum, wie man sich den häuslichen Papierkram erleichtern kann.

Zwar verfügte ich über einen Schreibtisch, doch der war total verkramt, und die geschäftliche und private Korrespondenz geriet mir immer durcheinander. Mein Scheckbuch war seit Jahren nicht auf gleich gebracht worden.

Mrs. Sonntags Ratschläge waren fabelhaft. Sie sagte,

es gäbe da ein Blatt, das genau in mein Scheckbuch hineinpaßte, und auf dem könne ich jeden Scheck eintragen, mit Datum, Schecknummer und auf wen er ausgestellt war, samt dem Betrag.

Ich muß sagen, das hätte doch schon vor Jahren jemandem einfallen können. Es machte die Sache wirklich wesentlich leichter.

Mrs. Sonntag gab uns sogar Hausaufgaben. In der kommenden Woche sollten wir *einen* unserer Schränke ausräumen. »Greifen Sie rücksichtslos durch«, mahnte sie. »Werfen Sie alles weg, was Sie nicht benutzen. Wir haben alle die Neigung, Dinge aufzuheben, die wir nicht brauchen und trotzdem nicht wegwerfen wollen. Tun Sie es!«

Noch während sie sprach, wußte ich, was ich zu tun hatte: den Schrank meines Mannes auszuräumen, dieses Sammelsurium aller vier Jahreszeiten. Jedesmal, wenn ich die Tür aufmachte, kam ich mir vor wie in der berühmten Zeitmaschine. Sein erstes Paar langer Hosen. Die Knickerbocker, die er zur Erstkommunion bekam. Der doppelreihige dunkle Anzug, in dem er Abitur gemacht hatte. Die Nehru-Tunika. Alles war noch da. Außerdem seine Schlittschuhe, Kegelkugeln, Drachen, Aufsatzhefte, alte Zeugnisse, Straßenkarten und fünfzehn Jahrgänge der Lehrerzeitschrift.

Mit seinen Sachen war er komisch. Ein einziges Mal wollte ich ihm den Koffer packen, als er auf Urlaub fuhr, aber da wurde er kratzbürstig und behauptete, das könne nur er selber. Sein Gepäck wog dann ca. 1000 Kilo. Er hatte für jede nur vorstellbare Gelegen-

heit gesorgt. Sollte er den Friedensnobelpreis bekommen – er hatte den entsprechenden Anzug bei sich. Sollte er im Gefängnis landen – er hatte den nötigen Anzug bei sich. Er konnte ein Torpedoboot durch einen Sturm steuern, hatte Tauschartikel für Mulis und deren Führer im fernsten Dschungel bei sich. Er führte die nötige Ausrüstung mit für Schnorcheln, Diskothekbesuche, Safaris, Tee-Einladungen bei Hof, Bummel- und Freizeitbekleidung und außerdem solche, die man statt eines Trinkgelds hinterlassen kann. Beim Durchforsten seiner Sachen befolgte ich drei Grundregeln aufs I-Tüpfelchen genau:

a) Habe ich es kürzlich getragen oder benutzt?

b) Werde ich es je wieder tragen oder benutzen?

c) Hat es irgendwelchen Erinnerungswert für mich?

Da es sich um seinen Schrank handelte, war die Entscheidung relativ leicht.

Mit einem befreiten Gefühl rief ich den Verein an, der ehemalige Streuner beschäftigt und abgelegte Kleider abholt. Ein Lastwagen fuhr vor, und ich winkte dem Ausgemisteten fröhlich nach.

Der Augenblick, in dem mein Mann entdeckte, was ich getan hatte, ließ sich zeitlich genau bestimmen. Man hörte ihn bis in den Nachbarstaat. »Was hast du mit meinen Sachen gemacht?«

»Ich habe aufgeräumt«, erklärte ich stolz.

Fassungslos schüttelte er den Kopf. »Doch nicht meine Hosen mit den Taschen? Doch nicht meinen Glückspullover, den ich bei Kriegsende anhatte? Doch nicht meine abgelatschen Tennisschuhe?«

Er hätte sich nicht so anzustellen brauchen. Keine Woche später war der Lastwagen mit dem Schrankinhalt wieder da, samt Begleitbrief, in dem es hieß: »Wir sind bedürftig, aber noch nicht völlig abgebrannt!«

Ein paar Kursabende von BRING ORDNUNG IN DEIN LEBEN ließ ich aus, aber als ich wieder hinging, traf ich Ruth.

»Wo sind Sie denn gewesen?« fragte ich.

»Ich sage ihnen ja schon, ich bin Perfektionist«, antwortete sie. »Ich bin damals nach dem ersten Abend heimgegangen und habe angefangen, allen nackten Puppen meiner Tochter Kleidchen zu nähen. Das hat länger gedauert, als ich dachte. Und Sie? Haben Sie inzwischen Ihr Leben umgestellt?«

Das konnte ich ihr bestätigen. Mein Brattopf für den Weihnachtsputer war jetzt in ein so hohes Fach weggeräumt, daß man Nasenbluten bekam, wenn man ihn holen wollte. An jeder Tür des Hauses waren Haken angebracht, es gab Fächer in jedem noch verfügbaren Eckchen der Schränke, und ich war eine solche Musterhausfrau geworden, daß ich jedesmal nach dem Reinigen der Toiletten sterilisierte Papierstreifen über die Brillen legte. Ich wagte mich sogar vor bis ins Schlafzimmer meines Sohnes.

»Wie lange waren sie denn schon nicht mehr drin?«

»Seit 1976. Damals hatte er die Grippe.«

»Und wie alt ist er jetzt?«

»Abiturient.«

»Dann wird er wohl kommendes Jahr auf irgendein College gehen.«

289

»Wahrscheinlich nicht. Wir haben noch nicht darüber gesprochen. Ich muß ehrlich sagen, daß ich mit meinem Sohn auf keinem sehr vertrauten Fuß stehe. Er ist das letzte meiner Kinder, das noch zu Hause ist, und wir scheinen aus verschiedenen Welten zu stammen. Irgendwann habe ich bei ihm versagt.«

»Du meine Güte! Wenn Sie an seiner Zimmertür Haken anbringen und über seinem Wäschekorb einen Basketballreifen, was will er denn noch? Socken, die zueinander passen?«

»Er will gar nichts, das ist es ja. Wahrscheinlich ist es meine Schuld, daß er nicht öfters zu Hause ist. Wenn er da ist, schreie ich ihn ja doch nur an. Ich beklage mich, weil ich auf Schritt und Tritt hinter ihm herräumen muß.«

»Wieso? Was ist denn daran falsch?«

»Ich schreie ihn an, weil er zu spät kommt. Ich schreie ihn an, weil er den Wagen demoliert hat. Ich schreie ihn an, weil er sich keinen Job sucht. Ich schreie ihn an, weil er schlechte Noten heimbringt.«

»Und wenn schon. Haben Sie nicht allen Grund?«

»Sie verstehen mich nicht, Ruth.«

»Doch, ich verstehe Sie sehr gut«, sagte sie. »Sie leiden an einem Schuldkomplex. Sie fragen sich, wie man Ihrer gedenken wird, wenn Sie einmal nicht mehr sind, nicht wahr? Mit einem aufrechten Grabstein mit den eingemeißelten Worten: ›Eine Mutter, die genügend liebte, um auch mal zu schimpfen‹ oder mit einem flachliegenden, wie einer Fußmatte, mit der Inschrift: WILLKOMMEN, damit nur ja jeder drauftreten kann?

Gewöhnen Sie sich Ihre Schuldkomplexe ab, meine Liebe, und fangen Sie ein Eigenleben an. Es wird Zeit. Machen Sie es wie ich. Vor zwei Jahren dämmerte es mir plötzlich. Ich hatte eben ein Buch ausgelesen, das hieß: SCHULD UND SCHIMPFE. Eines Morgens machte mein Sohn das Frühstück, und das Eigelb zerlief ihm. Da rief er: »Mom, das Ei hier kannst *du* essen«, und schlug sich ein neues in die Pfanne. Das war der Moment! Ich faßte einen Beschluß. Ich sagte laut: ›Von heute ab werde ich nie wieder ein Spiegelei mit zerlaufenem Eigelb essen.‹«

»Eine wunderschöne Geschichte«, sagte ich.

»Es könnte Ihre Geschichte sein. Alles verändert sich. Wir brauchen kein schlechtes Gewissen mehr zu haben, nur weil etwas so oder anders sein sollte. Holen Sie sich das Buch, lesen Sie es! Es hat Spaß gemacht, wirklich! Bei Ihnen weiß ich es ja nicht, aber ich persönlich habe viel profitiert bei diesem Kurs. Von jetzt an werde ich Ordnung halten in meinem Leben, immer erst nachdenken, ehe ich spreche, planen, ehe ich handele und handeln, ehe ich es wieder aufschieben kann. Ich glaube, jetzt weiß ich wie. Auf bald, Edna.«

»Mein Name ist Erma«, sagte ich.

SPRECHT ZU MIR, SCHLIESSLICH BIN ICH EURE MUTTER!

Die ersten zwei Jahre im Leben eines Kindes bemüht man sich, ihm das Sprechen beizubringen. Die folgenden zehn Jahre verwendet man darauf, es zum Schweigen zu bringen, und den Rest des Lebens versucht man zu erreichen, daß es die Lippen bewegt und einen Laut von sich gibt.

Ich persönlich bin der Meinung, wenn der liebe Gott gewollt hätte, daß ich morgens spreche, hätte ER in seiner Weisheit ein Bandgerät in meine Brust gelegt und von meinem Nacken hinge ein Schnürchen zum Ziehen, wie bei einer Sprechpuppe.

Nie werde ich begreifen, daß es Menschen gibt, die aus dem Bett springen und die Bewegung ihrer Lippen zu Wörtern koordinieren, so daß Sätze entstehen, die eine Gedankenkommunikation ermöglichen. Diesen Punkt erreiche ich erst nach dem Mittagessen. Am Morgen habe ich einen Stammwortschatz von 16 Wörtern. »Nein. Mir egal. Im Wäschekorb. Wie heißt du doch noch? Senf oder Ketchup? In Papis Brieftasche.« Im Lauf von 23 Jahren ist keines dazugekommen, aber auch keines weggefallen.

Neulich schlurfte ich morgens in die Küche und tat automatisch, was nötig war. Meine Tochter sagte:

»Ich muß mir was kaufen.«

»In Papis Brieftasche«, unterbrach ich.

»Wo ist mein Lieblingspullover mit dem V-Aus-
schnitt?« fragte mein Sohn.

»Im Wäschekorb.«

»Kann ich ihn anziehen?«

»Nein.«

»Dann sitze ich ohne Pulli neben dem offenen Fenster
und bin noch vor dem Mittagessen tot.«

»Senf oder Ketchup?« murmelte ich und hielt ihm sein
Pausenbrot hin.

»Ketchup.«

Als ich gerade das Sandwich wieder aufklappte und
versuchte, aus der Flasche Ketchup herauszuschüt-
teln, klingelte das Telefon.

»Hallo«, sagte meine Tochter. »Kleinen Moment. Für
dich Mom.«

Ich schüttelte den Kopf.

»Sie kann jetzt nicht an den Apparat kommen«, sagte
sie sarkastisch. »Sie hängt an der Flasche.«

»Wie heißt du?« fragte ich meinen Jüngsten. Er sagte es
mir, und ich kritzelte den Namen auf sein Frühstücks-
paket.

»Eine Paula Peitsch hat angerufen«, sagte meine Tochter und drückte mir einen Zettel in die Tasche meines
Schlafrocks. »Sie möchte sich zum Mittagessen mit dir
treffen – im Goldenen Huhn.«

Ich nickte. Den ganzen Vormittag dachte ich an Paula
Peitsch. Wer war das? Kannte ich sie und konnte mich
nicht mehr an sie erinnern? War sie vielleicht eine
Mitschülerin? Eine Dame von der Avon Kosmetik? Die
Vorsitzende von einem Verein? Die Frau eines Verle-

293

gers? Die Lehrerin eines meiner Kinder? Eine Sekretärin, die einem kompromittierende Fotos von der
Betriebsweihnachtsfeier andrehen wollte?

»Ich weiß, Sie kennen mich nicht«, sagte mittags um
1 Uhr eine Stimme im Goldenen Huhn. »Aber ich habe
Ihre Kolumne gelesen und mir gedacht, es müßte irr-
sinnig amüsant sein, mal mit Ihnen zu essen.«

»Wie heißen Sie?« fragte ich verglast.

»Paula Peitsch«, lächelte sie. »Ihr Kleid ist reizend. Wo
haben Sie es gefunden?«

»Im Wäschekorb.«

»Was wollen Sie trinken?«

»Mir egal. Senf oder Ketchup.«

»Woher haben Sie all ihre ulkigen Einfälle?«

»Aus Papis Brieftasche.«

Sie tat mir leid, aber es geschah ihr ganz recht.

Das Kommunikationsproblem besteht ja nicht in unserer Familie allein. Wir fingen mit einem Kind an, das
man schon rein akustisch nicht verstand. Seit der
Junge sein erstes Wort sprach, hat bis zum heutigen
Tag eigentlich nie jemand gewußt, worüber er überhaupt redet. Aus einem unerfindlichen Grunde bin ich
die einzige im Hause, die für ihn dolmetschen kann.
Als er noch im Krabbelalter war, stand er stundenlang
neben seinem Vater und schrie: »Mii, nonaa, nuu,
nuu!« Sein Vater zuckte die Achseln und fragte: »Was
will er?«

»Was wird er schon wollen«, sagte ich gereizt.

»Entweder er will uns mitteilen, daß der Hund keine
kalten Spaghetti mag oder daß ihm das Lexikon nicht

gefällt, das wir ihm gekauft haben, oder er hat einfach seinen Schnuller verschluckt«, riet mein Mann.

»Er versucht nur, dir zu erzählen, daß ihm ein Plätzchen in die Hose gerutscht ist. Also wirklich – wie kann ein Vater nur so begriffsstutzig sein.«

Als er größer wurde, wurde es noch schlimmer.

»Hör mal, der Junge braucht Sprechunterricht«, sagte mein Mann.

»Was denn noch?«

»Eben sagt er mir, daß er keine Fallnüsse mag. Meint er nun Fallobst oder Walnüsse?

»Das W ist ihm immer schon schwergefallen«, nahm ich meinen Sohn in Schutz.

»Wenn's ja nur das W wäre. Wenn der so weiterredet, stecken die ihn in eine Klasse, wo er den ganzen Tag Wäscheklammern und Rezepthalter aus Holz machen muß.«

»Aber er gibt sich doch solche Mühe, wie wir alle zu reden«, seufzte ich. »Er beherrscht eben unseren Wortschatz noch nicht.«

»Das kann man wohl sagen«, äußerte sich sein Bruder.

»Im Schulbus hat er neulich erzählt, wenn er groß ist, wird er ein indischer Joghurt.«

»Und einem meiner Kunden hat er neulich abends am Telefon gesagt, ich könnte nicht an den Apparat kommen, ich sei im Moment nicht zugänglich. Es muß etwas geschehen.«

Das andere Extrem ist unser Sohn, der nur vier Wörter pro Jahr spricht. Als ich eines Tages Eigelb und

Eiweiß trennen wollte, rutschte mir das Ganze auf den Fußboden. Da sah er mich an und sagte: »Futsch, Mami.«

Meine Augen wurden feucht. Ich hätte nicht zu hoffen gewagt, daß er überhaupt weiß, wer ich bin. Mütter, deren Kinder reden, habe ich immer beneidet. Was für Einblicke können sie tun in die Seele ihres Kindes. Wie schön haben sie es ... das vertraute Lachen ... das erste Geheimnis, das sie mit ihren Kindern teilen ...

Unsere Beziehung dagegen gleicht mehr der des Präsidenten zum Kongreß.

»Was hängt da aus dem Notizbuch?«

Achselzucken. Schweigen.

»Morgen werden Klassenfotos gemacht? Und was ist das da? Ein Versicherungsformular für Fußball. Ich wußte gar nicht, daß du so auf Fußball stehst? Was spielst du? Und wann spielt ihr?«

Achselzucken. Grimasse.

»He, das ist ja was, was an mich gerichtet ist. Die wollen jemand, der zum Schülerfest Kuchen backt. Ich glaube, das könnte ich schaffen.«

»Das ist noch vom vorigen Jahr.«

»Oh. Und hier ist noch etwas. ›An die Revolutionstruppen. Der Potomac wird heute abend um 7 Uhr 30 überschritten. Geld mitbringen. Gezeichnet George Washington.‹ Na ja, ich hab’ gedacht, mit Humor geht alles besser.«

Seufzer.

»Ach sieh mal da, eine Einladung an alle Eltern. Da werde ich wohl hingehen.«

Stöhnen.

Aber wenn Sie meinen, für die Mutter eines stummen Kindes sei es daheim am schmerzlichsten, gehen Sie mal zu einem Elternsprechtag.

Ich saß noch nicht, da sprach mich schon eine der Mütter an.

»Sagen Sie mal, was halten *Sie* denn von dem Vorkommnis im Heizungskeller? Ihr Sohn wird Ihnen ja sicher davon erzählt haben, oder?«

Eine andere stürzte auf mich zu und sagte: »Den neuen Direktor habe ich ja sofort erkannt, so genau hat mein Sohn ihn mir beschrieben. Sie nicht auch?« (Meine Dame, ich hätte nicht einmal das Gebäude gefunden, wenn nicht ein Pfadfinder auf dem Parkplatz gestanden hätte.)

Und schließlich: »Zu schade, daß Sie keine Zeit hatten, zur Preisverleihung zu kommen. Wir dachten, wo doch Ihr Sohn in diesem Team mitspielt...«

Als ich schon gehen wollte, legte mir die Lehrerin meines Sohnes die Hand auf den Arm. »Ich hätte mich gern mal mit Ihnen über das Problem Ihres Sohnes unterhalten«, sagte sie.

Aha. Jetzt kam's. Ich war nicht schuld. Der arme, gehemmte Junge konnte sich nicht ausdrücken und lebte in einer Welt des Schweigens.

»Ihr Sohn kann anscheinend nie den Mund halten«, sagte die Lehrerin. »Er spricht dauernd während des Unterrichts dazwischen, brüllt Antworten, ehe ich fertig gefragt habe. Seine Mitschüler nennen ihn ›das Maschinengewehr‹.«

»Also direkt redselig war er nie«, gestand ich. »Zu Hause spricht er nur in Bulletins. Wie in Fernsehreklamen, wo der Ehemann seine Frau fragt: ›Schnupfen weg?‹ und sie nickt und antwortet: ›Temperatur normal. Husten weg. Geht mir prima.‹ Wenn mein Sohn von der Schule heimkehrt, komme ich mir vor wie Chef Ironside, der einen Zeugen verhört.«

Es stimmt, ich versuche ein Gespräch dadurch in Gang zu bringen, daß ich frage: »Na, wie war's heute in der Schule?«

»Ging.«

»In der Brottrommel sind noch Schmalzkrapfen, falls du welche willst.«

»Weiß schon.«

»Dein Bruder hat einen angebissen, aber...«

»Gemeinheit.«

»Wer war denn der Junge, mit dem du da gegangen bist?«

»Der Fischer.«

»Ist der nett?«

»Nein.«

»Nicht? Warum denn nicht?«

»Is' 'ne Flasche.«

Eines Abends waren wir gerade wieder bei solch tiefschürfendem Gedankenaustausch, da kam sein Vater heim.

»Nun hör ihn dir bloß an!« rief ich aus. »Wenn der Junge nicht bald anfängt, sich mitzuteilen, müssen wir ihm Spritzen geben lassen, daß ihm der Kehlkopf nicht austrocknet.«

»Laß doch, nicht jeder ist mitteilsam.«

»Na, weißt du! Als er neulich von der Schule heimkam, hatte ich mich auf den Fußboden gelegt, um
festzustellen, ob er was sagt, wenn er mich ohnmächtig daliegen sieht. Weißt du, was er getan hat? Er hat
sich über meinen regungslosen Körper gebeugt und
gefragt: ›Ist die Sportillustrierte schon da?‹«

»Sie müssen«, sprach die Lehrerin meines Sohnes,
»versuchen, diese Kluft zu überbrücken. Sich in
seine Welt begeben und ihm zeigen, daß sie ihn lieb-
haben.«

Einige Wochen danach brach ich eine meiner eiser-
nen Haushaltregeln. Ich betrat sein Schlafzimmer.
(Wir wollten eigentlich damit warten, bis er heiratet
und wir dann das Haus verkaufen.) Er hatte ein
Schreibheft vor sich liegen und stocherte mit dem
Kugelschreiber in den Zähnen.

»Was ist die größte Umweltbedrohung für die
Menschheit?« fragte er unvermittelt.

»Dieses Schlafzimmer«, sagte ich und sah mich fassungslos um.

»Die Menschen selbst«, verbesserte er. »Die sind
nämlich so schlampig. Ich muß einen Aufsatz darüber schreiben, wie man das abstellen könnte.«

»Wo hast du üblicherweise dein Bett?« fragte ich und
schaffte mit ein paar Handgriffen Platz.

»In der Mitte des Fußbodens«, sagte er. »Es ist noch
nicht gemacht, weil ich es gerade lüfte.«

»Du lüftest es seit drei Jahren«, sagte ich. »Und
warum liegst du drin mit 84 Sportzeitschriften,

einem Pappbecher, einer Autoradkappe und achtzehn nicht zusammenpassenden Socken?«

»Ökologie«, grübelte er laut, »geht jeden an. Man
muß beim Einzelnen anfangen. Jedes Bonbonpapier
zählt und jeder Kronkorken.«

»Warum tränen einem hier drin so die Augen?«
krächzte ich.

»Ach, das ist das Aquarium«, meinte er. »Der Staub-
saugerfisch tut nicht, was er soll.«

Ich besah mir den Behälter mit dem fauligen Wasser
und der gurgelnden und schmatzenden Pumpe. Möglicherweise war dies das einzige Wasser, das außer
dem Cuahoga-Fluß in Cleveland Feuer fangen
konnte.

»Gleichgültigkeit«, fuhr er fort. »Es geht ganz einfach um die allgemeine Gleichgültigkeit. Wenn man
doch den Leuten klarmachen könnte, wie sehr sie die
Landschaft verunstalten – –.«

»Hebst du diese Limo-Flaschen aus einem besonderen Grund auf?« fragte ich.

»In einer davon ist eine Viper«, sagte er beiläufig.
»Wo war ich doch noch. Ah ja, Umweltverschmut-
zung. Wie wäre beispielsweise: ›Laßt uns zusammenhalten, eine Lobby bilden, Druck auf die Verunstal-
ter dieses Planeten ausüben!‹?«

»Prachtvoll«, sagte ich. »Hast du gewußt, daß du
Turnschuhe unterm Bett hast, die schon stockfleckig
sind? Und einen Jahresvorrat zerknüllter Tempotaschentücher im Sockenfach? Und ein Stück grünes
Brot unterm Kopfkissen? Ein Nest in deiner Zahn-

bürste und auf dem Boden von deinem Schrank ein
Handtuch, das eben mit mir gesprochen hat?«
»Mami«, mahnte er, »hilfst du mir nun bei dem Ökolo-
gie-Aufsatz, oder willst du dich unterhalten?«

ICH HÖRE WAS, WAS DU NICHT SAGST...

Um es einmal kurz zusammenzufassen: Ich traue keinem unter dreißig. Ich habe schon, als ich selbst noch
unter dreißig war, keinem unter dreißig mehr getraut.
Insbesondere Kindern nicht. Sie lügen nicht mit
Absicht, aber sie verzapfen Räubergeschichten, wie es
sie seit Jack London nicht mehr gibt, nur indem sie
etwas weglassen oder dazuerfinden.
Eine meiner Freundinnen wurde eines Tages von
ihrem Sohn gefragt, ob er mit einem Leih-Bus zu
einem Basketballspiel nach New York fahren dürfe.
Es schien kein unbilliger Wunsch. Sie stellte die übli-
chen Fragen: Ob ein Erwachsener dabei sei? Ob alle
anderen auch mitführen? Ob es von der Schule aus-
ginge? Erst nachdem ungefähr 55 wütende Eltern sie
angerufen hatten, wurde ihr klar, daß ihr Sechzehn-
jähriger, ein Führerscheinsäugling, den Bus ins Zen-
trum von New York zu fahren gedachte. Diese Kleinigkeit hatte er nicht erwähnt.
Besonders bei Teenagern muß man lernen, Verschlei-
ertes in Klartext zu übersetzen.
»Darf ich am Samstagabend zu einer Party?« fragt das
Töchterchen.

»Wer gibt sie denn?« fragen Sie, die Mutter.

»Eine von den Mädels.« (Ihre Tochter nämlich.)

»In einem Haus?«

»Ja.« (Nämlich Ihrem.)

»Sind die Eltern dabei?«

»Wahrscheinlich.« (Wenn die Eltern es schaffen, in drei Stunden von einem Wochenendausflug nach Miami, Florida, nach Cleveland, Ohio, zurückzufahren.)

»Wer kommt denn alles?«

»Nur ein paar Kinder aus der Schule.« (Es gibt fünf Schulen allein in diesem Stadtteil.)

»Wie viele denn?«

»Zwanzig, dreißig.« (Paare.)

»Ich hoffe doch, daß es rechtzeitig aus ist.«

»Aber bestimmt.« (Mit Nachhilfe der Ortspolizei.)

Ich könnte ein Buch mit den unglaublichen Geschichten füllen, die meine Kinder mir so erzählen, als seien sie das Evangelium. Mein Sohn erzählte mir von einem Jungen, der mit dem Millionär Howard Hughes nahe verwandt war. Da jedoch (das war der Haken) Hughes verschwunden sei, bekäme er sein Taschengeld nicht mehr. Darum wolle er für 25 Cent eine Fliege schlukken. Mein Sohn glaubte ihm jedes Wort. Ein andermal erzählte er mir von einem Klassenkameraden, der sein eigenes Flugzeug flog und an einem Wochenende in Minneapolis gekidnappt worden sei. Mein Sohn glaubte jedes Wort.

Aber eines Tages kam er zu mir in die Küche und fragte: »Was für ein Tag ist heute?«

303

»Dienstag«, sagte ich. »Gestern war Montag, und morgen ist Mittwoch.« Da legte er den Kopf auf die Seite und fragte: »Bist du ganz sicher?«

REDEN IST SILBER . . .

Da heißt es immer, Kommunikation während der gemeinsamen Mahlzeit sei das A und O der Erziehung. Und als es in unserem Haus bei Tisch allmählich zuging wie bei einer Aussegnungsfeier, beschlossen wir etwas zu unternehmen.

»Wir haben beide etwas falsch gemacht«, sagte ich zu meinem Mann. »Wir dürfen die Kinder nicht bei Tisch kritisieren und ermahnen. Nicht mehr darauf herumhacken, wer heute das Rad wieder draußen im Regen hat stehenlassen und daß es verrostet. Kein Genörgel mehr, daß sie Tischmanieren haben wie Heinrich der Achte. Keine Vorhaltungen mehr über Zeugnisse, unaufgeräumte Zimmer oder daß eines der Kinder den Wagen mit leerem Tank heimgebracht hat. Nicht immer wieder davon anfangen, wer mit dem Abspülen dran ist und wer die Schere verschleppt hat und wer die Abfallhaufen im Hof nicht weggebracht. Wenn wir nicht aufhören, sie beim Essen zu kritisieren, kriegen sie Magengeschwüre.«

An diesem Abend herrschte bei Tisch bedrückte Stille.

»Wir haben heute einen recht interessanten Vortrag gehört«, begann mein Mann, »es ging um Schutzmaßnahmen im Falle eines Atomkrieges.«

Die Kinder kauten schweigend.

»Ratet mal, wen ich heute im Supermarkt getroffen habe?« Sie aßen stoisch weiter und tauschten nur hie und da einen verstohlenen Blick.

»Hat einer von euch gemerkt, daß ich den Kühlschrank abgetaut habe?« fragte ich.

»Kennt einer von euch die hübsche Geschichte, wie Art Linkletter eine Fünfjährige fragt, welches Tier sie sein möchte, wenn sie groß ist?«

Schließlich sprach eines der Kinder. »Wollt ihr denn nicht wissen, wer die Scheibe in der Verandatür zerbrochen hat?«

»Nein, Liebchen, nun iß schön.« Ich lächelte milde.

»Wird denn heute nicht darüber geredet, wer die Dekkel von den Abfalltonnen vergessen hat draufzutun, und dann haben die Hunde alles rausgezerrt?« fragte ein anderes Kind.

»Nein, bestimmt nicht. Beim Essen spricht man nicht von Unangenehmem.«

»Nicht einmal davon, wer mit wem für wann getauscht hat und wer dran ist mit Abdecken?«

»Nicht beim Essen«, sagte ich leise.

Wie auf ein Stichwort schoben alle ihre Stühle zurück und ließen ihre halbgeleerten Teller stehen.

»Was ist denn los?« fragte ich.

»Wir können nicht essen, wenn ihr sauer auf uns seid«, sagten die Kinder.

DRAUSSEN VOR DER TÜR

Mit einem Kind Kontakt zu bekommen, ist für Eltern nicht leicht. Besonders dann nicht, wenn es gerade seine verschlossene Phase hat. In unserem ganzen Haus standen von jeher alle Türen offen. Jeder durfte sich aufhalten, wo er wollte, und war doch deutlich zu sehen. Jetzt hat unser Heim den Charme einer geschlossenen Anstalt. Neulich klopfte ich laut an die Schlafzimmertür.

»Wer ist da?« fragte eine Stimme.

»Deine Mutter.«

»Wer?«

»Mama!«

»Bist du sicher?«

»Ja.«

»Was willst du?«

»Mach die Tür auf. Ich habe mit dir zu reden.«

»Schickt vielleicht ER dich, weil er seine Platten zurückhaben will?«

»Nein. Schließ sofort auf!«

Die Tür öffnete sich einen Spalt. Ein Auge lugte heraus. »Ach, du bist es!«

»Wen hast du denn erwartet. Den Nikolaus? Komm zum Essen!«

Die Tür wurde wieder zugeknallt. Mich an der Telefonschnur entlangtastend, spürte ich das nächste Kind auf: in einem geschlossenen Wandschrank.

»Ich weiß, daß du da drin bist. Der Draht ist warm. Komm zum Essen.«

Stille. Dann wisperte eine Stimme: »Sie hört mit. Ich ruf' dich wieder an.«

Nummer 3 war eine harte Nuß. Ich fand meinen Sohn hinter verschlossenen Türen in der Garage, wo er auf seinen Trommeln übte.

»Hörst du mich?« brüllte ich. »Abendessen!«

»Wer hat dir gesagt, daß ich hier bin?«

»Die Nachbarn.«

Bei Tisch fragte ich dann alle drei: »Warum schließt ihr euch eigentlich in euren Zimmern ein? Wäre es nicht denkbar, daß wir die jeweilige Intimsphäre auch ohne Schlösser und Riegel respektieren? Diese Gruppe an einem Eßtisch zu vereinen, macht ungefähr so viel Mühe wie das Knacken eines Banktresors.«

»Hör zu, Mom«, erläuterten sie voller Geduld, »wir durchlaufen gerade eine Phase, in der wir ungestört sein möchten. Wir brauchen Zeit, uns selbst zu finden, herauszufinden, wer wir sind, was wir sind und wohin unser Weg führt. Das wirst du doch begreifen?«

Etwas später am gleichen Abend hatte ich mich im Bad eingeschlossen, da wurde ein Zettel unter der Tür durchgeschoben. »Ich brauche eine Mark. Wo ist deine Handtasche?«

Ich schrieb zurück: »Ich finde gerade zu mir selber. Da ich nicht weiß, wer ich bin, ist es klar wie Kloßbrühe, daß ich ebensowenig weiß, wo meine Handtasche ist.«

Die Fachleute sagen, manchmal erfordere der Moment, zu reden, und manchmal, zu schweigen. Bei Teenagern weiß man nie, was gerade dran ist. Ich fuhr mit meiner Tochter im Wagen, plötzlich bog sie ohne Grund in eine Sackgasse. Behutsam sagte ich: »Ich glaube, du drehst besser um.« Sie fuhr ruhig weiter, also erhob ich leicht die Stimme: »Vor uns ist eine Absperrung, du mußt wohl umdrehen.« Sie saß wie ans Lenkrad geschmiedet, bis ich schließlich hysterisch kreischte: »Um Gottes willen, halt!« Sie trat auf die Bremse, sah mich an und sagte leise: »Können wir uns denn nie ruhig unterhalten? Immer schreist du mich an.«

Das klang zwar nicht unbedingt nach einer feierlichen Einladung, mir aber doch wie Engelsgesang. »Ich habe mir schon lange gewünscht, mich mal mit dir zu unterhalten«, gestand ich. »Hauptsächlich darüber, welches College du dir denn nun aussuchen willst. Mir ist aufgefallen, daß du in letzter Zeit von überall Anmelde-Vordrucke zugeschickt bekommst, auch von Schulen jenseits des Eisernen Vorhangs, und da habe ich mir gedacht, Papi und ich könnten dir vielleicht aussuchen helfen.«

»Wozu wollt ihr euch irgendein College ansehen«, meinte sie vorwurfsvoll. »Ihr müßt ja doch nicht hin.«

»Hab Nachsicht mit uns«, meinte ich sanft. »Wir sind alte Leute und sehr ängstlich. Dein Vater und ich möchten uns nur davon überzeugen, daß alligatorengefüllte Wassergräben zwischen den männlichen und weiblichen Schlafsälen sind und daß die Hausmutter nicht irgendwelche komischen Zigaretten raucht.«

»Wenn es dabei bliebe, wäre mir das piepegal«, sagte sie mürrisch, »aber du und Papi, ihr stellt ja immer tausend Fragen. ›Was kostet es?‹ ›Wieviel Bügelbretter pro Etage stehen zur Verfügung?‹ oder ›Wie viele Schü-

lerinnen sind in den einzelnen Klassen?‹ Alles Blödsinn.«

Das erste College, das wir besichtigten, gefiel uns gut.
Theoretisch war es erstrangig. Unsere Tochter aber
schüttelte den Kopf.

»Ihr habt leicht reden. Habt ihr die fünf Jungen vom
Studentenrat gesehen? Klein, klein, klein, klein,
klein.«

Auch das nächste College, das wir ansahen, hatte
durchaus seine Vorzüge. (Außerdem fünf Bügelbretter
auf je fünfundzwanzig Studentinnen).

»Kommt nicht in Frage«, erklärte unsere Tochter.
»Einen vollen Tag Anfahrt zur Skipiste.«

Im Verwaltungsgebäude des dritten hing ein Poster
von Fidel Castro, sonst schien es annehmbar.

»Kommt nicht in die Tüte«, weigerte sie sich. »Der
Registrator hatte einen Stoppelhaarschnitt.«

Weitere Colleges wurden abgelehnt, weil

a) der Geistliche verlangte, daß man einmal monatlich
an die Mutter schrieb,

b) das Fußballteam schlecht abgeschnitten hatte,

c) Pauline Frank dort genommen worden war, und
wenn die Pauline Frank nahmen, dann nahmen die
auch wer weiß wen.

»Ich wollte, ihr wärt ein bißchen mehr wie Wickies
Eltern«, sagte sie. »Die schauen sich auch Colleges an,
aber sie nerven einen nicht so damit.«

Mein Mann und ich hatten noch nie einen Tennisplatz
beim Licht einer Taschenlampe besichtigt, doch
wenigstens sprach unsere Tochter während dieses

Erkundungsganges mit uns. Sie sagte: »Noch ein bißchen tiefer bücken.«

Ihre Abreise ins College war ein echtes Drama. Sie sagte zwar auch bei dieser Gelegenheit nicht viel, doch was sie tat, rührte uns Eltern zu Tränen.

Als wir durch die leeren, ausgeräumten Zimmer unseres Hauses wanderten, hallten unsere Schritte auf den Dielen. Endlich ergriff mein Mann das Wort.

»Es ist unglaublich, findest du nicht? Da haben wir nun 23 Ehejahre gebraucht, um 8 Räume zu möblieren, sie mit elektrischem Gerät, Bettwäsche für fünf Betten und einer angemessenen Garderobe für alle auszustatten, und jetzt – – jetzt ist alles weg.« Ich nickte. »Das Tollste ist, daß sie alles in ihrem Mini untergebracht hat.«

»Ich kann es einfach nicht fassen«, sagte er und schloß die Türen des leeren Wäscheschranks. »Die Bettlaken, die Handtücher, unsere Heizdecke, alles weg. Ich brauche jetzt unbedingt eine Tasse Kaffee...«

»Wenn du aus dem Aschenbecher trinken willst?«

»Laß nur«, sagte er. Ich setze mich jetzt erst mal bequem hin und...«

»Vorsicht!« warnte ich. »Sie hat deinen kleinen, weichgepolsterten Sessel mitgenommen, in dem du immer so gern saßest.«

»Und was ist mit dem Fernseher?«

»Den hat sie als erstes eingepackt, zusammen mit dem Transistorradio, dem Fön, dem Schminkspiegel, dem Bügeleisen, dem Elektrokochtopf, deinem Rasierapparat und deinem Anorak.«

»Ich vermute wohl richtig, daß auch der Schallplatten-spieler...«

Ich nickte. »...er ist unterwegs ins College. Ebenso die Schreibmaschine, der Ventilator, der elektrische Zusatzofen, das Anschlagbrett aus der Diele, die Kegelkugeln, der Popcornröster und alle Bände des Konversationslexikons.«

»Wie kriegt sie bloß alles in die Schule rein?«

»Ich glaube, sie hat das Fahrrad zerlegt und unter den Fahrersitz geschoben.«

»Und was machen wir jetzt?« fragte er und warf einen letzten Blick durch die geplünderten Räume.

»Wenn wir noch jünger und knuspriger aussähen, könnten wir uns beim Fernsehen melden. Bei einem Spiel für Jungverheiratete kann man Waschmaschine und Trockenschleuder gewinnen.«

»Ich glaube, wir haben eine Masse Rabattmarken geklebt, für die könnten wir doch...«

»Das geht nicht«, sagte ich leise, »die Rabattmarken hat sie mitgenommen.«

»Dann verreisen wir eben...«

»Wenn noch Koffer da sind«, gab ich zu bedenken.

»Aber das ist doch idiotisch«, schnauzte er. »Warum kann sie eigentlich nicht das hiesige College besu-chen?«

»Sie wollte unserem Materialismus entfliehen.«

NUN ABER MAL IM ERNST

Die Zeit.

Sie bedrückt die Gelangweilten, sie fehlt den Geschäftigen, sie fliegt für die Jugend, und für die Alten läuft sie aus.

Über die Zeit wird gesprochen, als sei sie ein Fabrikationsartikel, ein Gebrauchsgegenstand, den einige sich leisten können und andere nicht, einige nutzen, andere verschwenden.

Wir wünschen sie uns glühend, wir verfluchen sie. Wir vertreiben sie. Wir verschwenden sie. Ist sie ein Freund? Ein Feind? Wir ahnen, daß wir sehr wenig darüber wissen. Um sie und ihre Möglichkeiten kennenzulernen, sollten wir sie vielleicht mit den Augen eines Kindes sehen.

»Als ich klein war, da hat mich der Papi immer in die Luft geworfen und wieder aufgefangen, und dann habe ich gelacht und gelacht, bis ich nicht mehr konnte, aber dann hat er den Filter vom Zentralheizungsofen auswechseln müssen und hatte keine Zeit mehr.«

»Als ich klein war, wollte die Mami mir eine Geschichte vorlesen, und ich sollte immer die Seiten umblättern und tun, als ob ich lesen könnte, aber dann mußte sie den Badezimmerboden aufwischen und hatte keine Zeit mehr.«

»Als ich klein war, wollte der Papi in die Schule kommen und zuschauen, wie ich in einem Theater-stück auftrete. Ich war der vierte der Heiligen Drei Könige für den Fall, daß einer von den dreien krank wird, aber dann hatte er einen Termin bei der Repara-turwerkstatt für eine Generalüberholung, und das hat dann doch länger gedauert, als er erst meinte, und dann war keine Zeit mehr.«

»Als ich klein war, wollten Oma und Opa mal zu Weihnachten kommen und schauen, was ich für ein Gesicht mache, wenn ich mein erstes Fahrrad kriege, aber Oma fand niemanden, der die Hunde fütterte, und Opa fand das Wetter zu schlecht, und überhaupt hat-ten sie keine Zeit.«

»Als ich klein war, wollte ich mal der Mami meinen Aufsatz vorlesen. ›Was ich werden will, wenn ich groß bin‹... aber es war gerade die Sendung Montagsfilm, und Gregory Peck war immer ihr Liebling, und da hatte sie keine Zeit.«

»Als ich größer war, wollten Vater und ich mal ein Wochenende zusammen fischen gehen, nur wir zwei, und wir wollten im Zelt schlafen und Fische braten mit den Köpfen dran, wie es immer auf den Taschen-lampenreklamen abgebildet ist, aber im letzten Moment mußte er dann doch den Rasen düngen, und dann war keine Zeit mehr.«

»Als ich größer war, wollten wir immer mal von uns allen ein Weihnachtsfoto machen, aber mein Bruder hatte Balltraining und meine Schwester die Haare auf Lockenwicklern, und Vater sah sich eine politische

Sendung an, und Mutter mußte die Küche aufräumen. Es war nie Zeit.«

»Als ich erwachsen war und von zu Hause wegging, weil ich heiratete, wollte ich mich vor der Trauung noch mal mit den Eltern zusammensetzen und ihnen sagen, wie lieb ich sie habe und wie sehr ich sie vermissen würde. Aber Hank (mein Brautführer, ein ulkiger Heini) hat dauernd vor dem Haus gehupt, und danach war keine Zeit mehr.«

DREI LIEBESBRIEFE

Für Kinder ist das Bedürfnis, sich geliebt zu wissen, ganz natürlich. Ich habe Frauen immer bewundert, die ihre Kinder streicheln durften, ohne daß die zurückzuckten. Da ich auf Papier hemmungsloser bin als in der Wirklichkeit, schrieb ich folgende Briefe, die meine Kinder in ihre Alben einkleben können, wenn sie wollen.

AN DEN ÄLTESTEN

Du warst mir immer der liebste, weil du ein Wunder warst, das erste Wunder, die Genesis unserer Ehe, die Erfüllung junger Liebe, die Verheißung der Unsterblichkeit. Du hast uns durch die mageren Jahre hindurchgeholfen. In der ersten notdürftig möblierten Wohnung, unserem ersten Transportmittel (den eige-

nen Beinen), vor dem ersten winzigen Fernsehapparat, an dem wir 36 Monate lang abzahlten.

Du trugst ladenneue Sachen, hattest unabgenutzte Großeltern und mehr anzuziehen als eine Barbie-Puppe. Du warst das Modell, das Original für uns unsichere Eltern, die versuchten, mit Bazillen zurechtzukommen. Du bekamst püriertes Kalbfleisch, offene Sicherheitsnadeln und mußtest nach Tisch drei Stunden schlafen. Du warst der Anfang.

AN DAS MITTLERE KIND

Du warst mir immer das liebste, weil du in der Familie so etwas wie eine Niete gezogen hast und das dich nur stärker gemacht hat.

Du hast weniger geweint, hattest mehr Geduld, trugst ausgeblichene, verwaschene Sachen und hast nie in deinem Leben irgend etwas als erster getan, aber gerade das macht dich zu etwas Besonderem. Du bist das Kind, bei dem wir es billiger gaben und begriffen hatten, daß du den Hund auf die Schnauze küssen konntest, ohne krank zu werden. Du konntest auch eine Straße allein überqueren, lange ehe du groß genug warst, um zu heiraten, und du durftest manchmal mit ungewaschenen Füßen ins Bett gehen, ohne daß die Welt unterging.

Da warst das Kind unserer ehrgeizigen, vollbeschäftigten Jahre. Ohne dich hätten wir die Stellungswechsel nicht geschafft, die Häuser, die wir uns eigentlich nicht leisten konnten, und den täglichen Trott, aus dem eine Ehe besteht.

Du warst die Fortsetzung.

AN DAS JÜNGSTE KIND

Du warst mir immer das liebste, weil alles Letzte so traurig ist, du aber eine solche Freude warst. Du hast alles willig hingenommen: die milchverklecksten Lätzchen, das untere Bett, den Baseballschläger mit dem Sprung, das leere Babyalbum, zwischen dessen Seiten jemand ein Rezept für Obstkuchen gestopft hat. An dir haben wir uns aufgerichtet. Denn du bist das Bindeglied zur Vergangenheit, die die Zukunft rechtfertigt.

Du bewahrst unser Haar vor dem Ergrauen, beschleunigst unseren Schritt, stärkst uns den Rücken, verbesserst unsere Sehkraft und schenkst uns den Humor und die Sicherheit, die Ruhm und Berufserfolge nicht schenken können.

Selbst wenn dein Haaransatz schon der Uferlinie des Erie-Sees gleichen und deine Kinder einen Kopf größer sein werden als du, wirst du für uns noch immer ›der Kleine‹ sein.

Denn du warst der Höhepunkt.

QUELLENNACHWEIS:

Die Beiträge dieses Bandes stammen aus folgenden Werken:

Nur der Pudding hört mein Seufzen © 1987 für die deutsche Ausgabe by Gustav Lübbe Verlag GmbH, Bergisch Gladbach. © 1965, 1966, 1967 by Newsday, Inc. Titel der Originalausgabe: At Wit's End (O heilige Familienbande; Eine Mutter leidet stumm; Womit hab' ich das verdient?; Der Nesthaken).

Ich hab' mein Herz im Wäschekorb verloren © 1981 für die deutsche Ausgabe by Gustav Lübbe Verlag GmbH, Bergisch Gladbach. © 1969, 1971, 1972, 1973 by Field Enterprises, Inc. © 1970, 1971, 1972 by The Hearst Corporation (Mutter sein dagegen sehr; Verschreiben Sie mir ein Sofa!; Wir haben Masern – es muß Weihnachten sein; Nun aber mal im Ernst; Wer bin ich?; Sprecht zu mir, schließlich bin ich eure Mutter!).

Wenn meine Welt voll Kirschen ist, was soll ich mit den Kernen? © für die deutsche Ausgabe 1980 by Gustav Lübbe Verlag GmbH, Bergisch Gladbach. © 1971, 1972, 1973, 1974, 1975, 1976, 1977, 1978 by Erma Bombeck. Titel der Originalausgabe: If Life is a Bowl of Cherries what am I doing in the Pits (Rätsel der Mutterschaft; Wie lerne ich fließend kindisch?; Vorsicht! Familie kann gesundheitsschädlich sein!; Wissen ist Macht).

Ich schenk' mir täglich rote Rosen © für die deutsche Ausgabe 1982 by Gustav Lübbe Verlag GmbH, Bergisch Gladbach. © 1979 by Erma Bombeck. Titel der Originalausgabe: Aunt Erma's Cope Book (Bring Ordnung in dein Leben!).

Vier Hände und ein Herz voll Liebe © 1985 für die deutsche Ausgabe by Gustav Lübbe Verlag GmbH, Bergisch Gladbach. © 1983 by Erma Bombeck. Titel der Originalausgabe: Motherhood, The Second Oldest Profession. Originalverlag: McGraw-Hill Book Company, New York. (Nesthäkchens erster Schultag; Alle Mütter dieser Welt).

Ich stell' mein Herz auf Sommerzeit © 1984 für die deutsche Ausgabe by Gustav Lübbe Verlag GmbH, Bergisch Gladbach. © 1972, 1973, 1975, 1976 by Erma Bombeck. © 1980, 1981, 1982 by Field Enterprises, Inc. Bull's Pressedienst (Auszüge aus At Wit's End, Olie Grassis always freener over the Septictans. (Brüderlein und Schwesterlein; Was macht ihr da? Nichts!; Graue Theorien).

Ein Lebenselixier für gestreßte Mütter

Als Band mit der Bestellnummer 10976 erschien:

Auch in ihrem neuesten Buch beschreibt Erma Bombeck in unnachahmlicher Weise die Licht- und Schattenseiten des Mutter-»Berufs«. Die lieben Kinder, ob sie nun zwei sind oder zwanzig, erweisen sich nicht immer als reine Freude für ihre Mamas. Und das Problem ist, wie sie solche kritischen Situationen meistern, ohne den Glauben an ihren Nachwuchs und den Sinn für Humor zu verlieren.